国家自然科学基金项目（72072061）资助

华南理工大学中央高校基本科研业务费项目（ZDPY202032）和"双一流"项目（K5201050）资助

社科文库

振兴驱动型乡村治理体系塑造研究
基于广东的实践案例

张树旺 等著

Zhenxing Qudongxing Xiangcun Zhili Tixi Suzao Yanjiu
Jiyu Guangdong De Shijian Anli

中国社会科学出版社

图书在版编目（CIP）数据

振兴驱动型乡村治理体系塑造研究：基于广东的实践案例／张树旺等著．—北京：中国社会科学出版社，2022.9

（华南理工大学社科文库）

ISBN 978-7-5203-9775-9

Ⅰ.①振… Ⅱ.①张… Ⅲ.①农村—群众自治—研究—广东 Ⅳ.①D638

中国版本图书馆 CIP 数据核字（2022）第 031093 号

出 版 人	赵剑英
责任编辑	田　文
责任校对	张　婷
责任印制	王　超

出　　版	中国社会科学出版社
社　　址	北京鼓楼西大街甲 158 号
邮　　编	100720
网　　址	http://www.csspw.cn
发 行 部	010-84083685
门 市 部	010-84029450
经　　销	新华书店及其他书店
印　　刷	北京君升印刷有限公司
装　　订	廊坊市广阳区广增装订厂
版　　次	2022 年 9 月第 1 版
印　　次	2022 年 9 月第 1 次印刷
开　　本	710×1000　1/16
印　　张	17.5
插　　页	2
字　　数	276 千字
定　　价	89.00 元

凡购买中国社会科学出版社图书，如有质量问题请与本社营销中心联系调换
电话：010-84083683
版权所有　侵权必究

《华南理工大学社科文库》编委会

主　　编：章熙春　高　松
执行主编：朱　敏
副 主 编：李石勇
成　　员：张卫国　解丽霞　蒋悟真　李胜会
　　　　　钟书能　江金波　苏宏元　樊莲香
　　　　　张　珂　梁　军　王庆年

总　序

习近平总书记在哲学社会科学工作座谈会上强调："坚持和发展中国特色社会主义必须高度重视哲学社会科学。"哲学社会科学是认识世界和改造世界的重要工具，是推动时代变革和讲好中国故事的重要力量，其代表性成果往往浓缩着时代精神，蕴含着文明精华。在中国特色社会主义新时代，哲学社会科学必须响应时代变革，摸准新时代脉搏，回应新时代要求，与新科技革命、新产业革命、全球治理变革等历史潮流形成合力，创造性地描述、解释和回答重大理论和现实问题，为人类文明交流与国家民族发展提供智识与培养人才，承担起新时代赋予的新使命。

立足新时代，勇担新使命。华南理工大学积极进取、务实担当，深化改革、勇于创新，办学格局深度拓展，办学质量快速提升，综合实力显著增强。2017年，学校入选国家"双一流"建设A类高校，全面建成了国内一流、世界知名的高水平研究型大学。世界一流大学的建设离不开哲学社会科学的有力支撑。一直以来，学校高度重视哲学社会科学发展，紧紧抓住"双一流"建设的契机，深入推进中国特色哲学社会科学建设。近年来，学校哲学社会科学快速发展，整体水平实现质的跃升。社会科学总论进入ESI学科排名前1%，重大项目、重点平台、代表性成果等指标位居全国前列，学术影响力、政策影响力、社会影响力和国际影响力显著提升，为新时代学校哲学社会科学发展打下了坚实的基础。

学校第十七次党代会全面开启了新百年办学的新征程，力争到21世纪中叶，通过"三步走"战略实现"全面建成中国特色、世界一流大学"的奋斗目标，贯彻落实"一面旗帜""五大建设""三个领先"的总体布局：高举习近平新时代中国特色社会主义思想"一面旗帜"，深化学术华工、开放华工、善治华工、幸福华工、大美华工等"五大建设"，在"为党育人、为国育才""服务国家战略、引领区域发展""高等教育路径创新、模式创新"上实现"三个领先"。

学校第十七次党代会报告为学校未来发展指明了方向，描绘了新的发展前景，同时对哲学社会科学提出了新的任务和更高的要求——如何以一流的人才、成果和文化服务国家创新体系构建，为我国实现世界科技强国和创新型国家建设目标贡献重要力量；如何提供坚实的智力支持和精神动力，为国家强盛、粤港澳大湾区加速发展作出一流贡献；如何创新性传承文化脉络，开拓性培育学术经典，为坚定文化自信和提升国家文化软实力不懈奋斗；等等。踏上哲学社会科学发展的新征程，我们将紧紧抓住新的发展机遇，回应新的时代挑战，探寻新的研究方法，构建新的知识体系，通过文理交融、理工结合与跨学科跨领域协同，探索"新文科"建设的华工路径。

怀着这样的愿景，我们在推出《华南理工大学社科文库》第一批著作并取得良好反响的基础上，进一步结合新形势新要求，精心策划推动文库第二批著作的出版。我们希望这一批著作能够承载两项使命：一是，展示华南理工大学文科学者的治学洞见。这批著作汇集了学校哲学社会科学研究者的优秀学术成果，凝结了他们对国家和区域发展重大理论和现实问题的深刻思考，是其多年来对学术热点和前沿话题孜孜探求的学术结晶。二是，展示华南理工大学文科的特色发展路径。在学校"理工见长"的办学背景中发展起来的哲学社会科学，更具有解决实际问题的使命感和开展跨学科协同的资源优势，这批著作体现出文理交融、理工结合的鲜明特征。我们确信，这种跨学科、跨领域的知识创造路径具有十分广阔的发展前景和推广价值。希望经过不断的积累与沉淀，该文库既能成为探索国家发展、民族复兴和地方治理战略的智力资源库，也能成为研究中国问题、讲好中国故事的学术精品库。

在新百年办学的新征程中，华南理工大学将立足中国、放眼世界，继承传统、把握当代，关怀人类、面向未来，激昂奋进、勇攀高峰，进一步加强哲学社会科学建设，打造具有华南理工大学特色的新文科学术品牌，提升哲学社会科学办学水平，为建设具有中国特色中国风格中国气派的哲学社会科学作出贡献。

是为序。

华南理工大学校长

自　序

　　2002 年，笔者开始研习明初大儒方孝孺的治理之道，发现方孝孺一生的理论思考有明显的转向：1382 年 25 岁的方孝孺，以帝师高足的身份推荐给朱元璋，没想到却以"老成才"的待用理由遣送返乡。在之后的 16 年（1382—1398）里，他对洪武一朝的政治现实极为失望，放弃了其最初"得君行道"的天真想法，转而寻找"明王道、致太平"理想新的着落之处。这一时期他几乎都蛰伏乡里，依据浙东乡村多"聚族而居"的特点，详细考察了表亲郑氏家族三百年不分家称善乡里的自我治理经验后，写出《宗仪九首》，创制了明初"族内互助、联族自治"的传统乡村自治制度，成为中国乡村自治理论与实践史上极为重要的一环，对明清至民国的乡村自治理论有极重要的影响。

　　研习方孝孺的乡村自治理论是笔者真正进入乡村自治理论领域的开端，到今年整整 20 年过去了。回首这 20 年乡村治理研究的探索之路，虽然团队的华南乡村治理研究已从传统乡村自治研究进入了现代乡村治理研究的境地，也基本上以田野方法和治理创新经验案例研究为主，但基于学术源流关系，在研究上坚持了传统乡村自治的一些源头特色。其一，坚信村民有自我组织起来自我服务的能力，故在选题上多深耕发挥乡村内生性力量实现乡村振兴的创新案例，如富景社区（祠巷村）、下围村都是村民成体系地自我组织起来实现了村庄巨大发展的典型案例。其二，坚持寻找这些创新案例最深层的驱动动因。这些创新案例最初吸引团队研究目光的，是其创新经验中核心人物的一些独特行为，如下围村案例的核心人物，作为成功商人不顾亲人反对毅然回村参选，当选后却在第一次村民代表会议宣布移权给全体村民代表并说到做到；紫南村案例中新当选村主任上任第一天宣布施政"三不"原则（不拿村里一分钱、不在村里安排一个人、不在村里获得一个项目）；富景社区村民及海内外乡贤捐款 600 多万元重修陈氏宗祠却又将其作为新时代乡村文化中心移交村民免费使用。如果仅从 Ansell（Ansell & Gash，2007）的协同治理理论来看，这些行为是治理体系塑造的第一步——重建信任之举，但是这些行为背后的案例核心人物为什么能舍名利而勇求公益呢？Ansell 没有兴趣解释，却是笔者团体起初最想解释清楚的。2015 年 3 月，笔者第一次深度访谈下围村村主任，他开车带领笔者团队环绕下围村一周，又带笔者到一河之隔的发达村庄观察，述说了两个村庄的发展史，并深情地说："我这一辈子应该不愁钱的问题了，但每回到家乡看到这么脏乱差，多年来一直想着为村里做点什么，这次参选是下定决心的第一步行动！"治理创新行为最终追索到传统价值层面上的桑梓家园情怀并不止下围这一孤例，在笔者所调查的所有广东案例中均可见。其三，这些案例是系统的现代化乡村治理体系创新性塑造案例，其治理体系中主体、制度和资源有序结合、平稳运作经年。案例创新核心人物反哺家乡的行为并不是其个人英雄主义的慈善行为。他们系统地思考东南沿海地区社会现代化转型、市场化生产普及和新型城镇化浪潮中如何结合党的意志、国家发展战略搭建现代乡村治理体系。相比普通村庄空心化下的乡村治理模式，这些案例经受住了市场化、城乡一体化和现代社会转型的三重冲击，能推动甚至率先实现乡村振兴的五大任务，它们是既赓续传统又立足新时代的本土创新案例，是道路自信、理论自信、制度自信、文化自信的鲜活实践，是中国特色基层群众自治制度旺盛生命力不可多得的研究样本。

本书创作始于 2015 年底。七年间先后对下围村和富景社区进行了四次深入调查，形成了较为翔实的案例纵向数据库。对这两个案例的深耕内容构成了本书的主体部分。为了补足乡村治理体系塑造主体部分的一些缺环，笔者团队又对佛山紫南村、南宁兴隆村和广州南沙区一个镇的 10 名党支部书记，汕尾市三个村的无职普通党员在乡村治理体系中的角色和作用进行了调研，直到 2021 年春才完成全书初稿。本书在结构上，主要有绪论（研究设计），总论性质的下围村、富景社区乡村治理体系整体性创新构建及推动乡村振兴效能情况，分论性质的乡村治理体系塑造的各个部分，如乡村治理体系塑造所需的社会基础（村民群体特质）、村民动员方式、村党组织书记行为特征、村民代表、普通无职党员等个体层面的主体和村党组织、村民委员会两个组织主体及其关系等在乡村治理体系塑造中的角色与作用。最后使用社会整合解释框架对这些创新性乡村治理体系与社会情境的互动与长效运作情况进行了总结。

张树旺

2021 年 7 月于华工临湖教舍

2021 年 8 月于沧州晓岚故居

目　　录

第一章　绪论 ……………………………………………………（1）
　第一节　乡村振兴主体问题的时代凸显 …………………………（1）
　第二节　广东省三个乡村振兴战略实施类型的比较……………（3）
　　　一　EPC 驱动振兴模式 ………………………………………（3）
　　　二　农业龙头企业拉动振兴模式 ……………………………（3）
　　　三　乡村治理体系驱动振兴模式 ……………………………（4）
　第三节　乡村治理体系塑造研究的学术史 ………………………（5）
　　　一　从"外生性变量"向"内生性变量"转变………………（5）
　　　二　农民组织化的社会基础研究 ……………………………（6）
　第四节　本书研究所涉内容 ………………………………………（24）
　　　一　本书的研究范围 …………………………………………（24）
　　　二　研究主题的内容简介 ……………………………………（24）
　第五节　本书研究方法讨论 ………………………………………（29）
　　　一　案例及其内生性变量研究 ………………………………（29）
　　　二　重点案例的扎根理论分析 ………………………………（30）

第二章　乡村振兴对治理体系的时代要求与广州下围先行
　　　　经验…………………………………………………………（32）
　第一节　民主与有效：新时代乡村治理体系的塑造目标 ……（32）
　第二节　乡村治理体系的功能演变 ………………………………（33）
　　　一　基于"治理有效"创生的村委会组织原型 ……………（34）
　　　二　基于"民主推广"建构的村委会法制化组织
　　　　　形态………………………………………………………（34）
　第三节　乡村治理体系碎片化的纠治 ……………………………（37）

  一 驻村干部制度 …………………………………………（37）
  二 村财乡管 …………………………………………（38）
  三 乡镇政府考核村干部制度 …………………………（39）
  四 项目进村 …………………………………………（39）
 第四节 新时代乡村治理体系的复合功能 ………………（41）
  一 我国乡村治理体系的三个阶段和三种组织形态 ……（41）
  二 村民自治空转的两个对立关系 ……………………（42）
  三 单一政府行政救济举措难以根治村民自治空转 ……（43）
  四 乡村组织主体性的发挥 ……………………………（43）
  五 乡村治理体系需塑造复合型制度载体 ……………（44）
 第五节 下围村有效乡村治理体系塑造经验 ……………（45）
  一 土地经营制度的保健因素 …………………………（45）
  二 下围村乡村治理体系的塑造内容 …………………（47）
 第六节 下围村乡村治理体系塑造的启示 ………………（54）
  一 土地利益联结机制不必然塑造有效的乡村治理
    体系 …………………………………………………（54）
  二 村庄公共利益最大化共识是有效乡村治理体系
    塑造的前提 …………………………………………（55）
  三 治理角色权责的清晰切割是搭建乡村治理体系的
    切入点 ………………………………………………（56）
  四 "村庄理性"是村民组织成活的标志 ………………（56）
  五 "互联网+"是塑造乡村治理体系的必要条件 ……（57）

第三章 富景社区社会资本对乡村治理体系的塑造机制 ………（59）
 第一节 村庄社会基础与乡村治理体系塑造的关系 ……（59）
  一 社会资本与村民行动逻辑 …………………………（60）
  二 乡村治理行动者多元协同的基础 …………………（61）
 第二节 富景社区扎根理论分析的设计 …………………（62）
  一 研究方法选择 ………………………………………（62）
  二 研究资料的收集 ……………………………………（63）
 第三节 富景社区三治结合乡村治理体系塑造经验 ……（64）
  一 "政社归位、协同共治"治理理念创新 ……………（64）

二　乡村治理主体的精细化划分 ………………………… (65)
　　三　乡村议事程序中特色民意表达机制 ………………… (67)
　　四　家乡建设委员会和乡贤慈善会新型德治主体 ……… (68)
　　五　新祠堂文化对家园情怀的塑造 ……………………… (68)
　第五节　富景社区乡村治理体系塑造的扎根理论分析 ……… (69)
　　一　开放性编码 …………………………………………… (70)
　　二　主轴编码 ……………………………………………… (72)
　　三　选择性编码 …………………………………………… (75)
　　四　理论饱和检验 ………………………………………… (76)
　第六节　富景社区乡村治理体系扎根分析的研究发现 ……… (78)
　　一　政府关键性制度性供给 ……………………………… (78)
　　二　社会资本对乡村治理的形塑作用 …………………… (79)
　　三　多元治理主体进入乡村治理体系的方式 …………… (82)
　　四　多元治理主体在治理体系内的协同机制 …………… (83)
　　五　富景社区的故事线与概念模型 ……………………… (85)

第四章　村民动员机制对乡村治理体系的塑造作用 …………… (87)
　第一节　动员理论在治理体系运作中的应用 ………………… (87)
　第二节　富景社区有效的村民动员方案 ……………………… (89)
　　一　富景社区社会基础与动员主体的组织架构 ………… (89)
　　二　富景社区动员模式 …………………………………… (90)
　第三节　下围村有效的村民动员模式 ………………………… (93)
　　一　下围村动员主体的组织架构 ………………………… (93)
　　二　下围村有效的动员模式 ……………………………… (94)
　第四节　富景社区和下围村村民动员模式的比较 …………… (97)
　　一　行政动员资源的比较 ………………………………… (97)
　　二　关键动员主体的比较 ………………………………… (98)
　　三　动员方式的比较 ……………………………………… (100)
　　四　动员调控手段的比较 ………………………………… (101)
　第五节　村民动员机制对乡村治理体系的形塑作用 ………… (103)
　　一　合理划分自治单元优化动员主体结构 ……………… (103)
　　二　培育能人治村的新路径 ……………………………… (103)

三　以乡村社会资本激发内在动员方式……………………（104）
　　　四　运用多样化动员调控手段………………………………（105）

第五章　村党组织书记在乡村治理体系塑造中的作用…………（106）
　第一节　村党组织书记的国内外研究……………………………（106）
　　　一　村党组织书记的国内研究………………………………（106）
　　　二　村党组织书记的国外研究………………………………（109）
　第二节　观察对象选取与解释框架………………………………（111）
　　　一　村党组织书记角色演变…………………………………（111）
　　　二　观察对象的选取…………………………………………（111）
　　　三　行动者网络理论核心要点………………………………（113）
　第三节　村党组织书记在乡村治理体系中的转译………………（113）
　　　一　对上级党委政府行动的转译……………………………（113）
　　　二　对村内组织及个人的转译………………………………（119）
　　　三　对市场与社会外部力量的转译…………………………（125）
　　　四　村党组织书记的内外转译机制…………………………（129）
　第四节　村党组织书记治理体系中作用发挥机制………………（131）
　　　一　前置条件——多元认同…………………………………（131）
　　　二　作用发挥目标——达成共识……………………………（133）
　　　三　作用发挥方式——利益平衡……………………………（134）
　　　四　在乡村治理体系中的角色………………………………（135）

第六章　村民代表及其会议在乡村治理体系塑造中的作用………（137）
　第一节　代表的主体类型…………………………………………（137）
　　　一　选举型代表………………………………………………（137）
　　　二　非选举型代表……………………………………………（138）
　第二节　代表的客体类型…………………………………………（139）
　第三节　乡村治理体系中村民代表权行使机制…………………（140）
　　　一　下围村治理困局…………………………………………（140）
　　　二　下围村治理蝶变…………………………………………（142）
　第四节　下围村村民代表权在治理体系中的行使经验…………（143）
　　　一　基于村庄结构的承诺式代表和实质代表………………（143）

二　价值多元的代表客体聚合方式 …………………………… (147)
第五节　村民代表及其会议对治理体系塑造的基础性
　　　　作用 ……………………………………………………… (149)
　　一　激发村民民主参与 …………………………………………… (150)
　　二　融合能人治理模式 …………………………………………… (152)
　　三　打造共同体治理 ……………………………………………… (154)
第六节　村民代表及其会议在乡村治理体系塑造中的
　　　　效能条件 ………………………………………………… (157)
　　一　产权和治权相匹配是有效促进因素 ……………………… (158)
　　二　组织主体的有效构成是基础 ……………………………… (158)
　　三　多层次、多类型主体的融合 ……………………………… (158)

第七章　乡村无职党员在乡村治理体系塑造中的作用 …………… (160)
第一节　无职党员参与乡村治理的研究现状 ………………………… (160)
第二节　无职党员参与乡村治理的实践困难 ………………………… (161)
　　一　内部因素 ……………………………………………………… (161)
　　二　外部因素 ……………………………………………………… (162)
第三节　广东无职党员参与乡村治理体系塑造的实践 …………… (164)
　　一　岳鹿村无职党员参与乡村治理的实践 …………………… (164)
　　二　金海村无职党员参与乡村治理的实践 …………………… (169)
　　三　山河村无职党员参与乡村治理的实践 …………………… (173)
第四节　广东无职党员参与乡村治理体系的路径启示 …………… (175)
　　一　党组织引领治理体系形成路径 …………………………… (175)
　　二　吸纳"行政型"无职党员搭建参与治理平台 …………… (176)
　　三　吸纳"市场型"无职党员推动产业发展 ………………… (178)
　　四　吸纳"法治型"无职党员助推党群议事 ………………… (178)

**第八章　村党组织与自治组织融合对乡村治理体系塑造的
　　　　作用** ……………………………………………………… (180)
第一节　村"两委"关系经典议题的学术史 ………………………… (180)
　　一　村"两委"关系是乡村治理体系塑造的骨架 …………… (180)
　　二　村"两委"关系的现行职责设计 ………………………… (182)

第二节　村党组织与村委会的实践衍生类型 …………… (183)
　　一　相对和谐型 ………………………………………… (183)
　　二　强弱分明型 ………………………………………… (183)
　　三　对抗均衡型 ………………………………………… (184)
　　四　相互脱离型 ………………………………………… (184)
　　五　两方缺位型 ………………………………………… (185)
　　六　"一肩挑"型 ……………………………………… (185)
第三节　村"两委"关系有机整合的困难 ………………… (186)
　　一　内部原因 …………………………………………… (186)
　　二　外部原因 …………………………………………… (187)
第四节　乡村治理体系塑造中村两委的整合原则 ………… (189)
　　一　明确职权划分 ……………………………………… (189)
　　二　提升"两委"成员的素质能力 …………………… (190)
　　三　平衡好农村各方利益主体 ………………………… (190)
　　四　加强对家族势力的引导 …………………………… (191)
　　五　加快乡村法律制度体系的完善 …………………… (191)
　　六　促进乡村直接民主的发展 ………………………… (192)

第九章　乡村治理体系在全面小康社会的生发逻辑 ………… (193)
第一节　乡村治理体系构建的学术史 ……………………… (193)
　　一　结构功能主义的研究状况 ………………………… (193)
　　二　乡村治理系统成体系运作的研究现状 …………… (196)
第二节　富景社区治理体系的生发逻辑 …………………… (201)
　　一　富景社区治理环境 ………………………………… (201)
　　二　富景社区治理制度建设 …………………………… (203)
　　三　富景社区治理资源整合 …………………………… (208)
　　四　富景社区治理体系所体现的文化 ………………… (212)
　　五　富景社区治理系统的协同运行 …………………… (214)
第三节　下围村治理体系的生发逻辑 ……………………… (217)
　　一　下围村治理环境 …………………………………… (217)
　　二　下围村治理制度构建 ……………………………… (220)
　　三　下围村治理资源整合 ……………………………… (223)

  四 下围村治理文化 ……………………………………（228）
  五 下围村治理系统的协同运行 …………………………（231）
第四节 富景社区与下围村治理体系生发逻辑的比较 ………（233）
  一 治理环境比较 …………………………………………（233）
  二 治理制度建设比较 ……………………………………（235）
  三 治理资源整合比较 ……………………………………（239）
  四 治理文化比较 …………………………………………（240）

参考文献 …………………………………………………………（244）

后 记 ……………………………………………………………（258）

第一章 绪论

第一节 乡村振兴主体问题的时代凸显

实施乡村振兴战略，是党的十九大作出的重大决策部署，是新时代做好"三农"工作的总抓手。2018年7月，习近平总书记对实施乡村振兴战略作出重要指示，强调要尊重广大农民意愿，激发广大农民积极性、主动性、创造性，激活乡村振兴内生动力，让广大农民在乡村振兴中有更多获得感、幸福感、安全感。《乡村振兴战略规划（2018—2022年）》强调乡村振兴必须坚持"农民主体地位"原则："充分尊重农民意愿，切实发挥农民在乡村振兴中的主体作用，调动亿万农民的积极性、主动性、创造性"。这回答了乡村以谁为主体进行振兴，由谁享受振兴成果的问题。

农民主体能否组织起来是乡村振兴战略实施成功与否的基础性工程。贺雪峰说："将农民组织起来是实行乡村振兴战略的基本前提。……其关键的是，充分利用中国农村土地集体所有制的优势，借助农地'三权分置'制度将土地所有权、承包权分别赋权，让农地回归生产资料这一本质，重建新型集体经济，再造村社集体。只有建立了村庄内村民之间基于利益分配的利益关联机制，村民才会真正介入到村庄事务中，农民也才可能组织起来。"[1] 其文章大约有三层含义：其一，以集体土地三权分置制度为基础，将土地所有权、承包权分别赋权，重建集体经济收入，为村自治组织运作提供经济基础；其二，重建农民从集体经济总收入取得个人分红的制度，建立农民与村集体的经济联结，以及建立农民间利益关联机制；其三，以对集体农地的发包、回收和经营管理为基本内容，加强村集体组织治理能力。

---

[1] 贺雪峰：《农民组织化与再造村社集体》，《开放时代》2019年第3期。

从珠三角的相关乡村实践观察发现，在国家推广集体土地三权分置政策前，珠三角村庄已较普遍自发推广了集体土地三权分置制度，虽然与国家定型的制度有所差异。其自治组织一直对集体土地实施动态管理与经营制度，农民集体分红制度一直保留着，农民间利益联结机制存在，村庄对集体土地等资产具有强力管理能力。但从其乡村振兴初步实施经验中可以观察到，并没有多少农民将精力与行为转投入乡村建设中来，人员与资源外流并没有被遏制住。在基层政府的支持下甚至一体化下，村庄除了法制化、常规化的集体资产管理外，村集体行动能力并没有被激活。因此，笔者认为，以集体土地经营为核心的村内经济联结仅是村庄恢复集体行动能力的基础，而乡村振兴中所要求的集体治理结构的完善及集体行动能力的激活需要其他更为严苛的条件。

改革开放后，我国的乡村发展以家庭联产承包责任制与村民自治制度为基本制度，促成了家庭、村民委员会与国家合作，共同推动了我国农业、农村的发展。党的十九大后，作为社会主义国家现代化建设的重要组成部分，乡村振兴战略的目标是推动我国农业、农村、农民的全面现代化。从理想状态看，作为市场化的现代化大生产，现代农业具有高度组织化的特点，家庭已经无法再承担起组织现代农业生产的功能。[①] 现代农村的建设，由于基层政府规制、规划的大量嵌入，村居建设组织化趋势明显，家庭的村居建设主体的作用亦被大大地压缩。由是可知，乡村振兴中现代农业、农村的发展会呈现出既要"去家庭化"又要高度组织化的特征。鉴于家庭在现行农村基本制度框架中的基础性单元地位，既去家庭化又高度组织化，意味着乡村振兴下农民全面组织化将是一条崭新的路径。

然而，需要指出的是，农民在以往农村基本政治、经济制度内的组织化与新时代现代市场化营商环境中的组织化是不同的。营商环境构建中，规则的构建主体与使用主体是分离的——政府制定规则，企业使用规则，使用者不直接参与规则的制定，环境对企业起到由外而内的保障性作用，促进了企业生产性投资和创业的增加。[②] 然而集体产权基础决定了国家无法直接进入乡村场域制定微观的振兴规则。在"人民当家作主""基层群

[①] 项继权：《乡村关系的调适与嬗变——河南南街、山东向高和甘肃方家泉村的考察分析》，《华中师范大学学报》（人文社会科学版）1998年第2期。

[②] 董志强、魏下海、汤灿晴：《制度软环境与经济发展——基于30个大城市营商环境的经验研究》，《管理世界》2012年第4期。

众自治制度"的政治基本原则下，农民既是乡村振兴村庄层面基本规则的制定者，也是规则的使用者，即农民在执政党的领导下，激发自身在乡村振兴中的主体性和主动性，自我完善其行动结构，自我制定并执行规则，达到自我群体性提升，驱动农业、农村振兴的目的。

第二节 广东省三个乡村振兴战略实施类型的比较

笔者团队调查了广东省部分地区乡村振兴战略的实施模式，初步发现该省主要存在三种模式。

一 EPC驱动振兴模式

在乡村振兴实施起步阶段，省政府及地方政府出资委托专业公司进行整体村庄的规划与建设，形成乡镇政府（甲方）、建设公司、村民委员会三者合作的EPC乡村振兴实施模式，主要从事农业产业、村居等项目建设。笔者观察到在这种模式中，绝大部分建设项目直接"戴帽"落到村庄，村民委员会事前并不知情，只有配合执行权没有规划决策参与权，同时也很少动员农民参与EPC的实施。一位从事乡村振兴特色示范村EPC项目领导工作的镇实施乡村振兴战略领导小组常务副组长说："乡村振兴中省政府给每个行政村1000万元振兴经费，两百多个特色精品村每个村另追加1400万元经费，但这些经费的规划及使用，基层政府均无权参与。基层政府只有执行权，在推动过程中，在上级督查排名面前，只能强力推。可是有些示范项目建成后，转给村里做，村'两委'、农民积极性都不高，能活下来的项目真不多。村居中有些群众的旧房本来就是用来堆放杂物，你给人家强拆后，杂物没处放，而新建的房子又不让他放，直接导致群众的反感和干群对立。更重要的是，乡村振兴包括'物'的振兴与'人'的振兴两大方面，EPC模式用项目推动的是乡村物质方面的振兴。没有'人'的振兴，产业、环境、乡风的振兴是不可能持久的。千万不能让农民形成乡村振兴是别人的事，跟我们农民没关系的观念。"（访谈资料，LHJ20180628）

二 农业龙头企业拉动振兴模式

云浮市新兴县不少村庄与农业龙头上市公司温氏企业集团深度融合，协同发展，将村集体土地整体租给温氏企业集团发展现代化养殖业，多数农民就业于温氏集团，且有为数众多的农民成为其原始股东，身价在千万元以上。企业与村庄的整体合作取得了企业壮大与村庄产业兴旺、农民生活富裕的双赢局面，形成了企业、乡镇政府、村民委员会、村民四方合作推进的乡村振兴模式。对于这种模式，温氏股东、良洞村乡贤兼村民代表评价说："企业在乡村振兴建设上的长处也就是在产业这一块，在生态宜居、乡风文明、治理有效上做不了多少工作，特别是在治理有效上，企业除了能在经济上组织村民，其他方面组织不了。"（访谈资料，LXG20181019）

三 乡村治理体系驱动振兴模式

广东省广州市下围村在《村民委员会组织法》框架内通过以移动互联技术开辟离乡农民回归村集体的通道，重塑民主协商决策制度，以村庄公共利益最大化处理民意，将原本外出谋生的青壮年农民重新整合入村集体，以具有现代意识的青壮年农民动员村内留守人口，形成了强有力的组织动员能力。2017年，在强有力的村庄组织体系的保障与推动下，下围村通过村民四级会议（村两委与镇驻村干部团队联席会议、村民代表会议、合作社社长会议、全体村民大会）将本村一至九合作社集体土地经营权依法整体流转给现代农业公司用于农业种植、观光、现代示范农业项目，同时将村内不同意向公司流转的约5%农民的承包地集中起来进行重新分配，实现了本村农业现代化的平稳升级、农民的增收与职业转型。在推动农业现代化升级成功经验的基础上，2018年7月，下围村借助《广州市人民政府关于提升城市更新水平促进节约集约用地的实施意见》文件中关于旧村、旧厂房改造管理权限下放的政策东风，再次以本村四级村民会议民主决策的方式成功引入碧桂园地产开发商，对本村空心化的旧宅基地、废旧厂房进行三旧改造，整体盘活了本村资产，大幅增加了农民财富，推进了生态宜居美丽乡村建设，目前这个项目还在执行中。

从上述下围村乡村振兴战略实施的方式可以总结出以下特点：首先，下围村乡村振兴战略的实施非常迅速，能在较短时间内启动农业升级、农村更新两个重大项目，基本奠定了其乡村振兴实施的规模。其次，下围村的乡村振兴实施模式具有内生性特点，投入成本低。下围村的战略实施模式依靠本村农民的力量，立足开发本村资源，在没有外部大规模投入的情况下，实现了农民农户的成长、农业的现代化转型、生态宜居村庄建设。最后，最为重要的是，展现在农民的组织化推动全面乡村振兴的机制。从下围村乡村振兴战略实施的路径来看，下围村是先实现了农民的组织化，激发出农民乡村振兴建设的主体性，再去推动本村农业现代化升级、村居宜居更新的。

从全国范围看，乡村振兴战略实施的探索远不止上述三种模式，但从农民的组织化与农民的主体作用发挥程度，农民、农村、农业的受益面，战略实施成果的可持续性及乡村振兴战略实施成本四个维度初步比较此三种模式，可以看出下围村战略实施模式明显优于EPC模式和企业拉动模式。因此，从下围村的案例可以初步推断出农民的组织化是乡村振兴战略实施的基本前提。同时也提供了农民组织化的经验材料，为探索农民组织化的塑成机制与路径提供了机会。

第三节 乡村治理体系塑造研究的学术史

一 从"外生性变量"向"内生性变量"转变

家庭联产承包责任制之所以取得成功，其原因被很多学者视为契合了小农乡土社会内生性变量。与之不同的是，村民自治在世纪之初被视为一个必须"审视"的"外生变量"，如应星所说："近10年来村民自治的研究一直是当代中国研究中的热门课题，很少有其他研究主题能像村民自治那样受到来自国内外、政府和学界的共同关注，然而，与这种局面并不太相称的是，许多研究成果对于人们认识转型期的中国农村社会尤其是那些复杂的社会矛盾和微妙的关系格局，鲜有真正令人深思之处。具体来说，村民自治虽然最初源于个别村庄自身的创造，但它由种种原因迅速被体制所接纳后，是自上而下地由政府将其赋予大多数村庄的，因此它基本上可以说是乡土社会中的一个外生变量。"[1]

而徐勇、贺雪峰、吴毅等则是在研究实践中体认到选举、村民自治是不契合农村乡土社会的外生变量，如吴毅是受"黄梅实验"和村委会选举后治理效果不理想的刺激开始研究取向转型的，"吴毅等人正是通过这场实验，认识到村民自治作为一种外生性制度与中国乡土社会的隔膜和农村研究者对农村知识的欠缺，他们也正是因此而开始有意识地告别那种

---

[1] 应星：《评村民自治研究的新取向——以〈选举事件与村庄政治〉为例》，《社会学研究》2005年第1期。

'泛意识形态的农村政治研究'"。"选举之于村庄和村庄之于选举就相当于两个独立之物的相互碰撞和遭遇。""我们意识到了村民自治的理念和结构作为一种建构之物在体现知识分子的价值关怀之时却可能无法容纳村庄内生发展的复杂需求,从而在衍生出连接宏观政治的需求机制时却可能与微观的村庄发展形成两张皮。"[①] 正因为如此,贺雪峰等提出乡村治理研究取向共识:"由对农村政治性焦点事件的关注转向对非仪式化的平静乡村日常生活情态的理解的主张,而从企业改制、宗族文化、村政兴衰等角度讨论村庄治理等内容,也取代村民自治成为这一时期我们新的研究主题。"[②]

二 农民组织化的社会基础研究

不同时期、不同地域的乡村社会有着不同的社会结构,它通过影响农民的生产、生活和行为,影响农民组织化的效率。

(一)村庄社会性质判定:熟人社会的理论变迁与内涵展开

20 世纪 40 年代,费孝通先生在《乡土中国》一书中将中国乡村社会定义为"熟人社会",他说:"乡土社会在地方性的限制下成了生于斯、死于斯的社会。常态的生活是终老是乡。……这是一个'熟悉'的社会,没有陌生人的社会。"[③] 熟人社会的结构是差序格局,在熟人社会中舆论压人、面子有价、社会资本可累计,社会秩序的产生主要依靠习惯法和村落精英。新中国成立后,随着国家政权现代化建设和行政村的建立,国家权力逐渐向村庄渗透。对于这一时期的村庄社会性质,贺雪峰提出了"半熟人社会"概念,即农民之间已由熟识变为认识,由意见总是一致变为总有少数反对派存在,由自然生发的规矩和信用到相互商议达成契约或规章,由舆论压力变成制度压力,由长老政治变为能人政治。[④] 苟天来等又将农村社会判定为"弱熟人社会"。[⑤] 而市场经济建设以来,大量农村

---

① 吴毅、贺雪峰、罗兴佐等:《村治研究的路径与主体——兼答应星先生的批评》,《开放时代》2005 年第 4 期。
② 吴毅、贺雪峰、罗兴佐等:《村治研究的路径与主体——兼答应星先生的批评》,《开放时代》2005 年第 4 期。
③ 费孝通:《乡土中国》,北京大学出版社 2004 年版,第 6 页。
④ 贺雪峰:《半熟人社会》,《开放时代》2002 年第 1 期。
⑤ 苟天来、左停:《从熟人社会到弱熟人社会——来自皖西山区村落人际交往关系的社会网络分析》,《社会》2009 年第 1 期。

劳动力常年离土离乡，农村日趋空心化。在"熟人社会"这一概念基础上，同时受"半熟人社会"的启发，吴重庆提出了"无主体熟人社会"。在"无主体熟人社会"中，由于农村社会成员大量缺席，舆论压力减小、面子贬值，原有村庄秩序被打破，国家行政权力和村民自治成为村庄秩序的基础。[①] 村庄社会性质的演变如图1-1所示：

熟人社会 →（新中国成立/行政村建制）→ 半熟人社会 →（改革开放/市场经济进入）→ 无主体熟人社会

图1-1　村庄社会性质在纵向上的演变

资料来源：作者自制。

而以"熟人"为标识的社会到底有什么内涵，与现代社会又有什么区别？张静的成果可以给我们一些启示。张静以社会公共关系对比乡规民约所体现出的村民关系，得出结论认为，私人关系和公共关系的不同，在于它们的角色和规则不同。如表1-1和表1-2所示。

表1-1　　　　　　　　　　**公共关系与私人关系的比较**

	公共关系	私人关系
对待方式	公共关系主体必须按照公共规则一视同仁，不应差异性对待，否则就是歧视	私人关系主体需要特别对待对方，是与众不同的个人关系，行为规则与公共关系截然不同
内在关系	公共关系是全部包含的关系（inclusionary）	私人关系是内外区分的关系（exclusionary）
负责对象	向公共规则负责，不能有个人好恶（accountability）	向具体的交往对象负责，不同的对象不同对待（responsibility）
关注重点	公共关系重在工具性 ——事情怎样运转	私人关系重在表达性 ——感受怎样满足

[①] 吴重庆：《从熟人社会到"无主体熟人社会"》，《读书》2011年第1期。

续表

	公共关系	私人关系
主体身份	公共关系主体是抽象化身份，具有个体性（individuality），这些个体被期待具有一系列社会预期的权利义务和责任	私人关系的主体则是具体的个人，他们是个别化甚至个性化的，每一个人的个性（personality）因人而异

资料来源：张静：《私人与公共：两种关系的混合变形》，《华中师范大学学报》（人文社会科学版）2005年第3期。

表1-2　　　　　　　　　乡规民约中的村民关系特点

特殊主义	只有其内部成员才有资格分享，对外部成员具有排他性或采用另一类标准
集体主义、绝对主义的权威导向	运用一致的集体道德标准或价值判断评价处理事项，并倾向于巩固这类集体一致性
模糊性与非形式化	应用于正式司法领域之外或之前，对其条文的执行可以因人、因事、因时修改和变通

资料来源：张静：《乡规民约体现的村庄治权》，《北大法律评论》1999年第1期。

社会整合实质上是探寻社会成员共享的利益及价值的协调机制，其依赖于人们的选择性认同。乡规民约背后是生活共同体，它强化成员的身份是分享集体财产的条件，体现了一整套村民权利实现的社会制度，造就了村庄组织和村民的基本关系形式。这是中国农村基层治理必须面临的社会基础。但她悲观地认为家庭主义原则的村民关系无法推演出非个人性的公共性规则，因而在其基础上构建的社会可能是私人社会，而非公共社会。

（二）村庄分型研究的开展

早在20世纪初，国内外研究学者就注意到了中国农村的区域差异。老一辈学者如费孝通、林耀华、杨庆堃，海外中国研究学者如弗里德曼、施坚雅、杜赞奇、黄宗智等，当代中国学者如吴毅、王铭铭、朱晓阳、阎云祥、赵旭东、贺雪峰等，在中国村庄分型研究上都有颇为深入的开拓。他们从经济发展水平、历史文化条件、自然地理环境、种植结构、距权力中心远近等方面对中国农村区域差异产生原因进行了分析。在这些学者的研究中，贺雪峰的研究成果最为典型。

仝志辉和贺雪峰以社区记忆强弱和经济社会分化程度高低二维因素对村庄做理想类型的划分（见表1-3），这是中国乡村治理学界最初的村庄分型。

表1-3　　　　　　　　　　村庄社会关联类型（1）

	经济社会分化程度低	经济社会分化程度高
强社区记忆	A型村庄 （未开发的传统村庄）	D型村庄 （内聚型富裕村庄）
弱社区记忆	B型村庄 （历史短、分裂的贫穷村庄）	C型村庄 （分散型富裕村庄）

资料来源：贺雪峰、仝志辉：《论村庄社会关联——兼论村庄秩序的社会基础》，《中国社会科学》2002年第3期。

贺雪峰等通过对构成乡村治理基本结构三方面的要素——村庄基本秩序状况及其维系机制、村干部的角色与动力机制以及农民关系状况——的考察，区分出四种可能的乡村治理类型，即原生秩序型、次生秩序型、乡村合谋型和无序型，具体见表1-4。

表1-4　　　　　　　　　　村庄社会秩序类型（2）

村庄秩序分类		村庄秩序基础	村庄治理类型	区域分布
村庄秩序	内生秩序 原生秩序	典型为传统组织和村庄舆论	原生秩序型	如江西、福建、广东等的宗族乡村
	内生秩序 次生秩序	以传统为基础	次生秩序型	如集体经济较发达地区的农村，如温州沿江地带的农村，占有大量资源的农村等
		以现代制度为基础		
	外生秩序	强有力的乡镇行政接入	乡村合谋型	如农村税费改革前中部地区相当部分农村
	无秩序	既无传统基础又无现代制度基础	无序型	如农村税费改革后一部分中部地区的农村

资料来源：贺雪峰、董磊明：《中国乡村治理：结构与类型》，《经济社会体制比较》2005年第3期。

到 2012 年，贺雪峰从村庄内部社会结构出发，运用中层理论构建方法，将中国农村又划分为团结型、分散型和分裂型。如表 1－5 所示。

表 1－5　　　　　　　　中国村庄分型举要（3）

村庄类型	居住形态	开放性	血缘组织	地方性规范	分布地区
团结型	聚居为主	封闭	多强宗大族	宗族规范强	华南地区
分散型	散居为主	开放	小的宗族集团	内生规范弱	长江流域
分裂型	聚居为主	封闭	小的血缘集团	村庄规范强	华北地区

资料来源：贺雪峰：《论中国农村的区域差异——村庄社会结构的视角》，《开放时代》2012 年第 10 期。

吕德文在中国区域差异较大的背景下，以村落传统为标识，展现出四种村庄类型：老传统主导的村庄类型、新传统主导的村庄类型、新老传统相结合的村庄类型以及没有传统（村落传统遭遇瓦解）的村庄类型[①]，并以贺雪峰的农村区域差异研究为基础对这四种村庄分布地域进行了考察。王德福认为南方村落宗族发育成熟，组织化制度化程度高；而北方村落家族松散，身份细碎，工具性功能性色彩明显。[②]

（三）农民组织化主体的演变研究

与村庄社会性质及村庄分型密不可分，乡村治理主体结构也依时间和地域的不同而表现出很大的差异。乡村治理主体研究从政治学科上看，包括权力主体构成、权力结构及其功能、权力主体的演变等几个方面。不少研究表现出从村庄社会性质出发考察村庄治理主体的研究取向，得出村级权力是在村庄内部"文化网络"中运行的，靠内生力量获得合法性的结论，令人信服。乡村治理主体演变如表 1－6 所示。

[①] 吕德文：《村庄传统：理解中国乡村社会性质的一个视角》，《人文杂志》2008 年第 1 期。

[②] 王德福：《南北方村落的生成与性质差异》，《西南石油大学学报》（社会科学版）2011 年第 6 期。

表1-6　　　　　　　　　　农民组织化主体演进表

时间	提出者	农民组织化主体分类
1949年之前	杜赞奇	赢利型经纪权力和保护型经纪权力
1949年之前	费孝通	同意权力、横暴权力和教化权力
1949年之前	张仲礼	士绅权力主体
1949年之前	秦晖	恶霸乡保权力
1949年之前延安时期	强世功	权力的组织网络
人民公社时期	张乐天	体制强制式权力运行体系
1991—1998年	王铭铭	村庄内非正式权威（家族网络）
20世纪80—90年代	张静	乡规民约权力支撑作用
1996年	徐勇	传统型、能人型和法治型
2002年	贺雪峰、仝志辉	体制精英—非体制精英—普通村民
2002年	贺雪峰、徐杨	好人型、强人型、恶人型、能人型
2008年至今	罗家德、李智超	关键群体、社会网络与治理自组织

资料来源：作者自制。

值得注意的是，社会学者和人类学者也为乡村治理主体研究提供了很多有价值的成果。王铭铭在其乡村系列著作中注意到村庄内非正式权威的崛起，特别是家族领袖权威在政治社会变迁中的再生产过程。[①] 张静通过对乡规民约的研究，敏感地提出"低度稳定结构中，基层社会的秩序为什么仍然能够得到延续"的问题，认为乡

[①] 王铭铭：《地方政治与传统的再创造——福建溪村祠堂议事活动的考察》，《民俗研究》1999年第4期。

规民约所凸显的村庄秩序基础是主要原因。① 2008 年以来，罗家德用社会网络分析方法从自组织的角度对乡村治理主体结构、功能与过程进行了系统的研究。他用"关键群体"理论将乡村治理主体分成政治能人、经济能人和社会能人，用中国特有的人情法则、自组织的组织方法以及回报机制对乡村治理主体的构成、治理网络的建构过程、治理的分配方式、监督方式进行了详细呈现。社会网络分析方法和自组织研究视角与政治学、历史学方法注重系统要素、过程相比，能够涵盖乡村更多的人群，能够比较详细呈现乡村治理主体的内部网络及农民互动方式和关系特点，展现出比较明显的方法优势。②

（四）乡村治理研究的有机组成部分：动员机制研究

治理中，动员与承诺直接相关。动员机制往往涉及动员主体、动员客体、动员环境、动员目标、动员策略、动员绩效评价等多方面因素，吴开松将动员机制定义为在动员系统中，动员主体与动员客体之间通过动员因素和动员方式相互作用的过程和原理。③ 农民组织化的完成，实质上是行动主体对农民的组织动员过程以及农民对动员的响应过程。其动员资源、动员方式、动员成本、动员效率完全影响治理效果，是其治理有效性的关键。

动员理论以奥尔森（Olson Mancur）的核心命题——成本—收益权衡是集体行动理论的核心为理论基础，强调组织、动员、资源、交换、策略、利益的概念，专业化的领导精英是其关键因素。④

1. 资源动员理论

经过长期的发展与总结，资源动员理论可分为资源动员分析（resource mobilization）和动员背景分析（mobilization context）两大研究方向，其中资源动员分析方向上可分为资源动员、成员动员和框架动员三个维度。如表 1-7 所示。

---

① 张静：《乡规民约体现的村庄治权》，《北大法律评论》1999 年第 1 期。
② 罗家德、王竞：《圈子理论——以社会网的视角分析中国人的组织行为》，《战略管理》2010 年第 1 期。
③ 吴开松：《危机动员在当代中国的时代特征》，《黑龙江社会科学》2008 年第 3 期。
④ Olson Mancur, *The Logic of Collective Action: Public Goods and the Theory of Groups*, Harvard University Press, 1965.

表1-7 资源动员理论研究举要

研究方向		主要观点	代表性研究成果
资源动员	研究维度 - 资源动员	以理性假设的成本收益理论为基础，强调对客观上的物质资源（物品、时间资源、金钱资源、网络资源、媒体资源等）和非话语性因素的利用，动员的成功与否在于是否拥有足够的内外部资源及动员组织策略	McCarthy John & Mayer Zald，1973
	研究维度 - 框架动员	注重从社会心理层面和意识形态资源方面强调文化和认同因素的作用，框架整合主要包括五个类型——框架搭桥、框架扩大、框架延伸、框架转换、框架借用，对主框架的套用往往可以降低动员成本和加强影响	Snow David，1986 Molotch Harvey，1980 赵鼎新，2006
	研究维度 - 成员动员	以社会网络理论对成员动员解读，即存生于同一网络的人们更可能采取统一集体性行动，离不开动员那些潜在成员和已经参与其中的成员，正式网络和非正式网络交织共同发挥作用	Snow David，1986 Gould Roger，1991 Klandermans & Oegma，1987
动员背景		动员背景是组织所嵌入的社会背景，包括"政治机会结构"（即社会运动组织所在的政治体制的开放性或压抑性）和"社会运动产业"的内部关系及"社会运动部门"与其他社会部门之间的关系	Sutton W，2000

资料来源：石大建、李向平：《资源动员理论及其研究维度》，《广西师范大学学报》（哲学社会科学版）2009年第6期。

2. 情绪、仪式等动员要素研究对动员理论的补充

传统的资源动员理论虽承认文化与认同因素对动员的重要性，但参与者只是在使用理性进行参与，忽视了对情绪、仪式、民族情感等非常态因素的分析。1990年以来，以彼文（Frances Fox Piven）、克劳华（Richard Cloward）为代表的研究者开始重视非常态因素对资源动员的影响。情绪动员的主要方式是动员者与领导者互动，改变原有的感觉规则，拓展感觉规则的适用范围。而仪式性表演可以激发出同情、自尊、关怀、团结感等多种情绪，符号化、象征性的仪式包装与表演是情绪动员的推动力和催化剂。

3. 从政治动员到社会动员：动员机制的转变

中国学者对动员理论的研究主要集中在动员方式的转变上。孙立平等将改革开放前的传统社会动员方式总结为参与式动员、组织式动员、运动式动员，动员机制以政治动员为主，以党政组织资源为主要力量，将体制外社会资源纳入党政资源体系中，追求"群众运动式"全民动员方式，加强政治认同。① 改革开放以来，经济体制的转型使社会主体多样化和社会分层加快，利益分化导致多元利益群体和多元价值观的形成，社会自主空间不断扩大，动员主体与客体对体制的依赖性减弱。社会结构转变和社会异质化使传统的政治动员方式在现代社会结构中的影响力大大降低。吴开松认为，当代中国动员表现出政治动员机制弱化、社会动员机制强化，以及政治社会动员机制相互融合的二元格局。② 郑永廷将现代社会动员方式分为竞争动员、传媒动员以及参与动员三种类型，社会化动员进入一个社会成员共享利益与共享价值的建构时代。③

（五）自组织理论与方法

1. 自组织的治理机制研究

社会网络理论对于如何理解社区的集体行动与个体行动的关系提供了解析方法。该理论认为集体行动绝非个体行动的线性加总，而有着复杂现象的特性——一套完整的"自组织"表现。④

中国乡村自税费改革以后，行政权力上收，给乡村提供了自我管理的广阔空间，也为乡村非政府组织的发展提供了空间。以自组织理论为主体的社会网络理论在乡村治理领域不断出现新成果，即是这种治理体制变动的反映。其中以罗家德为核心的研究群体在乡村自组织治理机制方面研究成果丰硕。

自组织是市场与层级之外的第三种治理机制：层级、市场和自组织三者结合才能避免政府失败、市场失灵和社会失效，达到善治。一般而言，自组织理论有三个要点：（1）自组织是市场与层级之外的第三种治理机

---

① 孙立平、晋军等：《动员与参与》，浙江人民出版社 1999 年版。
② 吴开松：《当代中国动员机制转化形态研究》，《内蒙古社会科学》（汉文版）2007 年第 3 期。
③ 郑永廷：《论现代社会的社会动员》，《中山大学学报》（社会科学版）2000 年第 2 期。
④ 罗家德：《自组织——市场与层级之外的第三种治理模式》，《比较管理》2010 年第 2 期。

制；(2) 任何治理结构都应该混合层级、市场与自组织三种治理；(3) 不同情境需要不同的治理结构，会有所偏重，但也必须有所平衡。①

在此理论基础上，社会网络学者所做的案例研究令人信服。如比较于奥斯特罗姆对"公地悲剧"的自主治理模式（信任机制、互惠机制及声誉机制）解决药方，罗家德、李智超分析了西南地区一个村宗族关系、长老权威、乡规民约到现代合作社的发展过程。他们认为，虽然传统的社会资本仍扮演一定信任机制的角色，但NGO成为动员者，并以受信任第三方扮演沟通协调者的角色，形成了明确的互惠规则以保证相互为利的信任，并且建构了基于生态保育的共识以凝聚认同感，这是新型信任机制的构建基础。他们从理论上总结到，在现代乡村治理的关系层面，相互为利、人情交换、可信赖行为、情感关系及第三方信任是建立乡村信任机制的基础。在社会网络结构上，封闭性、强规范、口碑网络以及网络动员可以带来结构性信任。在认知层面，社区认同感是非常重要的基础。②

罗家德等还研究发现，不同于西方的正式规则作用，中国的自组织过程是在社会关系特质下进行的。中国能人往往是一个自组织的中心人物，具有较强的政治精英色彩。在自组织中，正式规则不足时均分法则经常取代公平法则；能人通常遵守人情与均分的平衡。但自组织中一旦平衡被打破，对能人的信任就会遭到破坏。但与西方的自组织过程一样，能人需要负担初期成本投入，后期可获得声誉回报。其中，尤为值得关注的是中国乡村自组织中的"人情困境"，即资源支配者接受资源请托者的人情请托时，假使他将资源进行有利于请托者的分配，就违背了公平法则，还可能遭受其他利益相关者的社会非议甚至法律惩处。这是中国乡村治理主体所面临的最大挑战。这些成果为学术界展示了当下乡村治理中自组织的构建过程和运行法则，提供了解析治理主体内部结构的基础理论与方法，是中国乡村治理研究的发展方向。③

---

① 罗家德：《自组织——市场与层级之外的第三种治理模式》，《比较管理》2010年第2期。
② 罗家德、李智超：《乡村社区自组织治理的信任机制初探——以一个村民经济合作组织为例》，《管理世界》2012年第10期。
③ 罗家德、孙瑜、谢朝霞等：《自组织运作过程中的能人现象》，《中国社会科学》2013年第10期。

2. 多元治理体系研究

1989 年世界银行在其报告中首次使用了"治理危机"（Crisis in Governance）一词，并于 1992 年将年度报告的标题命名为"治理与发展"（Governance and Development）。1990 年，奥斯特罗姆（Ostrom）夫妇从公共水资源自主治理研究中系统明确地提出了多中心治理理论。和社会网络学者一样，他们认为政府与市场作为治理主体都有缺陷，应从政府、市场、社会多元共治的角度构建治理机制，并进一步指出三者合作组成治理网络才能规避单一治理主体的缺陷。[①] 1992 年，詹姆斯·罗西瑙在《没有政府的治理》中指出：治理是一种有共同目标支持的活动，这些活动的主体未必是政府，也无须依靠国家的强制力量来实现。治理既包括政府机制，也包括非正式、非政府的机制。治理理论自产生之时就被欧美国家广泛应用于公共管理实践，在政府改革、经济、教育领域都引发了大范围的理论创新运动。[②]

在中国，2001 年俞可平首先将治理与善治（Good Governance）理论推介给国内学术界。他说治理是"指在一个既定的范围内运用权威维持秩序以增进公众的利益"。他指出，治理理论特别强调国家与社会的合作，公民自治和非政府的公共权威等要素在治理中运用，在中国可以发展出一套公共事务管理的全新技术。[③] 2008 年，他谈到中国治理理论的发展时说："改革开放 30 年来中国治理变革的主要方向，是从一元治理到多元治理、从集权到分权、从人治到法治、从管制政府到服务政府、从党内民主到社会民主。治理改革的重点内容，是生态平衡、社会公正、公共服务、社会和谐、官员廉洁、政府创新、党内民主和基层民主。"[④] 总体而言，国内治理理论的研究也已经超越了理论的引进、内涵的解读阶段。学者们基于我国在工业化、城市化过程中面对的日益复杂的社会管理状况、城市管理状况，开始将治理理论与中国的国情、实践进行结合研究，强化社会治理、城市治理、安全治理、环境治理的研究（见表 1-8）。

[①] 张克中：《公共治理之道：埃莉诺·奥斯特罗姆理论述评》，《政治学研究》2009 年第 6 期。

[②] 李义中：《全球治理理论的基本取向问题析探》，《安庆师范学院学报》（社会科学版）2005 年第 2 期。

[③] 俞可平：《治理和善治：一种新的政治分析框架》，《南京社会科学》2001 年第 9 期。

[④] 俞可平：《中国治理变迁 30 年（1978—2008）》，《吉林大学社会科学学报》2008 年第 3 期。

表1-8　　　　　　　　　　　　治理观念举要

学者	时间	治理观点
世界银行	1991	为了发展一个国家的经济和社会资源，在管理中行使权力的方式
James Rosenau	1992	治理指的是一种有共同目标支持的活动，这些活动的主体未必是政府，也无须依靠国家的强制力量来实现
全球治理委员会	1995	治理是各种公共的或私人的个人和机构管理其共同事务的诸多方式的总和
Rhodes	1996	强调自组织、组织间网络，并主张这些网络作为治理结构，补充了市场与官僚制组织，以实现权威性分配的资源及行使控制与协调
Jan Kooiman	2002	作出了12种划分：最小化治理、新公共管理、善治、社会动态系统治理、自组织网络、治理与治理意识、参与治理等
Gerry Stoker	2003	提出了"治理理论"五分法，治理包含政府机构、非正式、非政府机构，其中公私部门间以及公私部门各自内部之间的界线都趋于模糊

资料来源：薛澜、张帆、武沐瑶：《国家治理体系与治理能力研究：回顾与前瞻》，《公共管理学报》2015年第3期。

权力从单向度到两向度，权力主体从一元到多元，互动方式上从命令到协商合作，治理方式从人治到规则治理都说明多元治理实质是农民组织化的过程。

（六）乡村伦理场域研究

中华文化中自古就有相对主义道德观的"场合"意识，不同的场合表演不同，场合演化出诸如生意场、名利场、官场、道场等说法，"场"的概念也形象地解释了中国语境下环境与主体的互动关系，非常符合中国人的日常感受。因此，虽然场域理论来自欧美，但中华文化作为一种关系文化，特别适合用场的理论解释其背景下的行为、事件与制度。

1. 场域理论的提出与内涵

首先,场域的内涵。场域理论是生成结构主义社会学的重要理论成果之一。布迪厄(Pierre Bourdieu)最早使用场域的概念,"一个社会或文化再生产领域中的各种行动者总和、各种组织总和以及它们的关系"。他认为:"根据场域来思考就是从关系角度来思考。"[①] 场域概念让学界可以更好地分析组织、地域和社会的共同演进过程,是连接宏观层次与微观层次的枢纽,对于揭示社会环境变化和微观组织改革行动之间的关联提供了渠道(见表1-9)。

表1-9　　　　　　　　　　场域的核心要素

要素	与场域的关系
关系系统	场域主要研究的是把组织与其生态环境的网络关系(DiMaggio & Powerll, 1983)
文化认知系统	文化框架是一种理解图式,能够使个人"定位、感知、界定与表明"在他面前发生的、以各种方式确立的有意义的事件(Goffman, 1974)
组织原型	组织变迁是有"原型"的,在整个变迁过程中,都会保持着这种"原型"的基本特征。组织原型以典型化、脚本、能动观念的面目出现,为我们提供参与社会行动的认知、范畴与理解框架(Greenwood &Hinings, 1993)
场域集体行动	Tilly(1978)首次将文化与社会结构联系起来,认为场域起到动员、规范集体行动的作用

资料来源:王树生:《迈向场域视角的反思性科学社会学——对布迪厄科学社会学思想的考察》,《自然辩证法研究》2013年第12期。

事实上,中国学者在场域理论研究中已经作出了突出的贡献。清华大学社会学系是中国场域理论研究的重镇。罗家德用社会网络分析方法对中

[①] 解玉喜:《布迪厄的实践理论及其对社会学研究的启示》,《山东大学学报》(哲学社会科学版)2007年第1期。

国人的圈子、关系、派系和农民自组织的系列研究[1]、周雪光在组织社会学[2]与制度理论[3]方面的研究均属于此类贡献。吴毅从场域角度分析了农民利益表达难以制度化的原因是"权力利益的结构之网"的阻隔。[4] 国内学者对场域理论的研究多集中于理论的应用,较少有本土理论建构的动机。

2. 伦理场域是农民生活的意义空间和社会网络

伦理包括价值观和规范,价值观是指行动者的选择系统,规范则是规定事情应该如何完成的要求。伦理学与社会科学学界的共识是,信念、价值观和规范是秩序的基础。

Kurt Lewin 认为,场域是给位于其中的个体提供意义与行为规范的意义空间[5],场域对其内主体的主要作用机制是"惯习"[6]。中国乡村,特别是传统资源利用型村庄,宗族、亲族、地缘形成的以"伦理关系"为特征的社会网络,事实上就是一个封闭性的伦理场域。对于这一点,本书作者提出"伦理场域"的概念,并认为其基本内涵是:伦理场域是指乡村中由传统资源(文化、符号、建筑、空间、关系)的诸多要素相互作用形成的以"伦理"为核心、能对位于其中的主体产生作用,从而使其表现具有伦理属性和治理凝聚力行为的社会关系网络空间。这里的主体是指带有一定惯习的个人和组织。

"伦理场域"具有场域的一般性特征。第一,它是一个空间。比

---

[1] 罗家德、王竞:《圈子理论——以社会网的视角分析中国人的组织行为》,《战略管理》2010年第1期;罗家德:《自组织——市场与层级之外的第三种治理模式》,《比较管理》2010年第2期;罗家德、李智超:《乡村社区自组织治理的信任机制初探——以一个村民经济合作组织为例》,《管理世界》2012年第10期;罗家德、孙瑜、谢朝霞等:《自组织运作过程中的能人现象》,《中国社会科学》2013年第10期。

[2] 周雪光:《西方社会学关于中国组织与制度变迁研究状况述评》,《社会学研究》1999年第4期。

[3] 周雪光、练宏:《中国政府的治理模式:一个"控制权"理论》,《社会学研究》2012年第5期。

[4] 吴毅:《制度引入与精英主导:民主选举规则在村落场域的演绎——以一个村庄村委会换届选举为个案》,《华中师范大学学报》(人文社会科学版)1999年第2期。

[5] Bernadette Lindorfer, "Personality Theory in Gestalt Theoretical Psychotherapy: Kurt Lewin's Field Theory and his Theory of Systems in Tension Revisited", *Gestalt Theory*, 12 Apr 2017.

[6] 周冬霞:《论布迪厄理论的三个概念工具——对实践、惯习、场域概念的解析》,《改革与开放》2010年第2期。

如具有长久历史的自然村,往往各自具有"自身逻辑、规则和常规"。第二,"伦理场域"是一个意义空间。"伦理场域"虽然具有场域的一般性特征,但传统社会中的"伦理"特征却渗透于场域意义系统之中,这在传统社会资本多的村庄非常明显,带有鲜明的中国特色,有利于建构中国特色的治理理论。第三,"伦理场域"是一个义务空间,并充满感情。Pierre Bourdieu 等认为场域空间内存在各种力量的竞争,而决定竞争结果的因素是资本。[①] 与之不同,中国乡村的"伦理场域"内关系相处更多的是依赖传统等社会资本,而非权力与资本,所以"伦理场域"内冲突色彩小于义务色彩。Bourdieu 以个体行为互动来定义场域的边界,个体行为互动停止之处就是场域的界限。而"伦理场域"边界不是以行为互动为界,而是以关系身份为界,其扩展过程是随着关系身份的变化而扩展,其场域边界易于扩展。第四,"伦理场域"是关系网络体系。中华文化是关系文化,中国人生存于关系网络之中,"伦理场域"实质上是实在的社会关系网,位于其中的主体都是按关系轨道运行的,在关系中表现出相应的主体属性和行为特点。

3. 伦理场域的"场力"对乡村治理效果的影响

伦理场域的存在,是因为它有规范其内主体的力,也就是场力。这种场力是推动主体间关系的形式和特质,形成关系规则,设定互动目标和互动方式的动力,同时,关系的运作又体现出这种动力,我们将之称为伦理场力。伦理场力对乡村治理的效果会产生重要影响。

伦理场力所表现出的文化是组织成员共同的价值观、理念和风俗。场域文化影响组织文化,组织文化能够影响组织成员的价值观、态度、行为以及对组织态度,最终影响到整个组织效果。关于伦理场域中的领导方式,郑伯埙基于中国情境认为德行领导包括大公无私、榜样表率、公平公正、正直尽责等行为,并将其纳入家长式领导的框架中,对于解释伦理场域中的领导现象有理论指引意义。[②]

[①] 朱伟珏:《超越社会决定论——布迪厄"文化资本"概念再考》,《南京社会科学》2006 年第 3 期。

[②] 郑伯埙:《华人文化与组织研究:何去何从?》,《中国社会心理学会·中国社会心理学会 2008 年全国学术大会论文摘要集》,中国社会心理学会,2008 年 2 月。

4. 文化—认知要素对组织制度和社会行动的建构

每个区域中，其文化—认知系统及思维方式奠定了社会群体对社会的共同理解，建构了意义的共同系统。制度与文化互诠，是新制度主义最耀眼的成果。[①] Berger等指出："任何人类制度都是意义的沉淀，或者从另一个角度说，都是意义的结晶化和客观化。"[②] 可见，文化—认知要素对于制度、组织的建构具有十分重要的作用。从这个意义上说，传统资源应用型乡村治理案例具有鲜明的中国特色，反映出农民的文化理念和行为模式。

通过对伦理场域的内涵、核心要素、对农民的意义、对村庄治理效果影响以及文化—认知心理特征的分析，可以看出分析传统资源应用型村庄首先应在伦理场域下分析以上几个方面。

（七）新制度主义视角下农民组织化的制度创新逻辑

近年来乡村治理领域兴起了社会学方法热，除了社会网理论，组织社会学中新制度主义学派强调制度生态环境对组织的影响，揭示了组织合法性的三种机制。[③] 这一研究成果被国内学者广泛应用于制度创新研究，为解读组织的生态环境与合法性机制之间的关系提供了较为深刻的理论管道，逐渐成为研究中国基层治理组织的重要理论基础。具体展开如下：

1. 制度的基础支撑要素

制度是社会科学使用最广泛的概念，也是人类社会中最常见的现象。理查德·斯科特给制度的定义是：

制度包括为社会生活提供稳定性和意义的规制性、规范性和文化—认知性要素，以及相关的活动与资源。

规制（regulative）、规范（normative）和文化—认知（cultural-cognitive）被认为是分析制度支撑的三大方面（见表1-10）。

[①] Scott, W. Richard, and Meyer, John W. 1983, "The Organization of Societal Sectors", In *Organizational Environments: Ritual and Rationality*, edited by Meyer, John W. and Scott, Richard W.: 129-153.

[②] Berger, Peter L. and Thomas Luckmann, 1967, *The Social Construction of Reality*, New York: Doubleday Anchor.

[③] 周雪光：《组织社会学十讲》，社会科学文献出版社2003年版。

表1-10　　　　　　　　　　支撑制度的三方面

	规制方面	规范方面	文化—认知方面
合法性基础	法律制裁	道德支配	可理解、认可的文化支持
遵守基础	权宜性应对	社会责任	视若当然、共同理解
秩序基础	规制性规则	约束性期待	构建性图式
扩散机制	强制	规范	模仿
使用类型	工具性	适当性	正统性
情感反应	内疚/清白	耻辱/荣誉	确定/惶惑
系列指标	规则、法律、惩罚	合格证明、资格承认	共同理念、共同行动逻辑、同形

资料来源：[美]斯科特：《制度与组织——思想观念与物质利益》，姚伟等译，中国人民大学出版社2010年版。

2. 合法性机制与制度趋同

Meyer等提出了一个非常吸引人的问题：为什么不同的组织会有相似的制度？他的结论是，一个组织只有接受了社会公认的组织结构类型和相关制度，才能获得内部和同行的认同，原因在于"合法性"机制的规范与组织的过程。[①] DiMaggio等进一步指出这种机制其实分成三部分：(1) 强迫性机制，如必须遵守相关的法律等；(2) 模仿机制，即模仿成功的竞争对象的行为和做法；(3) 社会规范机制，即遵守同一种道德观念或思维方式。三大因素导致了组织的制度趋同。这对于从环境理解组织的制度趋同和创新过程非常有帮助，是解析传统资源应用型村庄制度创新的理论与工具。[②]

3. 组织制度创新机理与过程

首先，制度创新者。

DiMaggio是最早主张对制度过程的解释必须考虑"行动者的能动性"的理论家，他将制度的创新过程还原成一种因果机制，强调创新者意图与利益

[①] Meyer, John W. and Rowan, Brian. 1997, "Institutionalized Organizations: Formal Structure as Myth and Ceremony", *American Journal of Sociology*, 83(2): 340–363.

[②] DiMaggio, Paul J. and Walter W. 1983, "The Iron Cage Revisited: Institutional Isomorphism and Collective Rationality in Fields," *American Sociological Review* 48: 147–160.

因素在创新中的作用。① Scott 总结了这一制度的能动者类型：民族—国家、专业人员、行业协会、组织精英、边缘博弈者、社会运动、普通参与者。②

DiMaggio 等的研究强调制度设计者在制度创新中的自我谋利行为。③然而，在中国乡村治理的实践过程中，个人在村庄治理制度的创建过程中并不仅追求个人利益，而且可能会追求集体甚至社会的利益，这与西方以"人性自私"的假设建立的制度变迁机制有明显差异。

其次，制度扩展机制。

实践中，因为传统资源应用型乡村治理案例治理绩效良好，有相当多的地方学习和模仿，但从推广效果来看，效果不尽如人意。因此，这类制度体系的推广机制与过程也是本项目的研究内容，需要为其寻找理论基础。Zukor（1977）根据侧重点不同，提出三种制度拓展机制，如表 1-11 所示。

表 1-11　　　　　　　　　　三种制度拓展机制

制度拓展机制	主要观点	代表研究
基于回报递增	多由制度经济学家提出，认为制度化是一个路径依赖的过程，因为存在一种"正反馈"机制，即若坚持原来的方向，就会得到奖赏，而向替代路径转化需要付出成本	David, Paul A. 1985, 2005. Arthur, W. Brian, 1994.
基于承诺递增	多由规范性制度学者提出，不是强调激励（成本和收益）的作用，而是强调承诺或忠诚机制的作用，强调不同身份在不同情景中适当的行为方式	Selznick, 1948. ChristianKnundsen, 1995.
随着日益客观化而出现	多由关注文化—认知性制度因素的学者提出，强调共同信念的日益客观化（即渐渐普及并广为接受）在制度化中的重要作用	Berger & Luckman, 1967. Strang & Meyer, 1993. Tolbert & Zucker, 1996.

资料来源：转引自 Scott, W. Richard, and Meyer, John W. 1983, "The Organization of Societal Sectors", In *Organizational Environments: Ritual and Rationality*, edited by Meyer, John W. and Scott, Richard W.：129-153。

---

① DiMaggio, Paul J. and Walter W. 1983, "The Iron Cage Revisited: Institutional Isomorphism and Collective Rationality in Fields", *American Sociological Review* 48：147-160.

② Scott, W. Richard, and Meyer, John W. 1983, "The Organization of Societal Sectors", In *Organizational Environments: Ritual and Rationality*, edited by Meyer, John W. and Scott, Richard W., 129-153.

③ DiMaggio, Paul J. and Walter W. 1983, "The Iron Cage Revisited: Institutional Isomorphism and Collective Rationality in Fields", *American Sociological Review*, 48：147-160.

第四节 本书研究所涉内容

一 本书的研究范围

表1-12 本书研究要素简表

相关事项	研究范围
研究类型	通过案例研究，使用多元治理理论、场域理论、新制度主义理论分析其治理制度创新与伦理场域的关系、组织主体结构、动员机制、政府与社会、市场的关系；使用扎根理论及归纳法提炼组织指标与组织量表，建构模型
研究重点	以治理推进农民组织化为研究对象，首先使用结构功能的方法，对案例村庄治理体系、治理主体结构以及政府、社会和市场关系进行解剖分析与理论模型复建工作；其次对乡村熟人社会伦理场域的核心特征及在伦理场域中治理制度的演变机理进行探讨，深入研究伦理场域对治理制度的形塑作用机理，探讨各变量对有效治理机制产生的作用机理；最后比较伦理场域中农民组织化与非此类农民组织化的绩效差异
理论基础	结构功能理论、多元治理理论、协同治理理论、场域理论、新制度主义理论（制度化，制度创新、变迁）、政府绩效管理理论、系统论
主要变量	伦理场域，传统资源应用型村庄，村庄经济分化与土地经营方式、村庄治理主体，村庄传统资源，政府、社会、市场关系
控制变量	地区差异、村庄分型、社会记忆、个人统计信息
时间层面	案例研究、长时间纵向跟踪研究、时间横截面研究
研究方法	结构功能分析、扎根理论、归纳分析、纵向研究
分析单位	伦理场域、农民组织化案例、村庄各行动主体

资料来源：作者自制。

二 研究主题的内容简介

（一）村庄的区域差异与社会性质分析

乡村治理体系建立在坚实的区域差异和社会性质研究基础之上。广东省乡村社会基础包括三个因素：边陲状态、水利和稻作农业。灌溉农业、修建水利设施需要集体互助，中国人习惯用血缘关系组织集体协作，导致村庄社会的典型特征是聚族而居，血缘与地缘重合，宗族规范（族规家法）强大，以血缘关系为基础的宗族结构成为维系村庄秩序的基础；这种自然社会形态由于距离政治中心远，国家权力渗透较少，得以保存。

在20世纪中期以来，我国乡村原有的村庄社会结构则遭到了两轮冲击。一是由于现代国家权力向村庄渗透。国家垄断公权力，传统的血缘与地缘组织的合法性空间不复存在，宗族和村庄的公共财产也被没收后分给农民，最后归并到集体。但是在广东省，特别是沿海地区，传统的结构性力量并没有彻底消失，宗族意识仍然在延续，并且在观念层面和行为层面仍在发挥重要作用，村庄认同感依然强大，存在一致行动的能力，有效制约和减缓了国家权力的渗透，近年来发生了相当普遍的传统复兴运动，宗族力量以新的形式参与到乡村自治和社会建设中。

二是市场经济的发展导致农民的经济分化。改革开放对农民特别是东南沿海地区农民影响巨大，财产私有、权利保障的观念取代了基于身份、血缘和财产共同占有关系的传统观念。市场经济的发展对地区的影响有明显的差异：一方面，越来越多的年轻人走出村庄，与现代社会建立密切关联，导致农村的空心化，动摇了村庄传统的根基，这种现象在北方非常明显；另一方面，在宗族势力较强的华南地区，高度市场化给村庄带来的大量经济资源，复活了传统文化和传统人际关系，通过对传统的回归强化了社区记忆。深刻的社区记忆令农民无法割断与村庄的联系，从村庄经济分化出来的占据优势地位的社区精英更乐于回到村中利用自己拥有的资源造福乡梓，同时通过参与村内公共事务展示自己的成功，以期获得村内熟人的认同。这一部分研究主要是以实地调查、扎根理论和统计文献为主要形式的质性研究，旨在确定传统资源应用型村庄的社会性质、分布区域、社会经济、人口统计特征等，为下一步研究奠定基础。

（二）村庄伦理场域内涵和核心特征的研究

布迪厄说，场域可以定义为在各种位置之间存在的客观关系的一个网络，从某种意义上说，传统资源应用型村庄内的伦理场域可以称之为伦理关系而非利益交易关系。其伦理场域的内涵与核心特征主要在目标村庄内部，具体如下：

1. 伦理场域内各类主体关系网络

场域是关系空间与意义空间，位于其中的个体是在场域规范下互动的。其一，我们关注各类农民的互动形式，即对目标村庄内农民直接或间接的交往方式进行分析，以刻画出新型的关系特征和网络结构特征。其二，交往背后的信任机制构建。目标村庄类型是熟人社会，此类村庄治理的关键社会心理基础是信任机制的建立。在本类村庄内，初步研究表明，伦理场域中农民交往互动中，由于有共同地域文化背景和共享价值观，其信任水平高于其他类型村庄，这种共享价值观源自村庄对传统资源的保留与认同、践行。其信任基础可能是情感、社会交换、互相为利，也有民族文化命运忧患的考虑，而这恰是伦理场域的本质特征，也是本项目的研究重点之一。

2. 伦理场域中关系主体的交往规则

伦理场域的规则系统也是本项目研究的重点内容。传统资源应用型村庄内部表现出较为强势的规则系统。这些规则可以分为，有较长历史传统的成文的或口头的、外在的和强制性的规制文件、约定和风俗，还有在全体伦理场域内活动成员认可的内在的规范两个方面。外在规制上，村庄内部伦理场域表现出较高的"进入门槛"，即在本伦理场域内活动，除了身份要求外，还明确规定了必须认同村庄乡规民约、公共义务、环保等作为进入伦理场域活动的必要条件，还有一些按照西方理论属于私人领域也被包括在内，如孝道、教育、参与传统文化项目等要求；在规范方面，村庄伦理场域内表现得更明显。本类型村庄内，几乎无一例外都提倡中华传统美德作为村庄精神文明特色，如忠孝诚信礼义廉耻等，而且效果良好。可以看出，在规制与规范相互作用上，伦理场域内的规制之所以效果良好，是因为以规范作为规则的心理基础和文化网络。规制与规范的结合，二者并行不悖，极大地改善了治理环境，提高了治理效果，降低了治理成本，促进了村民的自我监督和自我管理。综上，伦理场域内的规制和规范的内容、特点和时间轴上的演变是本项目研究的重点内容。

3. 伦理场域内的中国特色文化—认知偏好

本项目目标案例初步研究显现，村庄内的伦理场域存在着文化偏好、认识逻辑和民族特色的观念系统，决定着村庄内成员的行动意义和价值断定。项目主要探究的是，为什么在村庄的伦理场域内，个体才表现出中华传统文化的偏好，在认识上按照中华传统的认知逻辑判断事务，在治理事务选择上偏好于有中华文化特征和家园建设意义的公共事务，在祭奠祖先场所内进行公共议题的讨论为什么更有仪式感、庄严感，讨论议题更有效率，认为投入资源更有意义。这些治理上的独特现象只能从伦理场域内的文化—认知系统去研究。

4. 伦理场域规范力量—"场力"维度的研究

从对村治制度的形塑作用来看，在村庄内的伦理场域中确实存在着规范组织与个体行为和制度的力量，左右着伦理场域中人际关系的维度、特质和互动形式，形成关系规则，规范村庄领导的有效性的方案，同时对于村治系统产生促进或限制的作用。从反方向来看，关系维度、自组织规则、文化—认知偏好以及有中国特色的领导有效性又是这种"场力"的表现方式。所以场力是场域形成的动力因素，场域是场力的表现形式，厘清场力的作用机制是理解伦理场域对乡村治理形塑作用的重要突破口。场力的结构和测量主要是通过量表实现，本项目初步考虑从人际关系互动、关系规则、文化—认知偏好和村治领导方式四个维度进行。

（三）伦理场域对农民组织化方案的形塑机制

中国村治的发展经历了从家庭联产承包责任制到村民自治再到现阶段的乡村治理研究。从制度建构的角度看，本类型村治正在试图打破村民选举、村干部治理的制度模式，在实践上是对现行村治制度的发展，同时也起到了一定的解构化作用，其反面是中国特色社会主义村庄治理制度的结构化过程。制度的解构过程意味着从信念弱化到放弃实践的过程，制度的结构化过程则伴随着理念创新和实用治理体系的构型过程。周雪光认为，制度不能仅建立在实用功效之上，而是必须建立在制度覆盖范围内人群所共享的理念规范之上。

（四）农民组织化方案中关键群体结构研究

在中国这样一个关系社会中，村庄治理主体产生并发挥有效性的关键不仅在于村庄自身是否拥有丰富的社会资本存量，也在于是否存在一个或若干个民间领袖或精英。这些村庄精英出于社会地位、威望、荣耀并向大众负责的考虑，而不仅仅是为了追求个人物质利益，承担起村庄带头人的角色，能够有效地影响到村内其他成员的态度和行为。这些村庄精英或能人一定是在自己的村内人脉网中开始动员，动员过程经常是一个能人带动了一个关键群体，关键群体又动员自己的人脉网，一个团体就在这样滚雪球的过程中慢慢扩张，逐渐形成村庄治理主体。

村庄内的关键群体号称是村庄集体行动中的发起者和倡导者。已有研究发现，每一个乡村治理主体背后都有一个关键群体。任何集体合作行动的初期总是成本大于收益，这时关键群体必须预先付出成本，当参与人数达到一定规模时，收益才会大于成本，带来更多的参与者，形成治理的普遍覆盖。关键群体预先付出成本的多少，与他们所处的网络位置有很大关联——当关键群体位于村庄社会关系网的中心位置时，便很容易通过私人关系动员其他组织成员加入集体行动。关键群体在其中承担治理组织的动员、组织维系、规则设计等职责；同时，也决定着村庄治理主体与外部资源之间的互动模式。关键群体的率先投入行为和关键群体的社会网络位置对于村庄集体行动的出现具有至关重要的作用。本部分研究继承已有研究如村庄权力主体及运行状况、权力结构及功能、村庄治理主体的纵向变异等几个方面理论成果，主要是以社会网的方法和田野调查资料对村庄治理主体中的关键群体的类型（政治能人、经济能人和社会能人）、村庄治理主体的人情法则、组织方法、回报机制、社会关系网的建构过程、分配方式、监督方式进行了详细研究。

从宏观环境上来说，乡村治理有效性的实现，必然离不开当前中国全面深化改革环境的影响，特别是农村税费改革和乡政村治行政体制改革对农村治理有效形式影响巨大。广大农村的区域差异所导致的村庄分型也对乡村治理有效形式影响巨大。区域环境和制度环境是影响乡村治理有效性实现的两大宏观因素。

从乡村治理体系或有效实现形式的内部关系来看，主要对以下关系展开研究，在以上四部分论述的基础上，再作一简单强调：

1. 伦理场力与治理主体的关系

由宗族、亲族和地缘关系所构成的社会网络形成封闭性的伦理场域及其所形成的规范影响个人行为和集体行动，推动了乡村治理主体关系网络的形成，设定了各治理主体间的互动方式和互动目标。

2. 伦理场力对治理制度的形塑作用

这一关系主要表现为，伦理场域中成员以共同价值观念和共同建设目标等为基础形成共同的愿景、文化习俗、规范来控制乡村集体行动，最终形成乡村内自我组织、自订规章、自我管理的自治制度。

3. 伦理场域中的各治理主体对治理制度的形塑作用

主要表现在"熟人圈子"作为乡村伦理场域的基本表现形式，能对位于其中的个体与组织产生作用，使其按照伦理场域的期待来行动，其行为带有明显的伦理属性和治理聚焦性，共同的价值观念日益客观化，在乡村治理制度化过程中起到重要作用。

4. 伦理场力、治理主体、正式与非正式的规则制度

这些乡村治理基础，决定了乡村治理的有效形式。在乡村伦理场域中，各治理主体按照既有的正式与非正式制度规范，在社会网络中有效动员社会资源参与到乡村公共空间建设、公共物品提供、村庄秩序维持等集体行动中来，形成有效的乡村治理形式。

第五节 本书研究方法讨论

本研究是一项以案例研究为主体的综合研究。本书先在案例研究中用质性研究方法分析村庄伦理场域内新型村庄组织系统、组织主体结构和政府、社会、市场合作网络的构建机制；用社会网方法分析村治治理主体从关键个体到治理自组织的形成过程及发挥有效性的机制；用扎根理论方法以及归纳法来提炼治理指标和维度，建构村庄治理有效性理论。本项目采用的方法包括案例研究方法、扎根理论方法、社会网方法，分别说明如下。

一 案例及其内生性变量研究

如图1-2所示，本项目先对目标案例进行深度的观察与访谈，再进行案例分析，然后应用扎根理论方法和相应的编码技术（开放性编码、主轴编码与选择性编码）进行理论架构以及行为分析，最后对伦理场域现象进行行为归纳研究。具体如下：

本项目采用多案例研究形式，多案例研究方法能够使研究者突破最初案例的印象，通过跨案例的比较，使用多样化的视角和结构化的方法分析数据，可以提高发现准确、可靠理论的可能性，提高捕捉新发现的概率。我们采用的多案例分析主要采用以下形式：以本项目初期已有研究案例为

标准，对重点区域（东南沿海）所涌现出来的农民组织化典型进行二次案例选择，然后寻找同类案例中的相似之处和差异之处，比较范围包括村庄伦理场域、组织主体结构、村庄内自组织类型、村庄经济分化程度、传统资源的利用方式、实现有效治理的路径等；对相似之处与差异之处进行比较，然后列出案例的相似点和不同点，以产生更为复杂、深入和细微的认识；按对案例的研究方法标准进行单独归类分析，如对访谈方法所得资料进行单独分析，对问卷调查资料也进行单独分析，最后在同一研究主题下，例如对村庄伦理场域四个维度等进行交互分析，然后对差异性来源进行追因分析。通过以上三步，以期得到一些重点案例的全部质性研究结果。

二　重点案例的扎根理论分析

经过案例研究后，本项目计划对重点案例进行扎根理论分析。由于扎根理论的运用需要对案例进行全面的调查和分析，不可能进行大样本的数据采集，所以只能在最具典型意义的案例中进行，希望能够对未来定量研究有启发意义。

扎根理论的长处在于从下到上地对经验资料梳理而形成理论，其最主要的功能是对已有理论进行检验，形成新的概念和思想。通过扎根理论方法得到的理论观点往往被称为"实质理论"，它能确切地解释特定的现象，并可以针对实际问题提出解决之道。本项目扎根理论研究推进如下：

首先进行初始理论取样，选定重点案例并收集数据，要以搜集受访者所描述的与村级治理体系相关的伦理场域行为和事例为主，通过访谈和收集村内成员文献的方法进行资料获取，然后进行数据结构化；其次是进行数据整理，即对所收集的数据按照时间或内容排序，以内容分析的方式将这些描述归类，找出可能的概念维度，并且进行同意度检测，目的是要便于观察因果关系，找出符合伦理场域的行为，合并重复出现的行为和内容；再次是通过实质性编码（包括开放性编码和选择性编码）来进行数据处理和分析，通过对场域内事件之间和事件与概念的不断比较，促成更多的范畴、特征的形成及对数据的概念化；最后在以上步骤的基础上，在核心范畴达到理论饱和后，进行理论性编码，即将在实质性编码中形成的概念或范畴组织起来以构建理论,并且通过文献回顾,将初步构建的理论与已有的文献进行不断比较以发现和补充已有概念、范畴及理论的不足,形成最终的理论体系。

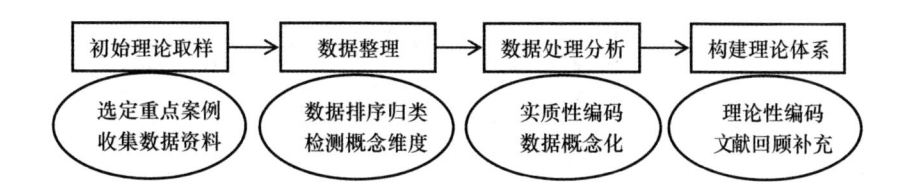

图1-2 本项目扎根理论推进步骤

资料来源:作者自制。

第二章 乡村振兴对治理体系的时代要求与广州下围先行经验

第一节 民主与有效：新时代乡村治理体系的塑造目标

关于新时代中国特色社会主义乡村治理体系的发展，党的十九大提出了两项要求，首先在乡村振兴战略中提出将"治理有效"作为新时代乡村治理体系建设的总目标要求之一；其次继续坚持和完善以人民当家作主为核心的"基层群众自治制度"。综合这两项根本性的目标要求，即建设"一民主、二治理有效"①（下简称民主有效）的乡村治理体系将是我国在中国特色社会主义新时代长期坚持的纲领性目标要求和行动指南。作为中国特色社会主义乡村治理的主要形式，村民自治制度将是实现这两个目标要求的主体制度形式之一。

30年前，国家以法制化方式主导了村民自治制度的建立与普及，在我国农村基层社会构建了"乡政村治"的乡村治理格局②，其实质上是国家权力与村民自治权这两种性质不同的权力在村庄场域内的对立统一。从组织层面上看，这对关系显现为（乡镇）政府与村民自治组织（村民委员会，下称村委会）的互动关系。由于政治、经济、社会的条件不同，两种性质不同的权力或组织既可能表现出对立的倾向，

---

① 徐勇根据村民自治制度发展史提出过村民自治2.0版是实现民主功能加自治的功能。其中其民主功能是指民主选举、民主决策、民主管理、民主监督，即四个民主；自治功能是指自我管理、自我教育、自我服务，即三个自我。参见徐勇《找回自治：探索村民自治的3.0版》，《社会科学报》2014年6月5日。本书所提民主目标要求与治理有效目标要求，主要是指执政党对乡村治理体系功能层面提出外部要求。

② 张厚安：《乡政村治——中国特色的农村政治模式》，《政策》1996年第8期。

也可能表现出和谐统一的关系。

《中华人民共和国村民委员会组织法》[①] 1987年试行版将乡镇政府与村委会的关系规定为指导与协助关系。作为新型关系定位，这一关系在世纪之交引发过政治学学术界"乡村关系"的大讨论。[②] 时至今日，乡镇政府与村委会的关系是指导与协助关系已有了定论，但是历次版本的《村民委员会组织法》关于什么是"指导""协助"，仅作了原则性的抽象规定，并没有详细地指出乡镇政府指导村委会自治工作的内容与程序，也未明确村委会应协助乡镇政府工作的范围与程序。从现实实践中看，二者关系并不对称，协助似乎没有问题，问题都集中在政府"指导"的具体内容上。21世纪以来各级政府不断出台关于村民自治的治理举措，但是村民自治在实践中还是表现出大面积的空转。政府的举措越来越强势，村民自治走弱趋势却依然明显，似乎在印证二者之间出现了对立性倾向。显然二者之间的对立倾向及村民自治空转非国家设立村民自治制度的目标，从2014年开始，党和国家连续三年在中央一号文件中呼吁探索村民自治的有效形式，党的十九大将其升级为建设"民主有效"的乡村治理体系。

第二节　乡村治理体系的功能演变

关于村民自治的空转，乡村治理学术界的代表性观点是以"内卷化"概念解释[③]，内卷化概念清晰地描述了制度过密供给与村民自治空转的关联，但它对制度过密供给的深层动因却剖析得不足。本书认为要剖析村民自治空转的根本原因，应从村民自治组织制度的构建史中发掘。组织原型理论能从组织目的、组织价值、组织绩效三方面比较组织创生形态与变迁形态之间的制度性致变因素[④]，非常适合诠释村民自治空转现象形成的制度环境。

---

① 本书将《中华人民共和国村民委员会员组织法》1987年试行版、1998年正式版、2010年修订版简称87版法、98版法、2010版法，或为行文需要简称为《村民委员会组织法》。参见《中华人民共和国村民委员会组织法（试行）》（http：//www.pkulaw.cn/. 2017 – 11 – 08）,《中华人民共和国村民委员会组织法（1998修订）》（http：//www.pkulaw.cn/. 2017 – 11 – 08）,《中华人民共和国村民委员会组织法（2010修订）》（http：//www.pkulaw.cn/. 2017 – 11 – 08）。

② 贺雪峰，苏明华：《乡村关系研究的视角与进路》，《社会科学研究》2006年第1期。

③ 贺雪峰：《论乡村治理内卷化——以河南省K镇调查为例》，《开放时代》2011年第2期。

④ Royston Greenwood, C. R. Hinings, "Understanding Strategic Change: The Contribution of Archetypes", *The Academy of Management Journal*, 1993, 36 (5).

一 基于"治理有效"创生的村委会组织原型

村委会长期以来被认为是村民自治制度的组织载体，其组织形态的变迁与村民自治制度的变迁是表里关系。1980年，广西宜山县合寨村的农户已经分散经营，农民的生产积极性大幅提升，但是人民公社时期所未有过的"灌溉水源纠纷""耕牛失窃""聚众赌博"等事件猖獗起来，已经影响到农户的生产生活。为了填补人民公社解体后的公权力真空问题，1981年在原生产队干部出面组织下，经全体村民集会，由户主投票的方式成立了村委会。[①]依据组织原型理论，并综合学术界对第一村委会的研究成果，这个划时代的新生组织有以下主要特征：其一，村委会是建立在家庭联产承包责任制上的上层建筑，以村庄生产生活等公共秩序治理为主要目的，户主投票选举只是其治理手段。其二，村委会的建立以保障村民的民生为价值导向，必然衍生出治安、卫生、道路修护等功能。其三，村委会的绩效标准在于维护村庄长治久安的能力。但是村委会组织原型的草创性也决定了其在规范民主形式上的明显缺陷：（1）无预先组建的选举机构；（2）没有设计选民登记制度；（3）非全体村民直接普选；（4）未设计村民小组及其组长选举制度；（5）未设计村民代表选举制度；（6）候选人由村内精英提名而非由村民直接提名；（7）被选举人未区分职数，而是选后依据票数议定。[②] 村委会组织原型在治理有效性与显著的形式民主缺陷上形成了鲜明的紧张关系。

二 基于"民主推广"建构的村委会法制化组织形态

1980年村委会组织原型成立后，因其卓越的治理效果而迅速被附近村庄效仿，并得到了时任中央政法委领导彭真同志的高度认可。经1982年宪法、1987版法、1998版法和2010版法的建设，村民自治制度基本完成了法制化过程，村委会法制建构形式被固定下来。

然而对比村委会组织原型与村委会法制建构形态，研究发现二者在组织目的、组织价值观和组织绩效上产生了较大的变迁。

首先，村委会的法制建构形态的首要组织目的是推广直接民主而非村

[①] 王维博：《中国第一个村民委员会诞生记》，《村委主任》2010年第6期。
[②] 蒙昭平：《"中国村民自治第一村"25年选举回顾》，《全国村委会选举情况分析会论文集》，民政部基层政权和社区建设司编，2005年，第248—252页。

庄治理。时任民政部领导在《关于〈中华人民共和国村民委员会组织条例（草案）〉的说明》中将村委会的功能定位讲得非常清楚："《草案》是……本着逐步实现农村基层社会生活的直接民主的指导思想起草的。……村民委员会是我国实现高度社会主义民主的最基层的细胞，是人民实行直接民主的组织形式。"[①] 村民自治制度被定义为我国农村社会基层民主化的重大举措，组织目的发生了重大变迁。

组织目的的变迁是基础性的变迁，必然带动操作手段的变迁。这表现在《村民委员会组织法》立法过程中将规范的民主形式固定为实现村庄治理功能的唯一手段，对村委会组织原型治理功能的多样化实现渠道产生了挤出效应。1987版法第二条："村民委员会是村民自我管理、自我教育、自我服务的基层群众性自治组织，办理本村的公共事务和公益事业，调解民间纠纷，协助维护社会治安。"其法条设计是组织目的加组织功能。1998版法同等法条在组织目的与组织功能之间插入了四个民主，即民主选举、民主决策、民主管理、民主监督，突出了民主形式是治理功能的实现手段。2010版法中将四个民主上升为总纲要，实现了民主形式对治理功能的全收纳，村委会组织原型中提出的所有治理功能必须通过四个民主的实现来实现，完成了治理功能的实现手段的固化。

其次，在组织价值上，如果说村委会组织原型追求民生价值，而村委会法制建构形态则追求民主价值。除上述《关于〈中华人民共和国村民委员会组织条例（草案）〉的说明》中所倡导的民主价值之外，还体现在村委会法制建构形态对村庄固有的家族、家庭等属于民生价值但不属于民主价值的组织要素的排除。村委会组织原型在进行村委会选举时采用的是全体村民聚会参与但由户主选举的方式，其实质上是以家庭（户）为单位进行选举，这是家庭联产承包责任制下家庭是村民生产生活的基本单位及传统乡土伦理的突出反映。但这些村庄固有的乡土组织要素显然与规范的民主形式中一人一票、独立选举的方式有着本质的差异。为了追求最大程度的村民直接民主权利，1987版法没有接纳组织原型中户主（只接纳了户代表的概念）选举的方式，而是参照人民代表的选举办法和《选举法》的规定，采用18岁以上村民一人一票的方法。

---

① 参见《关于〈中华人民共和国村民委员会组织条例（草案）〉的说明》（http://www.npc.gov.cn/wxzl/gongbao/1987-01/12/content_1481512.htm. 2017-11-08）。

以后各版本法都坚持了这一基本选举方式。①

综合上述内容可以总结出，村委会组织原型是围绕着民生主题展开的，村委会法制建构形态是围绕着民主展开的，如表2-1所示：

表2-1　　　　　　　　　村民自治制度的变迁过程

项目	村委会组织原型	法制化村委会组织形态
组织目的	村庄公共秩序	村庄直接民主与公共秩序
组织价值	民生	民主与民生
组织绩效	村民的生活及村庄长治久安	最大化地实现村民民主权利

资料来源：作者自制。

通过上述村委会组织变迁过程的再现可以得知，村民自治制度是国家尝试以民主形式整合农村社会建构现代化国家的重大战略。如果说村委会组织原型是生发于当时村庄经济基础、社会基础的内源性治理形态，村委会法制建构形态则是在广大农村推广直接民主的组织工具，表现出强势的外部嵌入性组织特征。30年实践表明，以村委会法制建构形态代替其组织原型嵌入村庄中，产生了两个后果：其一，村委会法制建构形态的民主推广功能没有完全实现。四个民主在实践中难以深入，绝大部分村庄在民主选举完成后并未能进一步实施其他三个民主。其二，村委会组织原型的治理功能被消解。由于法制化过程中四个民主被固定为村庄治理功能的唯一实现手段，四个民主中的三个民主被虚化，村民未实质性地参与到村庄治理中来，导致村庄失去了集体行动能力，村委会失去对村民的动员能力，村庄治理功能被消解。综合以上两点可以推知，所谓村民自治空转，其内涵应该是指民主推广功能的不完全实现与村庄治理功能的消解。

村民自治的理想状态是，国家通过将民主功能与治理功能合一，以村委会法制建构形态嵌入村庄中，既实现民主化目标，也实现村庄治理目

---

① 需要指出的是，由于1987版法排除了家庭、家族对村民选举的动员机制，在实践中造成了村民选举实现不了"双过半（参与选举人数过半，获投票半数始当选）"的难题，这也是反映了《村民委员会组织法》作为上层建筑与乡村家庭联产承包责任制的经济基础及社会基础之间的紧张关系，因此2010版法修订中对投票方式进行了微调，许可了近亲属委托投票的方式，也即以户内委托的方式变相认可了以家庭为单位的选举方式。

标。但现实中双重目标的落空，反映了村庄对村委会法制建构形态的嵌入产生了强烈的排异反应。这说明村民自治制度不适应村庄的经济基础、社会基础，即上层建筑与经济基础不匹配。从村委会组织原型的户主选举、乡贤治村形成卓越的治理功能到村委会法制化形态民主的决策、管理、监督推广不下去而致使治理功能消解，也说明了用民主形式收纳治理功能，以民主化的手段实现治理目的的制度化方式，对于社会主义市场经济薄弱环节的村庄而言是超前了。绝大部分村庄没有条件，也没有主观意愿去实现这么复杂的民主系统。[①]

上层建设与村庄基础的矛盾，民主形式与治理内容的紧张，导致国家无法用村民自治制度激活村庄的主体性，产生自足运行的内源性乡村治理体系。为此，国家一方面进行法制微调以适应村庄基础；另一方面不得不负担起村民自治制度的组织运行成本，向村庄不断地输入资源，以维持村民自治制度的形式运转。这是一种以资源换时间，促进地等待村庄基础的发展，以达到村民自治制度与村庄基础相匹配的实践策略。理解这一策略，是理解实践中乡镇政府采取种种措施救济村民自治运转，即村民自治制度内卷化的关键所在。

第三节　乡村治理体系碎片化的纠治

进入 21 世纪以来，我国村民自治发生大面积空转，国家加大对农村社会投入，乡镇政府开始对村民自治制度采取多种救济性举措，以确保村民自治制度的运转。

一　驻村干部制度

驻村干部制度是中国共产党群众路线和调查研究方法等宝贵经验的延续，是中国共产党克服官僚主义和等级主义的工作方法，由抗战时期的武工队、解放战争时期及新中国成立初期的农村"工作队"演变而来。在村民自治效果越来越不理想的情况下，党和政府重新启用这一工作方法帮扶村委会。调查显示，1995 年在村民自治试行期，约有 28% 的村庄实行

---

① 贺雪峰：《乡村治理的制度选择》，《武汉大学学报》（人文科学版）2016 年第 2 期。

了驻村干部制，到 2005 年这一比例高达 71%。① 时至今日，驻村干部制基本实现了村庄全覆盖。

调查显示，与"文化大革命"之前的驻村干部直接服务村民的工作方式不同，现代驻村干部主要是服务村委会。他们的工作对象是村干部，工作方式类似于科层制式运作方式，指挥链条往往是从镇领导到驻村领导，再到驻村干部，到村干部，最后到普通村民。② 驻村干部并不直接接触与动员村民。从治理效果上看，驻村干部制打通了乡镇政府到村委会的执行通道，增加了乡镇政府对村委会和村干部的主导能力，确保乡镇政府下达到村委会的任务的完成。但由于现代驻村干部制的行动边界是村委会，是准行政体制内的组织行为，对于边界之外村委会与村民的关系，驻村干部并无着力之处，因此驻村干部制对于村民自治的"三自我""四个民主"的核心功能的实现作用并不明显。换言之，驻村干部制虽然是党和政府以扭转村民自治空转局面的名义采取的救济措施，但是由于它是体制内的行政举措，对于加强乡镇政府行政任务的执行有明显作用，而对村民自治的民主功能和治理功能的实现则作用不明显。

二 村财乡管

1988 年村民自治制度试行之后，在民主选举村干部后，由于民主的决策、管理、监督并未实质展开，村民在制度上没有真正参与到村庄治理中来，村民自治在制度实践层面上大面积异化为村干部代理自治，少数村干部对村务治理进行暗箱操作，在公款、公有土地等村庄重大事项决策上独断专行，甚至以权谋私，往往激起村民的反抗，导致村庄治理的失败。为改变村干部贪腐这一常见的村民自治伴生现象，国家一方面在 98 版法修订中详细规定了村务公开事项，另一方面在实践中全面推行村财乡管举措。

村财乡管的农村资金管理模式可以追溯到 1996 年 3 月 14 日财政部发布的《村合作经济组织财务制度（试行）》。从具体内容上看，村财乡管主要有以下几种形式：一是村内资金及账目双上交到乡镇农经站代管，村

---

① Oi Jean C. Babiarz Kim Singer, Zhang Linxiu et al, "Shifting Fiscal Control to Limit Cadre Power in China's Townships and Villages", *China Quarterly*, Vol. 211, No. 211, 2012.
② 欧阳静：《乡镇驻村制与基层治理方式变迁》，《中国农业大学学报》（社会科学版）2012 年第 1 期。

里经费支出,先由村委会作出预算,报乡镇主管领导审批后到农经站支取;二是有乡镇实行村财务管理"三权分立",即用钱、管钱和批钱分离;三是也有乡镇将村会计集中到乡镇办公,通过制定严密的会计程序管住会计来管理村庄财务。

自建立之日起,村财乡管就一直争议不断。村财乡管制度确实降低了村干部贪污的概率,成为乡镇指导村委会的强力抓手,加大了乡镇政府对村庄经济行为的监管,扩大了乡镇政府控制村委会财务管理权的空间。但作为外部财务监管行为,它对于村民自治核心功能的开发并没有直接支持的作用。

三 乡镇政府考核村干部制度

从《村民委员会组织法》的精神来看,村干部由本村村民选举或村民会议及其代表会议任命产生,法理上只向本村的任命者负责。相应地,村干部并非脱产干部,因开展村务管理服务而导致的误工误产,可以获取一定误工补贴。误工补贴由村民会议或村民代表会议讨论决定,从村集体经济收入中列支。

村民自治空转问题突出之后,乡镇政府开始加大对村干部的管理力度。有调查显示,1995年只有15%的村庄的村干部工资由乡镇政府支付,到2005年则达到了91%[1],与之配套,乡镇政府采取目标责任制对村干部进行绩效考核,将村干部的工资收益与考核结果挂钩。村干部由从领村内误工补贴的不脱产干部变成了吃"财政饭"的半脱产干部。相应地,其责任关系也发生了重大变化,村干部成为向乡镇政府负责的工作人员。也就是说,乡镇政府以资源优势将行政组织外的村干部诱导入行政组织内管理,将组织间的指导关系变成组织内上下级间的领导关系,完全打破了两种性质不同组织的界线,使纵向到底的行政指挥链条畅通无阻。实践同样表明,确立少数村干部与乡镇政府的上下级关系同样对村民自治核心功能的开发支持作用不大。

四 项目进村

国家施行分税制以来,资源输出的项目化运作成为乡村治理中最常用

---

[1] Oi Jean C. Babiarz Kim Singer, Zhang Linxiu et al, "Shifting Fiscal Control to Limit Cadre Power in China's Townships and Villages", *China Quarterly*, Vol. 211, No. 211, 2012.

的运作方式。① 项目制的运作方式明显与科层组织不同,表现出鲜明的纵向控制和横向竞争的特点。所谓纵向控制,是指项目发包方设计出事本主义机制、增量改革机制、目标责任管理机制②,以清晰的单向指挥链条,以可推算的方式将资金投入项目承包方。所谓横向竞争,是指项目发包方基于项目的产出效益,在发包项目时以产出能力为条件审察项目承包方实施项目的能力和资质,质优者得。纵向控制与横向竞争使项目制运作呈现出深层的排他和领域分割的特点,存在无法广泛动员村民,受益面狭小,可能产生有效益无公益的效应的问题③;质优者得,也使项目制有可能产生"赢家通吃"的马太效应④,利益总为精英者俘获,普通村民无权享用。

作为国家自上而下输入资源的方式,项目制的资源输出具有外部嵌入性特征,确实给村庄带来了新的利益主体与利益关系变化,在为村庄提供公共产品和公共服务上有明显的优势。但项目制运作作为新型的技术治理行为,不需要普遍地动员村民,也不能为村民自治塑造出新的治理制度,形成新的行之有效的制度增量。⑤ 从这个意义讲,项目制没有为村民自治提供新的合法性资源。换言之,项目制治理可能造成强效益、弱治理的乡村治理效应,有学者指出乡村治理如果过分依赖项目制,有可能造成"资源消解自治"的现象。⑥

综上所述,以上四种政府举措救济村民自治的措施,都可以观察到政府对村庄的资源输入越来越多,对村委会及其成员的主导能力越来越大,范围越来越广,以至于产生了所谓的"制度性支配"关系⑦,但是

---

① 渠敬东:《项目制:一种新的国家治理体制》,《中国社会科学》2012年第5期。
② 张振洋:《当代中国项目制的核心机制和逻辑困境——兼论整体性公共政策困境的消解》,《上海交通大学学报》(哲学社会科学版)2017年第1期。
③ 李祖佩:《项目制基层实践困境及其解释——国家自主性的视角》,《政治学研究》2015年第5期。
④ 杨善华:《"项目制"运作方式下中西部农村社会治理的马太效应》,《学术论坛》2017年第1期。
⑤ 贺雪峰,仝志辉:《论村庄社会关联——兼论村庄秩序的社会基础》,《中国社会科学》2002年第3期。
⑥ 李祖佩:《"资源消解自治"——项目下乡背景下的村治困境及其逻辑》,《学习与实践》2012年第11期。
⑦ 制度性支配关系是指乡镇政府通过建章立制的方式实现对村级组织的支配,在此基础上形成的一种以制度为治理技术、支配为目的、组织一体化为重要方式的乡村关系。参见邹建平,卢福营:《制度型支配:乡村治理创新中的乡村关系》,《浙江社会科学》2016年第2期。

却一直没有观察到其促进了村民自治体系的结构优化及功能改善，也未能阻止村民自治双目标落空的趋势延续。这些实践经验可以说明两个判断：其一，只有政府单方面的行政举措无法从根本上改善乡村治理体系；其二，外在资源输入如果没有内源性转化形成不了自治资源。从这个意义上讲，外部救济式的村民自治发展之路走不通。换言之，必须依靠和开发村庄本身的资源，再将其与外部资源相结合，才能形成内生外动乡村治理体系。[①]

第四节　新时代乡村治理体系的复合功能

作为我国近40年来乡村治理的主要形式，村民自治制度是中国共产党领导下亿万农民前所未有的伟大政治实践，是中国特色社会主义政治制度的主要形式之一。党的十九大将新时代乡村治理的目标确定为民主推广与治理有效，既彰显了村民自治当下实践的核心问题，也指明了新时代乡村治理的建设方向，对更新当前我国乡村治理的学术思想、研究方法、制度设计、体系构建有着重大的指导意义。本书以民主推广功能与治理有效功能为主体视角，以结构功能为分析框架，对我国乡村治理的发展史及实践问题进行了系统梳理与分析，可以发现以下判断：

一　我国乡村治理体系的三个阶段和三种组织形态

村民自治作为中国特色社会主义乡村治理的主体形式，其发展史经历了三个阶段（见表2-2）。(1)村委会组织原型阶段。这是人民公社解体后，为了解决村庄公共治理的问题，基于家庭联产承包责任制和村庄传统内生形成的村委会组织形态阶段。村委会组织原型是直接以治理有效为目标的自治组织，但在民主形式上存在着重大缺陷。(2)村委会法制建构形态阶段。村委会组织原型虽然是以卓越的治理效果吸引了国家法制建设的注意力，但国家在进行法制建构时，将其确定为推广社会主义农村基层民主的主要工具，其组织形态可以称之为村委会的法制建构形态。由于村委会的法制建构形态在实践探索中难以把握民主形式与治理功能的平

[①] 徐勇：《找回自治：探索村民自治的3.0版》，《社会科学报》2014年6月5日。

衡，导致其民主推广功能产生了对治理功能的排挤效应，最终使民主推广功能未能完全实现，治理功能也被消解，在实践上出现治理空转的困境。(3) 村委会的有效性形态阶段。党的十九大提出了治理有效的新时代要求，其实质上是将民主推广功能与治理有效功能进行再制度化融合，为乡村治理实践指明新的创新方向。组织建设目标的升级必然会带动组织结构的变革。本书以区域性实践创新案例分析了民主推广与治理有效的功能有机融合的实现路径。

表 2-2　　　　　　　村民自治发展过程的组织形态

序号	发展阶段	组织形态
1	村民自治草创阶段	村委会组织原型
2	村民自治的法制化阶段	村委会的法制化形态
3	新时代的村民自治有效性阶段	村委会的有效性形态

资料来源：作者自制。

二　村民自治空转的两个对立关系

作为治理有效的对立面，确定村民自治空转的准确内涵是新时代乡村治理理论建构、制度设计的基础。村民自治空转作为一个重大的理论与实践问题，学界对它的研究已经有了一定的理论积累[①]，但是尚未达成共识。本书以民主推广与治理有效的功能视角，以组织原型理论对比村委会组织原型及其法制建构形态，指出其法制建构形态超越了当时村庄基础的需求，即上层建筑与经济基础的不匹配，是村民自治制度空转的根本原因。法制建构形态的形成过程是村民自治的民主形式收纳治理功能的过程。由于民主形式无法完全实现，导致治理功能实现受阻，因此也可以说是民主形式与治理内容的不契合导致村民自治的空转。从造成村民自治空转的两个根本原因上可以准确地定位村民自治空转的内涵：既未完全实现其民主功能，也未能实现其治理功能。这是新时代治理有效的乡村治理体系的理论构建起点。

---

① 肖滨、方木欢：《寻求村民自治中的"三元统一"——基于广东省村民自治新形式的分析》，《政治学研究》2016 年第 3 期。

三 单一政府行政救济举措难以根治村民自治空转

在村民自治制度空转产生后,为了维持村民自治制度的运转,政府先后出台了驻村干部制度(包村制)、村财乡管制度、村干部目标责任制度及项目进村等技术治理手段来治理村民自治空转现象。研究发现,政府的各类行政措施能为村民自治的形式运作提供人、财、物,但无法从村庄集体行动上提升全体村民的"自我管理、自我教育、自我服务"的能力,也无法塑造出制度空间推进"四个民主",换言之,政府单方面的行政举措在改进村委会的民主推广功能和治理功能上没有取得实质性的效果。相反,由于政府过多的配置性资源的输入,反而打破乡镇政府与村委会的组织界线,改变了二者之间的指导性关系,造成乡镇政府制度性支配村委会,导致实践中村委会不再像群众性自治组织,而是乡镇政府的下级行政组织。这意味着"乡政村治"合作治理格局的破局,以及改革开放以来乡村治理法制建设的破坏。种种证据说明单靠政府资源输入换不来村民自治的发展。从案例分析结果来看,民主决策是治理体系的中心。全面将民主决策权组织化,使村民代表会议真正运作起来,并按四个民主的程序确立村民代表会议与村委会是决策与执行的关系,是构建治理有效乡村治理组织的突破口。

四 乡村组织主体性的发挥

何谓乡村组织的主体性?"能够有效参与并决定村庄公共事务,特别是对村庄集体及村民的切身利益享有决策权;能够与其他权力—利益主体平等谈判交涉相关利益问题;能够保护并捍卫自身的合法权益不受侵犯。"[1] 做到以上这三点的乡村治理组织可以称之为真正意义上的独立权力—利益主体,有组织主体性。具有主体性的乡村治理组织,有能力排除外界特别是来自政府的干扰,在法律规定的村庄权力利益边界内独立地行使权力,对村集体及村民公共利益享有独立的决策权。也只有这样的乡村治理组织才能与政府平等地互动。广州石滩下围案例的村务决策集体由85名村民代表组成,他们与各级村内共同体及广大村民的有机联系,使他们的决策具有广泛的参与性与强大的动员性,形成了完整的村庄集体行

---

[1] 程为敏:《关于村民自治主体性的若干思考》,《中国社会科学》2005年第3期。

动能力。任何一个组织没有足够的"配置性资源"[①]像乡镇政府支配村干部那样去支配全体村民代表。同时民主决策机制规定，村民代表只有在议事空间内进行的集体公开表决的决策才为合法有效的决策，其在场性、公开性以及信息公开技术的使用，使"权威性资源"[②]无法像乡镇党委与政府支配村党支部一样去支配村民代表集体。从这个意义上讲，村民代表会议独享了村庄公共事务决策的权力，在法定的权限范围内，保证了村庄与其他权力—利益主体的平等协商，保证了村庄合法利益不受侵犯，实现村庄作为独立的权力—利益组织存在的目标，设置了与乡镇政府之间的清晰边界。与这样的乡村治理组织互动，乡镇政府除了依法指导外，并没有其他途径可循。

五 乡村治理体系需塑造复合型制度载体

长期以来村委会及其主任是村庄的法定代表机构及法人代表，是公认的村民自治制度的载体。造成这种状况的主要原因是过去三十多年，四个民主只有民主选举取得了全国性的实践。相应地在组织形态上，民主选举造就了村委会的组建与运作，使其成为决策与管理合一的机构。在村民自治出现空转，村委会被乡镇政府组织一体化的状况下，到了认真检讨乡村治理组织载体的内涵以寻求治理突破之路的时候了。

四个民主既是实现自治的民主程序，也是村民的民主权利。从程序上看，民主选举是基础条件，民主决策才是治理体系的中心，民主管理是日常秩序维护的主体，民主监督是治理体系清廉高效运作的保障。从权利的落实上看，民主选举不仅应为乡村治理体系准备村委会，同时还应该组建村民代表会议、村务监督委员会等机构，使全部民主权利以组织化的形式真正落地，并按四个民主的程序确立各个组织之间关系，形成系统性运作的治理体系，如表2-3所示。只有这样，乡村治理体系才是真正的民主与有效治理体系。

[①] [英] 安东尼·吉登斯：《社会的构成——结构化理论大纲》，李康、李猛译，生活·读书·新知三联书店1998年版。

[②] [英] 安东尼·吉登斯：《社会的构成——结构化理论大纲》，李康、李猛译，生活·读书·新知三联书店1998年版。

表 2-3　　　　　　　　　乡村治理组织体系

项目	民主选举	民主决策	民主管理	民主监督
组织	村民及其选举委员会	村民会议及其代表会议	村民委员会	村务监督委员会

资料来源：作者自制。

从长远来看，新时代中国特色社会主义刚刚开端，乡村振兴战略刚刚开局，随着全面深化改革的推进和城乡融合的加快，特别是广大农村的社会主义市场经济基础进一步增强，以治理有效为总目标的法治德治相结合的乡村自治体系创新实践案例会进一步涌现。相信这些多层次、多类型、带有丰富区域特点和强大民主推广功能、有效治理功能的实践创新案例不断涌现，会反过来促进我国新时代乡村治理理论进一步大发展。

第五节　下围村有效乡村治理体系塑造经验

一　土地经营制度的保健因素

1994 年至 2014 年，下围村是广东省内闻名的上访村，村民派系斗争严重，村内具有动员能力的村民小团体众多，但整体上分化、分裂严重。改革开放初期与下围村同样发展起点的本地区其他村庄，到 2014 年止，在经济、社会等显性建设指标上均明显优于下围村。村民无法整体组织化对村庄发展的拖滞作用明显。然而从土地制度上来看，下围村却是珠三角地区较早实施类似三权分置制度的村庄。

国家农地三权分置制度推广前，除历史上形成的少量自留地由农户自我管理外，下围村集体组织完全掌控着村集体土地及地上物业、水面的所有权、承包权，并在实践中实质地引入了市场经营权。具体做法是成立村集体经济组织合作联社（股份公司）管理本村集体土地及物业、水面，并以联社股份置换村民承包权，1999 年前已分得承包地的村民承包权可换一股，之后未分得地的新增人口每人半股。村集体事实上得以将农民承包权统筹起来，做到了确权不确地，并从 1999 年开始每年由村民代表会议决策分红数次（1999 年未选举之前也有分红，但并不连续）。村联社置换的村民承包地、物业、水面再按市场价以合同管理方式租给市场主体，本村村民承租也同市同价。由于本村村民承租的本村土地、鱼塘，1999年后其所得股红完全可以对冲其人均应付租金，经营土地是有利可图的（见表2-4），但一旦弃种，如不归还土地给集体，在没有经营收益的情况下承担租金，则明显不划算，所以下围村不存在撂荒及不归还集体土地的情况。然而21世纪以来，随着青年农民的成长，非农收入的增加，下围村本村村民退租土地的情况变得较为普遍，村集体直接管理的土地经营权数量越来越大。从农民组织化角度看这种土地制度架构对村民整合、村集体再造作用，则可以发现两点：

第一，村民承包权股份化管理制度，确实建构起村集体与村民以及村民之间的强经济联结，确保了村集体组织对集体土地的强势动态管理，保证了村集体组织运行的经济基础，但在这种制度框架中形成了村民对集体的态度分层。

表2-4　　　　　　　　下围村近十年年人均分红统计表

年份	一股分红量（元）	半股分红量（元）	60周岁以上老人月金（元）	村民人均医疗保险支出（元）	村集体收入（万元）
2011	600	0	150	/	300
2012	600	0	150	/	330
2013	600	0	150	/	390
2014	2400	1200	150	/	700
2015	2400	1200	150	199	1100
2016	2400	1200	150	199	1200
2017	3800	2550	150	202	1083
2018	3800	2550	150	202	1200

资料来源：作者自制。

调查发现，从村民年龄分层来看，村内中老年人最关注股权分红与村集体组织的运作情况。原因在于中老年村民在股权身份上享有一股权，且主要生活在村内，生产上也集中在农业，以承租本村集体土地为主。分红的多少及村集体运作情况是其生产生活的核心利益，土地制度框架确实架起了中老年村民与村集体的强联结,村集体对其形成了较强的组织能力。下围村青年村民的情况则不同。在股权身份上他们多以半股为主,更为重要的是,2000年之后就业的青年人大部分从事非农行业,生活空间、职业利益与村集体运作的关系不大,如其父母不再经营村内土地,仅靠村集体与青年村民的分红关系则并不能支撑其对村集体的关注。从年度分红统计表来看,即使是村集体分红最高的年份,在下围村青年农民家庭年均10万—15万收入的情况下,仅占5%左右,故仅从经济的生存逻辑上看,土地制度是无法阻止青年村民进一步外流的,也难以联结青年村民参与村集体组织的运作。

第二,下围村中老年村民与村集体的强联结并没有造就村集体的组织能力的增强。1992年当地政府以经济开发区名义征用下围村1300亩地,村民人均应得5万元左右补偿款,但时任村干部以村发展基金名义截留大部分款项,人均仅分得4500元。在治理制度不健全的情况下,村发展基金成了村干部的小金库,一个白条就可以支出100万元,加之村干部将商业价值高的宅基地又分配给了亲信,激发了村民的反抗,村内形成既得利益团体与无利益团体的派系斗争。1999年村集体经济组织联社完成了股份置换村民承包权,村民得以制度化连续分红。但制度化分红并没有缓解村民之间的分裂与斗争。1999年第一届村委会选举成了村内各团体斗争的舞台,中老年村民从村内利益的斗争转向了村委会控制权的斗争,此后五届村委会基本上都是在村民斗争中处于瘫痪状态。长期的村民内斗使村民愈加分裂,将其组织化似乎变得遥不可及。"以往我和我叔拜山是一起的。可是村内斗争以来,我让他投我一票都不行,帮忙更是不可能的,还算什么自己人,我就和他分开了,见面都不说话。"(GRZ20151020)"因为村内派系观点不同,两公婆差点离婚的都有。"(GQD20151020)可以看出,虽然土地制度建立了村集体与村民的经济强联结,村民强烈关注村集体的运作,但关注并不等于村集体可以整合及组织村民,制度化连续分红并未促进村民的整合,再造村集体并形成组织力。究其原因,显性上是分红占个人家庭收入比例过小,支持村集体与否并不明显影响个人分红数量,而深层次则应该有更多的原因。

二 下围村乡村治理体系的塑造内容

2014年当地基层政府力推35岁在外经商村民GQD回下围村参选村

委会主任并以85%的高票当选。以村集体组织新领导上任为契机，下围村开启了村民组织化及乡村治理体系的重构过程，给了外界观察乡村振兴背景下农民组织化的机会。

下围村村民组织化的起点是新当选的村主任公开宣布全体村民的整合是为了实现村庄公共利益最大化这一最高目标。围绕着这一目标，在村民组织化策略上，下围村明确将本村村民组织化方案分割为"协商决策"与"管理执行"两大模块：首先在"协商决策"的模块上，将村民代表会议重构为真正的村民民主协商与决策中心，真正保证农民的主体性地位，切实吸纳乡村场域内其他各类治理主体共同参与协商；在"管理执行"模块上，剥离了村委会的决策功能，重构村内权力结构，强化村委会为村民代表会议的执行机构定位。这一策略所形成的机制如下：

（一）村民代表真正由下而上地整合村民

延续人民公社时期三级管理的历史惯性，下围村1980年分田到户时采用的是三级分配方案，即生产大队依据各生产队的耕种范围，按人口增减微调后将土地整片划到生产队，再由生产队细分到农户。1992年地方政府征走1300亩，下围村对余地重新分配时也沿用了此三级分配方案。1999年下围村以生产队为原型成立合作社，并将九个合作社组成村级合作联社，形成了合作联社统筹村集体土地所有权，合作社具体管理农户承包地（权）的模式。除少数大型水面、物业由村合作联社直接管理外，每年土地的承退租、物业租赁管理均由各合作社完成，经营收益经合作社提管理费后上交合作联社账户。可见在这种土地制度框架下，合作社作为独立的一级经济核算单位，以经济联结和共同利益为基础，联合社内传统中形成的丰厚社会资本和守望相助邻里关系优势，成为下围村村民内部事实上的组织行动单位。"各队（指合作社——笔者按）中各家各户都很熟悉，大小节日、遇事聚合，集个款、签个字什么的都在队内进行。"（访谈资料，GRZ20150820）

因此，合作社及家庭（农户）的本有组织动员作用是农民整体性组织化必须重视的资源。将这两级组织主体吸纳入村级组织体系中来，有助于实现本村村民的组织化。下围村以村民代表产生机制串联起了合作社与家庭。

1999—2014年下围村村民分裂期间，村民代表只是两派村干部斗争的工具。一派村干部当选后，会在己方村民中指定村民代表，而对对方村民产生的村民代表则采用拉拢或不予理睬或压制的策略。为了施治,村干部往往采用不召开村民代表会议而私下找村民代表分散签名的手法操控村庄重大决策的合法合规条件。村民代表的产生及运作几乎是与合作社脱轨的,其随意性、派系性、非代表性使其无法得到合作社及农户的认可。村民戏称村民代表为"签字代表",称村民代表会议为"口头通知会"。2014年换届选举,下围村遵循《村民委员会组织法》"村民代表由村民按每五户至十五户推选一人,或者由各村民小组推选若干人"的规定,采用"由各村民小组推选若干人"的做法,即以合作社内每五户推选一名村民代表为基准,对各合作社按人户进行了配额,由合作社内部选举产生村民代表。全村共产生85名村民代表。基于上述合作社及农户的组织动员的单位性质,固定合作社下的村民代表与本社村民有着习俗生活上的广泛联系,形成了真正紧密的代表关系,凭借社内本有的社会资本、经济联系等组织机制即可以形成有效的村民、农户、合作社组织线,高效地将这三层的意见串联到村民代表会议中去。因此,这85名村民代表如同网线一样,将全体村民、农户、合作社串联成一个可以协商议题,收集建议,达成共识的组织整体。

(二)村民虚拟村务议事厅的运用

村庄空心化背景下,大量青壮年村民外出务工,大部分村民的生存利益移出乡村场域,青壮年村民没有时间、精力、意愿顾及村内事务,村庄社会形成了所谓"无主体熟人社会"[①]。青壮年村民往往以户内委托的方式让留守的老人代行其村庄治理权利[②],自身则成为本村事务的沉默群体。但是从现代家庭结构上看,青壮年村民又是掌握着家庭主要经济权力的主体,他们对村庄事务的不投入,则意味着村集体组织资源的削减,村民组织化核心部分的缺失。他们虽然离开村庄外出谋生,但作为村民参与村庄事务的合法权利与资格并没有因时空区隔而消失,作为村民组织化的核心主体及家庭资源与支柱地位的掌握者,他们向村民集体的回归对村民组织化来说至关重要。因此组织化方案中,如何为他们打破时空障碍,创造低成本、方便投入的参与渠道是其回归村民组织化的基础条件。

---

① 吴重庆:《从熟人社会到"无主体熟人社会"》,《党政干部参考》2011年第2期。
② 仝志辉:《村委会选举的村庄治理本位:从户内委托辩难走向选举权利祛魅》,《中国农村观察》2016年第1期。

下围村党总支书记说："我们村搞了一个全体村民微信群。我们在村里贴满了二维码，让整个村子每个人都加入这个群。我们公示议题出来后，他们会在微信群里面发表很多意见建议，我们有专人回应提问。这个微信群产生了很大的作用，能让整个村里人都讨论同一个问题。我们建清水湖广场时，涉及迁坟问题，有一个老人反对，他们儿子在广州做生意的，专门回来做他老爸的工作，说你不要顶着，这是好事。最终说服了老人。他儿子一句顶我们村'两委'一百句。利用微信群让村里年轻人关注村里治理是我的创新。"（访谈资料，GQD20150820）

　　为了配合与加强村民代表在线下串联组织村民的效果，征取青壮年村民对村庄的投入，下围村利用微信等信息技术在线上开设虚拟村民议事厅，线下形成的议题等文件、决策直播及执行监督等在微信群里同步供村民讨论。由于线上基本受众面是本村的青壮年村民群体，这种"互联网+"组织动员手段可以让本村青壮年村民无论在何地何时均方便地了解村庄公共事务的绝大部分信息，他们有权直接提出意见与建议，而村"两委"为鼓励他们在虚拟议事厅提出意见与建议，在线下设专人回应虚拟议事厅里提出的问题。而议题在吸纳了全部线上线下建议后，决策过程虚拟村民议事厅里也可看到，决策结果也在虚拟议事厅里公示，村"两委"管理执行过程的反馈意见也可以从线上获得。可以说，虽然外出谋生村民不在乡村的物理场域内，但通过虚拟议事厅的开辟，青壮年为主的村民又寻找到自己的村庄精神家园，脱了村集权的物理场域但未脱离村庄的伦理场域，这大大激发了离乡青壮年村民对村集体组织生活的投入热情。线上虚拟村民议事厅收集到的具有市场规则和法治意识的高质量建议明显多于线下，青壮年凝聚动员村内留守家庭成员配合村集体组织的情况增多。从离乡村民的个人层次来看，虚拟村民议事厅的开辟增加了其个人民主权利的效能意识、村集体生活的参与意识，可观察的投入村庄公共利益的行为在大幅增加。可以说，在新组织手段下，下围村补全了共同体结构中的家庭结构，产生了较强的家庭动员能力，更成功地将本村离乡青壮年村民组织回村集体中来，形成了线上村民议事厅与线下村民代表紧密配合的双层组织体系。

　　（三）村民民意组织化与决策上的多元统一

　　借助合作社、农户、虚拟村民议事厅的组织功能，下围村恢复了对全体村民民意收集的组织动员能力，但如果只收集不按民意进行决策，兑现不了村民的要求，下围村集体所形成的组织动员能力也将消散。为此，以民主协商决策为核心，下围村进行了村民代表会议制度再设计，突出解决谁是村庄公共利益的最高代表的首要问题以及如何保证村最高公共利益代表权威独立运行的关键问题。

与以往新任村干部上任抓权不同，GQD 在基层政府党委的支持下，上任后第一件事就是宣布向村民代表会议放权、赋权，宣称村民代表会议是村庄公共利益最高代表和村务决策者，村委会只是决策的执行者和管理者。为了将村民代表会议的民主协商决策权可操作化，下围村将整体的民主协商决策权细化设计成六种权力，即决策权、议事权、主持权、监督权、列席权、旁听权，加上村党组织主持的议题审查阶段的审议权，共设计了七种权力。其中 85 位村民代表集体独享村公共事务唯一的决策权，只有他们通过表决的议题才能进入执行阶段。为了确保村民代表群体是村庄公共利益的唯一代表和村务最高权威，彰显决策者的权威性、公开性、独立性，保证由下而上的民意的代表不受干扰，下围村要求有执行、管理身份的村干部及合作社社长均须自愿放弃兼任的村民代表。本来依据《村民委员会组织法》相关规定，兼任村民代表的村干部也同样享有民主决策权，但在实践中村干部既是决策者也是执行者，有些会借助身份双搭通道以执行者身份干预村民代表的代表性和决策权的行使，造成村民代表不能独立行使决策权，影响其决策的权威性与说服力，进而影响其在村民中的组织动员能力。下围村为了解决这种村治中常见的弊病，保证决策者身份上的纯粹性、同一性，从制度层面将执行者从决策群体中排除（并不从协商权中排除），扭转了村民代表依附村干部的形象，树立了村民代表在村内公共事务最高权威的权威性、公开性和独立性，在村民中大大增强了组织动员能力。

下围村村民代表虽然在制度上独享了决策权，但并不孤立。基于决策与执行、管理的需要，下围村为决策权设立了协商议事权、主持权、监督权、列席权、旁听权五项辅助性权力。村民代表群体独享决策权，村民代表、村"两委"成员，驻村干部团队、村法律顾问、村务监督委员会成员、合作社社长、本村社会组织代表、决策涉及的村民个体均享有村民代表会议上的协商议事权，力求决策前形成全体村民及场域内的行动主体对议题最广泛的参与、讨论与动员。村务监督委员主持从民意收集、决策、执行全过程的监督权，重点执行村民代表会议的纪律监督，专门设立

"议题讨论纪律"，保证有议事权的出席者发表权，限定发言时间、空间与次序，主题发言五分钟，评论发言三分钟，确保发言席为会场唯一发言空间，会场其他空间不得讨论；"违纪惩罚办法"，村务监督委员对违反会议纪律的与会人员实施红黄牌警告制度，警告无效者暂停其议事权或表决权，有权提出罢免村民代表的议题；"决策内容公示纪律"，村务监督委员会监督会议过程及决议文件形成过程，即时向全体村民公开执行情况。决策文件需要在村务监督委员会成员的监督下由全体村民代表签字按手印，拍照归档，上网公示。村"两委"全体成员享有主持权，主持发言次序与发言人员。驻村干部团队、村法律顾问、合作社社长、决策所涉村民个体、村内社会组织代表享有列席权，参与民主协商议事。会议旁听人员只享有旁听权。

这五项权力全部围绕给村民代表提供更多的相关信息，提高决策质量，服务村内最高权威进行，意在实现农民主体性一元决策的前提下，保障乡村场域各类治理主体参与的全覆盖。事实上可以看出，下围村的这种制度设计背后是以农民主体性为核心，对乡村场域内所有行动者的协同合作关系的一个组织安排，是村民组织化的延伸与保障。这一制度安排，对于村庄公共利益吸纳各类资源，农民主体与各类行动者达成合作关系，提高议题的执行能力，以治理效果提升村民组织力都有着重要支撑作用。

（四）参与主体的身份、权限与议事会场空间的匹配

为体现村最高公共决策场所的庄严性、村民代表群体的最高权威性，保证多元协商决策机制规范稳定地运行，下围村依据上述参会主体的身份与权限，精细地设计了决策会场空间，将村民代表议事会场明确地划分为村民代表席、会议主持席、会议监督席、会议列席席、会议旁听席、发言席六种席位，要求参会人员必须佩戴相应牌证对号入座和依权行会，即将身份、参会权限与议事空间匹配起来。这种三合一的匹配方式从运行经验上看，首先在会议进行时起到了隔离村民代表间社会资本对其代表履职的影响，使其专注于代表行为的作用，解决了以往村民代表开会按熟人圈子相邻而坐，上面开大会下面开小会，一旦发生不同意见会群起而攻之乃至两派对抗的会场扰乱现象。其次，对所有与会行动者起到了从"抽象规则"操作到参会"空间秩序"的作用。全体与会人员在参与中，不仅从理性上认识到村民组织化的抽象原则与理念，而且从感觉上能体会到村庄公共利益最大化价值原则切实地落地，基于

公共利益的村民组织化体系与农民主体性开发的操作全过程。仪式感庄严性、程序的稳定性对于提高民意的高效与稳定的处理，推动村民整体性参与、多元性动员的长效性合作起到了重要支撑作用。

（五）基层政府行为方式的转变

一般性乡村治理体系中，基层政府制度资源、资金资源富集，与村集体组织的资源贫困形成了鲜明的对比。一般模式下基层政府有能力有资源进入乡村场域内，以忽略村庄最高法定权威及村庄公共利益最大化原则的方式，按自身规则与制度行动吸纳村干部进入科层体系为自己服务，从而消解村民组织化的整体性。如图2-1左部所示，行政吸纳的过程主要体现在乡镇干部入村后，主要面向村委会、村干部工作，在乡村场域内再次构建起各主体间的科层制领导关系，并将自身工作制度化。[①]

但下围村的村民组织化制度设计改变了基层政府这种行为模式。在农民主体性的前提与村庄公共利益最大化目标下，它将基层政府及其代表纳入自己的民主协商决策制度，反过来形成了吸纳基层政府行动者与资源为村庄最高公共利益服务的独特现象。在村民代表群体代表村庄最高公共利益并独享决策权的制度前提下，基层政府必须以尊重农民主体性和村庄最大公共利益的态度，通过说服村民代表表决支持其意图才能完成其入村任务。这种制度设计迫使基层政府只有转变行为方式与自身制度规范才能进入乡村场域内实现自身的治理意图（如图2-1右部所示）。从这个意义上看，村民代表独享决策权的制度设计使村庄作为一个独立的权益主体与基层政府形成了平等协商合作治理关系，完成了自身的整体组织化。而在这种新型合作治理关系下，基层政府入村后治理行为及权责关系得到规范的同时，其协助组织村民的权利也得到了制度性保障。

基层政府作为乡村入场不掌权的人员，享有议题的审议权和民主协商决策平台的议事权，全程可以合法、公开、透明地嵌入村民组织化体系中来，其在乡村治理中的作用反而得到了保障与放大，产生了协同效应。

其一，利用政府的权力、制度、资源、人才优势，赋权下围村，助其塑造出村民组织化体系。基层政府能在制度层面及时总结村庄的村民组织化需求，为其改革提供相应的村庄本身无法完成的规制条件，如支持村委

[①] 欧阳静：《乡镇驻村制与基层治理方式变迁》，《中国农业大学学报》（社会科学版）2012年第1期。

会重组，依照管理权限出台村庄社会组织参与的规定，为村民代表的遴选提供指导以及为项目进村提供常规性财政支持等。显然，其制度优势与资源优势，为下围村村民组织化的改革提供了不可或缺的友好制度环境和巨大的利益黏合机遇。

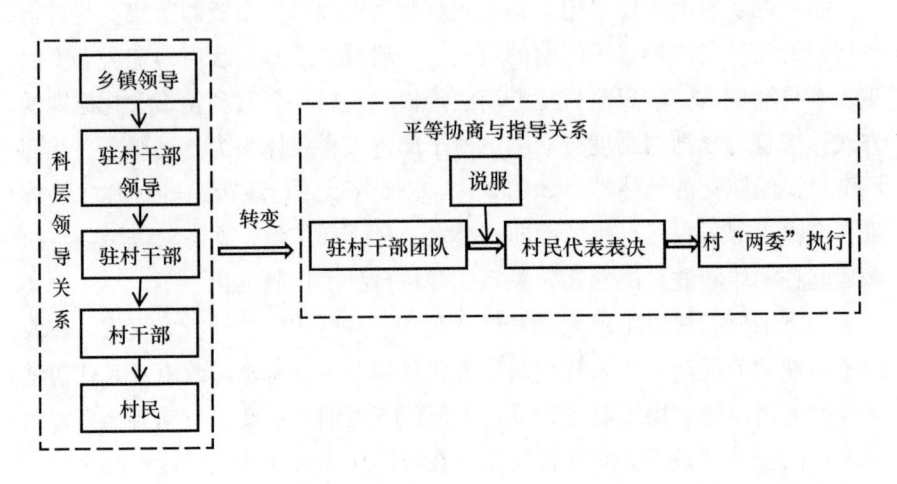

图 2-1　下围村乡村治理体系塑造中基层政府的行为转变

资料来源：作者自制。

其二，为村民的组织化提供高质量的议题。基层政府作为乡村振兴战略的地方实施主体，既了解国家大政方针、政策动向和省市"三农"政策动态，又作为下围村村民组织化体系有机地嵌入其制度体系中，有在场的资源与信息优势，故能为村庄提出高质量的民主协商决策议题，既契合国家深化改革的需要又符合村庄经济社会发展需要，在村庄组织化的聚合人心、聚焦发展方向上有不可替代的作用。可见，基层政府由于在村民组织化过程中享有了正式身份与权限，能与村庄目标合一，力量合一，双方的协同效应是被放大的，有利于村民组织化的外部支持。

第六节　下围村乡村治理体系塑造的启示

一　土地利益联结机制不必然塑造有效的乡村治理体系

贺雪峰的一个基本判断是，"只有建立了村庄内村民之间基于利益分配的利益关联机制，村民才会真正介入村庄事务中，农民也才可能组织起来"。下围村集体组织通过对集体土地的三权管理,建构出村集体与村民之间、合作社与村民之间的利益联结机制长达30年,但仅可以观察到利益关联机制促进了村内中老年村民对村集体组织运作的关注与介入,并没有增加青壮年村民对村集体的关注。中老年村民的关注与介入并没有自然促使村民的组织化,反而促成了中老年村民以争得集体利益控制权为目标的派系化,导致了村民的分裂与分化,村集体组织的瘫痪。可见利益关联机制让村民介入了村庄事务的同时,不仅可能将农民组织起来,也可能导致农民的分裂。认为经济刺激即可以促使村民组织化并增加对村集体投入的假设恐怕过于乐观了,即将乡村场域的村民假设为较为纯粹的理性经济人有简单化的倾向。"利益对村民是最重要的,但村民做事并不是全站在钱上。"(GQD20181107)置言之,经济利益是村民组织化的核心资源,但不是唯一资源。尚未瓦解掉的"习俗、记忆等默认一致"[①] 的共同体资源,市场经济下所形成公平与公正、规则与程序等行为规范与经济利益因素共同起着组织村民的作用。从某种意义上说,土地制度所形成的利益关联机制对村民的组织化似乎仅对村民组织化起保健性作用,不是促进组织化的直接激励因素。

二 村庄公共利益最大化共识是有效乡村治理体系塑造的前提

土地制度所建立的村集体利益如果为全体村民不认可的群体经不认可的程序把控了,利益关联机制导致的不是村民组织化而是村民分裂化。这表明为什么而组织以及谁来组织的问题是村民组织化应解决的核心问题。下围村为使村民相信全体村民的再整合是为了实现村庄公共利益最大化这一价值目标,推出了系列的改革,如依法落实合作社选举村民代表,将权力中心从村委会转移到村民代表会议,切割村务的协商决策者与执行者的身份双搭通道,树立村民代表群体作为村庄公共利益的权威形象,反式吸纳基层政府资源为村庄公共利益服务。所有这些改革动作均是为了让村民相信,村民组织起来是为了实现集体利益最大化的。当村民相信了这一价值目标是真的时,村民的组织化才能得以启动。

[①] [德]腾尼斯:《共同体与社会》,林荣远译,商务印书馆1999年版。

三 治理角色权责的清晰切割是搭建乡村治理体系的切入点

在解决了为什么而组织的问题后，谁来组织成为组织化方案的突出问题。一般村集体组织的模式长期以来存在着制度化简与身份混用的现象，如黄宗智提出的"简约的集权治理的第三地带"[①]，贺雪峰提出的乡村复杂制度化简[②]问题。这种制度化简、身份混用的模式中，少数村内精英同时担任着"两委"干部、村民小组长、村民代表、监督委员，村集体组织实际上由少数人操纵，并形成一套人治化组织逻辑：对内将各项权力把控于一身，权力混合使用，自由裁量空间极大；对外接受基层政府的行政吸纳，尽可能将制度简化执行，制造出外嵌利益的俘获空间。制度形式化、组织悬浮化、权力碎片化、效果空转化、利益独享化，进而造成村民合作关系消解、干群对立、村庄理性与组织能力的丧失。

下围村组织化方案中强调村民代表群体是村庄公共利益的最高权威，村民是内生性自我组织，村民都应该在组织化方案中有其地位与角色，而不是由人代行。而这样做最好的方法是，将组织体系划分为"民主协商决策"和"执行管理"部分，以村庄公共利益代表为核心，最大范围地赋予乡村场域内各行动主体民主协商的身份与权利，在划清各主体权责关系的基础上，搭建组织化的协同关系，形成了权责清晰、统一有效的村民组织化方案，既保障了各行动主体在乡村场域的活动权利，又实现了组织的最高目标及主体间的合作协同关系。法治特征鲜明、效果强健有力，从制度与机制层面完成了村民组织的机制构建。

四 "村庄理性"是村民组织成活的标志

温铁军、董筱丹等在研究中指出："村社理性……主要体现在单家独户之外、需集结众家之力才能办成的领域……通过合作行动，会使总产出增加……产出增量即为合作者获得的'组织租'。"[③] 从某种意义上讲，村庄理性是村民组织化所形成的灵魂，而组织租是村民组织化的功能输出。

[①] 黄宗智：《集权的简约治理——中国以准官员和纠纷解决为主的半正式基层行政》，《开放时代》2008 年第 2 期。

[②] 贺雪峰：《论村级治理中的复杂制度》，《学海》2017 年第 4 期。

[③] 温铁军、董筱丹：《村社理性：破解"三农"与"三治"困境的一个新视角》，《中共中央党校学报》2010 年第 4 期。

如果寻找村庄理性背后的组织结构要件，程为敏的研究提供了一些线索，"能够有效参与并决定村庄公共事务，特别是对村庄集体及村民的切身利益享有决策权；能够与其他权力—利益主体平等谈判交涉相关利益问题；能够保护并捍卫自身的合法权益不受侵犯"①。他认为村集体组织做到这三点就称得上具有组织主体性，进而得以按自己的村社理性组织村民。

下围村高举村庄公共利益最大化的价值旗帜，将以合作社为单位选举产生的85名村民代表设定设计为村庄集体利益的最高代表及唯一决策者，自下而上将村民民意整合到决策者手中，实现了全体村民对村庄事务的有效参与。村"两委"的决策执行与管理服务于全体村民利益的共识。这种决策权独享的制度设计使基层政府没有足够的"配置性资源"和"权威性资源"② 去支配85名村民代表决策集体，村庄确立了与基层政府等外部主体之间的清晰边界，保证了村庄与其他权力—利益主体的平等协商关系，生成了村庄作为独立的权力—利益组织行使其村社理性自主决策的能力。而民主协商权极为广泛的制度设计又为村庄广泛吸纳乡村场域内各类行动主体的资源提供了通道，保障了村民组织化方案的稳定性。决策权与协商权的多元统一的村社理性为实现村庄公共利益最大化所作出的选择。

五　"互联网＋"是塑造乡村治理体系的必要条件

"无主体熟人社会"下的村民组织化充其量是一个乡村守成型的组织化方案，绝对不是振兴型的组织化方案。空心化下村庄外流的都是青壮年村民，同时也带走了家庭的核心资源以及组织的活力。这表明青壮年村民的回归对村民组织化的重要性。

下围村面向青壮年村民以移动互联通信技术开辟了虚拟村民议事厅，在线上进行议题的公示、决策直播及执行监督。村"两委"在线上的专人回应与村民代表线下的同步倡议，产生了村民个体及家庭层面极好的组织效果，一个议题的公示可以让村民全家老少共同讨论。而议题决策与执行中所产生的实际效果，反过来激发了青壮年村民从心理层面回归组织、

---

① 程为敏：《关于村民自治主体性的若干思考》，《中国社会科学》2005年第3期。
② 邹建平、卢福营：《制度型支配：乡村治理创新中的乡村关系》，《浙江社会科学》2016年第2期。

参与村务的热情。这个具有市场经验及规则意识的村民群体的回归，大大冲淡了村庄老人治理的人治色彩，成为下围村村民组织化方案中法治化、制度化运行的重要保障力量。因而，"互联网+"开辟了青壮年村民向组织的回归通道，补全下围村共同体结构中的家庭结构，产生了较强的家庭动员能力，夯实了下围村村民组织化的人员基础。

从更大范围的村庄类型而言，下围村的组织化案例仅能代表珠三角一类村内资源富集，农工商业均较发达，村民市场化意识较强但村庄共同体的记忆资源并未被完全消解掉的村民组织化方案的成功经验。表明通过科学的村民代表产生方式及使用新技术整合全体村民，形成村庄理性，将村民共识在村庄民主协商决策平台进行协商决策，再通过民主管理的方式由村"两委"负责执行，由村民代表和村务监督委员会进行监督，实现全体村民自己组织自己，自己服务自己的组织化方案。这类方案并不适用于农业为主、村民共同体完全解体、村内公共资源稀薄的村庄以及民族类村庄的组织化方案。无论如何，仅依靠集体土地管理所形成的村内利益关联机制无法完全将村民组织化。

第三章　富景社区社会资本对乡村治理体系的塑造机制

第一节　村庄社会基础与乡村治理体系塑造的关系

自20世纪80年代我国建立家庭联产承包责任制与村民自治制度以来，乡村社会已经发生重大变迁。2005年至党的十八大之前，随着城镇化、市场化与乡村振兴战略下国家力量向乡村的渗透，乡村社会加快了现代化转型。在社会转型时期乡政村治治理格局下，外部行政力量失能，村民自治组织的运作效能也逐渐降低，基层政府的责能困境与村民自治运作不规范，导致乡村治理体系大面积空转。

村民自治制度虽然源于村民的经验首创，但是经国家力量法制化后，成为国家主导的、村民自我组织的乡村社会秩序的实践与实验，属于政府供给型的治理制度变迁，是乡村治理的外生性变迁。但是，这种外生性制度要在乡村社会发生效力，很大程度上取决于其与乡村社会基础的契合程度，即要契合于乡村社会内部的社会联结和社会关系网络。陈剩勇在对村民自治现状考察后指出，现实的情况是"在当今中国农村，村民实行民主自治的治理结构固然已经建立，村民选举也已普及，但民主治理的机器始终没能在乡村地区有效地运转起来"，导致"有民主选举而无民主治理"[①]。面对当前乡村治理的困境，有的学者认为"村民自治已死"，指出，"作为1980年代以来中国农村建立的以村民自治制度为主体的乡村治理秩序，由于制度缺陷和制度无效的双重制约导致了村民自治的制度失灵

---

① 陈剩勇：《村民自治何去何从——对中国农村基层民主发展现状的观察与思考》，《学术界》2009年第1期。

和乡村治理的失序，从而造成了目前农村地区的严重的治理危机。"[1] 俞可平在分析乡村治理改革的困境时，认为乡村治理改革的普遍问题主要是在乡村自治传统逐渐消解的情况下，"法律规定的乡村自治制度在很大程度上流于形式，没有发挥相应的替代作用"[2]。在市场经济的渗透下，脱离各类组织的原子化农民越来越多，村庄的社会资本与社会网络消解也就越来越严重，村庄共同体的集体行动能力逐渐衰落，最终导致自治传统消解，村民组织失效。

面对乡村治理困境，着眼于从乡村社会内部发掘资源是新时代乡村治理塑造的主流思路。但是实践中，如何组织多元主体参与到乡村治理中来实现有序协作，实践经验与研究均不足。广东省几个典型村庄通过对村庄社会资本的培育与开发，成功回应了市场化与村民选举对乡村社会的转型塑造，实现了传统乡村自治与现代村民自治的融合，走出了一条让学术界耳目一新的新时代村治创新之路。其实践经验和组织机制值得系统的分析和全面总结。

一 社会资本与村民行动逻辑

社会资本是 20 世纪 70 年代后期在社会网络研究基础上发展起来的一个理论概念。1980 年布迪厄正式提出"社会资本"的概念，他从社会资本的工具性特质指出，"社会资本是现实或潜在的资源的集合体，这些资源与拥有或多或少制度化的共同熟识和认可的关系网络有关。"[3] 从功能主义的角度而言，社会资本被看作"个人拥有的表现为社会结构资源的资本财产"[4]。其可以通过有意识地创建各种自治组织，并通过组织内的信任、规范和网络来协调行动，从而有助于社会效率的提高和组织成员既定目标的实现。[5] 社会资本是在熟识与信任基础上产生的具有规范功能和资源提取功能的关系网络，其所蕴含的成员信任和规则网络使得政府不必

---

[1] 赵树凯：《农村基层组织：运行机制和内部冲突》，载徐勇、徐增阳主编《乡土民主的成长》，华中师范大学出版社 2007 年版，第 474—475 页。

[2] 俞可平：《中国农村治理的历史与现状——以定县、邹平和江宁为例的比较分析》，《经济社会体制比较》2004 年第 3 期。

[3] ［法］布尔迪厄：《文化资本与社会炼金术》，包亚明译，上海人民出版社 1997 年版。

[4] ［美］科尔曼：《社会理论的基础》，邓方译，社会科学文献出版社 1990 年版。

[5] Putnam R. D., *Making Democracy Work: Civic Traditions in Modern Italy*, Princeton: Princeton University Press, 1992.

依靠强制力来约束社会关系[1],对民主和善治的实现具有重要意义。帕特南在对意大利民主改革的调查中发现,社会资本丰厚的社会,成员之间易于凝聚共识,配合政策,从而提高政府治理能力。正如他所言:"国家机关如拥有充足社会资本,将克服公民追求私利,解决集体行动的困境,进而提高民主治理能力。"[2]

将社会资本引入国内始于张其仔,他的研究主要是围绕社会网络范畴进行,把社会资本视为一种人与人之间最重要的关系网络。[3] 在其研究基础之上,边燕杰与丘海雄认为从这种关系网络中提取稀缺资源的能力也是社会资本的重要组成部分[4],资源的提取主要依赖社会关系网络内部的历史传统、价值理念、信仰和行为模式等。[5] 乡村社会作为具有自治传统的共同体,成员之间共享着相同的文化习俗和行为规范,在目前我国村民自治程度较低且治理效果不理想的情况下,通过鼓励和发展以信任、互惠为基础的村民参与网络,以培育村庄社会资本,是提高乡村治理绩效,突破乡村治理困境的重要途径。[6] 因此,在乡村治理过程中,应根据乡村社会的现实情况,通过发展上下互通互动的组织网络创建和培育村庄社会资本。郑传贵认为自然村是在长期自然历史过程中形成的,具有丰富的信任、网络与规范,相对于依靠行政力量划分的行政村而言,蕴含更丰富的社会资本。所以,在当前中国乡村治理过程中,以自然村为基本单位,具有理论与实践上的合理性与可行性。[7]

二 乡村治理行动者多元协同的基础

多元协同治理理论产生于20世纪70年代的公共管理改革浪潮中。其核心要素包括政府、市场、社会在内的多元主体的参与以及主体间的

---

[1] Fukuyama. F., *Trust: The Social Virtues and the Creation of Prosperity*, New York: Free Press of Glencoe, 7, 1995.

[2] Putnam R. D., "The Prosperous Community: Social Capital and Public Life", *American Prospect*, 1993 (13): 35–42.

[3] 张其仔:《社会资本论》,社会科学文献出版社2002年版。

[4] 边燕杰、丘海雄:《企业的社会资本及其功效》,《中国社会科学》2000年第2期。

[5] 杨冬雪:《社会资本:对一种新解释范式与探索》,《马克思主义与现实》1999年第3期。

[6] 施雪华、林畅:《社会资本视角下的中国乡村治理研究》,《北京行政学院学报》2008年第2期。

[7] 郑传贵、卢晓慧:《社会资本与社区治理——兼论以自然村为新农村建设基本单位的合理性》,《求实》2007年第10期。

协同机制。因此很多学者认为，多元协同治理是集合了多中心治理理论与协同学理论于一体的理论，又可被称为多中心协同治理。其主要目的在于通过探寻多元治理主体通过何种途径实现平等的有效参与和良性互动，共同推进"善治"的达成。

杨志军从中国治理情景出发指出："所谓多元协同治理模式，就是指面对国家或区域内的公共事务，政党、政府、企业和个人等治理主体通过对话、协商等集体行动，达成共同的治理目标，并形成信任互惠和相互合作的机制，建立共同解决公共问题的协作性组织网络。"[1] 乡村治理的实现离不开内外部所提供的各种资源，没有哪一个主体能够独立拥有并运用这些资源解决公共问题。因此，乡村治理是一个各治理主体相互依赖、彼此互动的过程。将多元协同治理引入乡村治理中来，提供了一个改革传统压力型体制、理顺乡镇政府与村委会关系的新思路。在多元主体参与的基础上，实现"一核为主、多元共治"的多主体协同机制是优化农村治理结构，激发治理主体活力，实现农村治理资源优化配置的重要途径。马超通过对乡村治理多元要素及其协同治理关系的分析，提出在党的领导与政府的引导下建立乡村多元协同治理的均衡机制、仲裁机制与监督机制。只有将多元主体有机地整合在一起发挥协同效应，才能有效提升乡村治理的水平和成效。

第二节　富景社区扎根理论分析的设计

一　研究方法选择

本章的目的在于通过对白圮镇富景社区乡村治理体系改革的综合实践进行深入细致的观察，通过对村庄社会性质、社会基础、文化传统、社会内部关系等进行有条理的分析，揭示出这一新型乡村治理模式。从目前的研究现状看来，有关乡村治理体系的研究视角具有多样性和分散性，变量过多，因此本研究不适合用定量实证研究。而质性研究方法是根据社会现象或事物所具有的属性和在运动中的矛盾变化，从事物的内在特性来研究事物的一种方法或角度，从而对事物的本质得到一个比较全面的解释性理解。质性研究方法更加适合对于零散多样的乡村多元协

---

[1] 杨志军：《多中心协同治理模式的内涵阐析》，《四川行政学院学报》2010年第4期。

同治理模式认识进一步梳理、发现和挖掘重要信息。

扎根理论重视通过对研究对象充分、全面的观察和连续的互动来收集资料，并在资料收集的过程中提升理论的敏感性，发现新的概念及其逻辑关系。扎根理论对实证资料的依赖，使得案例的选取和资料的收集是扎根理论分析能否顺利开展的前提性条件，因此在现有的相关文献中，扎根理论的研究基本都是与案例研究紧密联系。[①] 与一般的定性研究方法不同，扎根理论并非在资料收集完毕后集中进行资料分析的工作，而是与资料分析同时进行连续循环的分析研究。也就是研究者要在分析过程中以暂时性的结论为指导，不断调整分析的重点，同时通过资料饱和度的检验不断进行资料的补充工作。

二 研究资料的收集

本研究对富景社区进行了长期的跟踪式调查，于2015年9月、2015年11月、2016年11月、2019年6月多次到富景社区进行深度的观察和访谈，主要研究资料有以下几种：一是访谈资料。访谈对象包括增城区社会工作局工作人员，富景社区多个村小组"两委"干部、村民代表、普通村民，富景社区陈氏大宗祠、凤果村周氏大宗祠管理人员等，并在谈访中全程录音，然后进行转录，形成文字稿，取得了丰富的结构化、半结构化访谈资料。二是档案文件资料。在调研前，涉及详细的调研提纲和所需资料目录，包括白坭镇各村组人口统计资料、村庄经济发展情况、基层组织人员构成、社会组织人员构成及活动情况、各村组每年资金筹集情况等。三是新闻资料。富景社区村民组织化创新取得了显著的成效，也吸引了《人民日报》《南方日报》等媒体进行多方位的报道，为本研究提供了补充性的二手资料。资料类型、来源及数量如表3-1所示：

本研究以访谈资料作为主要材料，辅以档案文件资料和新闻媒体资料，利用多样化的资料形式和来源可以进行三角验证，有效减少信息偏差情况的发生，保证了研究的信度和效度，提高所得结论的稳健性。在研究过程中，扎根理论需要持续地比较以得出概念、范畴，并不断地与数据进行匹配。因此，资料的收集和处理是同时并循环进行的，要不断

[①] 李志刚：《扎根理论在科学研究中的应用分析》，《东方论坛》2007年第4期。

对资料进行补充和调整。在本研究中，当新的问题涌现之后，也会对资料进行持续补充，除了实地调研访谈之外，也会使用邮件、电话等方式向相关人员提出拟增加的问题。

表3-1　　　　　　资料类型、来源及数量

资料类型	资料来源	样本	访谈（万字）	文件（万字）	新闻（万字）	音频（mins）	图片（张）
一手资料	深度访谈与观察	富景社区	4.3	—	—	320	62
二手资料	媒体、网络、汇报材料	白垘镇	—	3.1	1.6		24

资料来源：作者自制。

第三节　富景社区三治结合乡村治理体系塑造经验

白垘全镇人口67069人（2017年），其中汉族占总人口的绝大多数。白垘是珠江三角洲著名侨乡，欧美、东南亚、港澳等地均留有白垘人奋斗的足迹，其中不乏在政界、商界等许多领域取得成功的佼佼者。长期以来，旅外乡亲热心桑梓建设，对白垘经济社会发展作出重要贡献。白垘人民勤劳智慧，勇于开拓，素有"不达目标不罢休"的创业精神和浓厚的经商意识。白垘人热情好客、正直豪爽、民风淳朴、吃苦耐劳、礼貌待人、信而守义的形象广为人知。

一　"政社归位、协同共治"治理理念创新

治理理论首先要求有多元治理主体的存在，并且能平等地协商。但是新中国成立后在社会中推行单位制与人民公社制，形成了世界上最完备的"纵向到底，横向到边"的科层体系。政府以计划经济的方式管理社会的一切，导致的社会发育不健全是当下中国公共治理所面临的问题。社会发育不健全，是不需要社会配合的政府一家就能完成的网格化管理在乡村治理中盛行的根本原因。但是中国社会发展是不平衡的，30

多年改革开放使东南沿海发达地区的社会建设已经非常完善。

三水白坭镇是历史上的人文秀区，留有丰富的传统人文资源，更是著名的侨乡和发达的工商业区。外来人口多于本地人口，华侨多、企业主多，社会中有影响力的人士多，社会人口普遍富裕，利益主体结构复杂，社会建设领先于全国。在这样的社会条件下进行社会治理，必然面临许多新情况、新问题，新挑战。

首先表现在现存基层治理体系的失效。白坭镇所辖村（区）作为发达地区，社会结构复杂，经过合村并组，村组容量巨大，公共事务复杂繁多，现有村级组织架构虽经三合一改造也无法承担如此大量复杂的公共事务。村级治理主体中，合村并组后的村民（代表）大会人员过多，互不认同其利益，共识达成难度越来越高，议题越来越碎片化，治理失效的问题越来越多。问题的长期积累导致政府失信、干群对立、社会失调、诉求得不到回应。与此同时，现存基层治理架构伸展不到的社会角落，村民尝试以自主网络的形式，就治安、教育、环境、道路、电力等公共问题展开协商与自主治理，并探索出从议题提出、资源聚集、共识形成到决议落实等一整套治理经验，并在这一系列自治活动中形成了为数不少的民间权威。正式治理组织的失效与民间自发治理功能的出现，成为白坭乡村治理改革面临的基本局面。

面对这一治理现实，三水区领导认为，改变政府承担一切治理义务、垄断一切治理资源的角色，划定自身职能范围，缩回管得过多的手，给初步显现的社会治理主体让出治理空间，主动认可与培育社会治理主体，真正做到"政社归位，协同治理"。

二　乡村治理主体的精细化划分

由于《中华人民共和国村民委员会组织法》对村委会及村民（代表）大会的产生及运作的法条规定过粗，操作起来容易变形，往往变村民自治为村官自治，村民名义上有权，实质上无权，乡村治理的首要难题就是让村民议事能力复苏，让村民有权力感与主人感。所以乡村治理的制度创新首先在解决村民自治中的议事难、决事难问题，设计出有效的议事制度。为此，三水白坭将议事权分两级进行，精简议事规模，提高议事效率，构建"组为基础，两级联动"的村民小组、村两级议事会，其具体运行机制如下：

（一）村民议事会和村小组议事会

按《中华人民共和国村民委员会组织法》的规定，三水白坭镇村民议事会和村小组议事会分别是由村民（代表）会议和村民小组会议授权，在授权范围行使村组两级自治事务决策权、监督权、议事权的常设议事决策机构。村民议事会对村民（代表）会议负责并报告工作，接受村民（代表）会议监督，村民（代表）会议有权撤销、变更村民议事会不适当的决定。村民小组会议有权撤销、变更村民小组议事会不适当的决议。

在两级议事会的人选上，村民议事会成员主要包括村"两委"干部、部分村民代表、党员代表、本村户籍的各级人大代表、党代表、政协委员，不少于15人。其召集人由村党组织书记担任。全村三分之一以上村民代表联名可以提出罢免村民议事会成员。村民小组议事会成员不少于5人，由村民小组正（副）组长、党支部成员或党员代表、本组村民代表等人员组成。村民小组议事会成员出现缺额时，由村民小组有选举权的村民按规定补选。村民小组议事会召集人由村民小组长担任。村民小组三分之一以上的户代表联名，可以提出罢免村民小组议事会成员。

（二）村民（小组）议事程序

一是动议议题在村民范围内全部公开，广泛收集村民意见。村民（小组）议事会在会议召开前3天向全村公开议题，广泛征求村民意见，并在会议讨论时反映村民意见建议。二是明确议事会召开条件。根据议事会章程规定，村民议事会会议每月至少召开一次，须有五分之四以上成员到会方能举行。三是引入外援列席制度。议事会议题讨论过程中，本级能解决的问题直接由议事会讨论决议；涉及需要相关部门配合的问题，议事会引入约请列席制度，约请相关职能部门和企事业单位现场协商交流并解答议事成员提出的问题。

（三）议题结果的管理规则

一是议事结果当场公布。村民议事会和村民小组议事会表决采用无记名投票方式，表决由全体成员半数以上通过，表决结果公开计票，当场公布，并在村（组）公告栏予以公告。二是事后补救制度。对村民（小组）议事会所作出的决定有异议时，可以由本村三分之一以上村民代表联名，要求将议题提交村民代表会议。对小组议事会决议，可以由本村村民

(小组）十分之一以上年满十八周岁村民联名，要求将议题提交村民小组会议，村民小组会议就相关议题进行审议，并作出决定。三是议题依规转村民（代表）会议。对一些重大的或存在问题的议题，经实到会人员过半数同意，则提交村民（代表）会议或村民小组会议动议。村民代表会议就相关议题进行审议，并作出决定。

（四）议事会的评议监督职能扩大

一是全程跟踪督导。议事会决议通过后交由村委会来执行，执行情况接受议事会监督。村民议事会、村民小组议事会采取设立意见箱、调查走访、查阅资料等多种形式监督村委会对决策的执行情况，并定期向村民公布。二是严格纠偏问责。对违背决定内容或执行不力的行为，议事会召集人召开村民议事会、村民小组议事会会议进行讨论，责令整改；对造成重大损失的，提交村民（代表）会议、村民小组会议讨论，并提出处理意见。此外，经村务监督委员会提请授权，村民议事会可审议村民委员会不适当的行为。

三　乡村议事程序中特色民意表达机制

以细化分割的利益主体格局为基础的层层上聚的"组为基础，两级联动"治理路径有效的关键在于民意的表达是非常充分的。首先，议题来自村民代表或由村民直接提出。议事会章程表明，除村党组、村民委员会、村民议事会成员可提出议题外，30名以上年满18周岁的村民联名也可向村民议事会提出议题。其次，在整个治理路径的关键节点的本级党组织负责人也是议事会主持人的产生机制上，试行"两票制"，即由村（居民）代表和党员或党员代表召开会议，投票推荐产生村级党组织班子成员差额候选人，镇（街道）党（工）委根据推荐情况确定候选人预备人选名单，提交党员（代表）大会选举产生。"两票制"的制度设计，平衡了党内要求与民意需求，使党组织领导成员的产生拥有很大的民意基础，使其在主持非党组织的议事会及议题的筛选上，有了充分的民意合法性和说服力。再次，议题提前公布制度。在议题筛选后，提前3天面向全村村民公示，村民可以自由发表意见与建议，并可以通过社会组织集中向议事会提出建议，组织化的建议渠道大大增强了村民对议题的影响力度。最后，决议后质疑制度。当议题表决公告执行前，经本村十分之一以上年满18周岁村民联名，可以要求将议题提交村民（代表）会议，村民小组会议审议，相关会议应就相关议题进行审议，并作出决定。整个议题的产生以及治理路径上的议前、议中、议后都让村民充分地表达了民意，让村民有较强的权力感与主人感。

四　家乡建设委员会和乡贤慈善会新型德治主体

议事会治理程序的创新，以充分的民意做到了精细化的有效治理，但是应该说这还是政府体系内的重组，并没有把社会与市场治理权威纳入治理体系中来，还不是多元协同治理。三水白坭是著名的侨乡和发达的工商业区，村民中有为数不少的华侨、企业家和社会活动家。从治理现状上看，这几类人群已经在社会自主治理网络中发挥着权威的作用。如何在治理体系中为这些人提供一个制度化渠道，引导这些社会权威与市场权威在法律政策框架内在乡村治理中发挥正能量，成为三水白坭乡村治理成功的又一关键所在。为此，在村党组织的领导下，三水白坭为每个村及村民小组孵化了家乡建设委员会和乡贤慈善会。从其章程上看，家乡建设委员会负责对议事会的决策提供建议和人才资源，而乡贤慈善会则负责为议事会决议寻找社会资源。2013年，富景社区祠巷村组建了家乡建设委员会和乡贤慈善会，在陈氏大宗祠修缮活动中筹得善款900多万元，成功地把大宗祠打造成为全镇最大的村级文化活动中心。在治理体系中，虽然党组织、议事会、村委会、家乡建设委员会、乡贤慈善会和辖区内企业在功能上有明确的分工，但是在治理主体内的人员上却是高度融合的。治理主体间功能划分明确，各主体人员的任职交叉高度融合，这说明在整个治理体系中，在程序上，各治理主体的上下协同与横向协同都是高效的，保证了多元治理体系的有效运作。

五　新祠堂文化对家园情怀的塑造

乡村治理中的议题选择，在民意表达充分自由的情况下，必然显示出区域人群的共识偏好。应对共识偏好，科学安排议题，有助于治理的成功和群体的利益最大化。什么样的议题才能顺利通过民意的检验，吸引政府资源，撬动社会资源服务本区域公共利益，形成多元治理呢？三水白坭模式的经验是用新祠堂文化切入乡村治理。

家乡建设委员会和乡贤慈善会中的侨民，有着中国传统士大夫游宦海内、退休后荣归故里、造福桑梓、光宗耀祖的强烈动机；而在本地成功的企业家们也有尽社会责任，参与公共事务，取得本村村民认同的动机，调研显示，其价值观认同上也偏好于中国传统文化；加之基层社会"尚老尊老"文化还存在，青壮年忙于工作，无时间参与本村公共事务，决定了村（组）议事会成员及其参与者年纪偏大。这三类权威人群的动机偏好和合，使议题偏向中国传统的宗祠公益事业。但宗祠毕竟为一姓私有，有较强的排他性，虽也是村级公共事务，但只供村内一姓使用，离现代公共事务本义有一定距离。为应对此类议题偏好，三水区政府设立了议题上的政社协商机制。政府对这类议题偏好，不再是以行政命令的方式禁止，而是提出只要所修建宗祠在保留祭奠祖先功能的同时，向村内其他公益事业开放，可以按《广东省村级公益事业一事一议财政奖补资金管理暂行办法》的规定，帮助申请总投入的 30% 作为奖补。村（组）议事会在这一奖励机制的激励下，积极改革宗祠的功能，使其成为现代公共活动空间。这种政社协商机制取得了良好的治理效果，如修缮后的陈氏大宗祠在保留祠堂传统文化的同时，还被打造为"党建新阵地、社会组织孵化新基地、自治决策新中心、文体活动新中心"四个新阵地，并利用祠堂的场地和凝聚力等优势，融入了文化、体育、娱乐、议事决策等元素，聚集了龙舟协会、醒狮协会、舞蹈协会、老年人协会等 14 个文体协会进驻，极大优化提升了当地社区环境，促进了社会和谐，成为反映社会治理体制创新的一个示范点。

第五节 富景社区乡村治理体系塑造的扎根理论分析

在进行扎根理论分析的过程中，由于案例资料来源广、种类多、数量大，将借助 Nvivo 软件进行数据分析。Nvivo 软件主要通过创建项目、导入资料、建立节点、节点编码、资料分析、模型建立等步骤帮助研究者分析复杂资料、提取有用信息并获得结论。在分析步骤上，本研究将遵照程序化扎根理论的研究程序进行资料处理和分析，首先通过对一手资料进行开放性编码、主轴编码和选择性编码，建立初步的理论模型，然后通过对二手资料的分析，检验核心范畴是否全部涌现，理论是否达到饱和。

一 开放性编码

开放性编码是使用概念化的方法来准确反映经验资料的本质,即对大量研究资料进行不断的归纳和提取本质内涵。因此,这一过程要对各种形式的资料进行详细的阅读,防止遗漏重要的信息。编码的单位可以是句子也可以是句群或段落,只要在无理论预设的情况下是概念自然涌现即可。其主要程序包括定义现象—挖掘范畴—命名范畴—发掘范畴的性质及性质的维度,目的在于处理聚敛的问题。

在对访谈资料进行分析的过程中,首先,对所有一、二手资料快速浏览一遍,一方面可以对资料有全局性的把握,另一方面也可以排除与研究问题明显不相干的资料,以减少编码的工作量。其次,开放式是一个将资料打散,再以新的方式重组的操作过程,因此,对资料初步抽取227个可能与研究问题相关的条目,并一一书写备忘录。之后进一步的聚焦研究问题,正式进行开放性编码,参考导师与同学的一些建议后,形成了最终的开放性编码表。其中,"贴标签"步骤建立了149个自由节点(编码前缀为a),概念化过程建立了61个树节点(编码前缀为A),"范畴化"过程建立了24个树节点(编码前缀为AA)。由于概念数量较多且含义有所重叠,而范畴是对概念的重新分类和整合,本书将以范畴为主要研究对象。开放性编码分析举例如表3-2所示:

表3-2   开放性编码举例

案例资料	贴标签	概念化	范畴化
村小组基本是按照生产队建立的,小组里都有议事机构,有什么事情就是他们自己先讨论解决。	a1 划分村小组,成立议事会	A1 村小组成为基本治理单元	AA1 治理单元下沉
整个"一事一议"是以村民小组作为主体来建设,奖补的政策可以达到三分之一,比如建一个祠堂,修一条路,或者是一些硬件的基础建设,就可以申请。	a21 对民生实事项目采用一事一议奖补政策	A9 一事一议奖补政策	AA4 财政奖补
我想,作为当今成立的议事会、监事会以及党代表工作室,那是党委政府政策支持,是根据现在形势和社会的发展而成立的新事物。	a27 政府对基层组织建设的支持	A13 政府重构基层组织	AA6 政府政策支持

续表

案例资料	贴标签	概念化	范畴化
村委会现在虽然也参加议事讨论，但最主要的职能是决策执行，要为村民提供服务。	a38 村委会成为执行者和服务者	A18 村委会角色重构	AA9 村委会重构
筹集到的资金交给村委会管理，有专门人负责，然后会议上决定的项目都由他们牵头来搞。	a39 村委会管理资金执行决策	A19 村委会的执行功能	
每个村里基本都有一些开公司的、在外面当官的，他们就把村里面比较有能力的人组织起来，乡贤慈善会和家乡建设委员会的成员基本是先由他们提议推选。	a63 由少数人物构建村庄社会组织	A26 少数人物是社会组织核心	AA13 乡贤关键人物
每年都有很多敬老活动，过年过节都有，前段时间重阳节，给村里每个老人都发了过节费和礼品。	a77 开展敬老活动	A30 敬老传统	AA15 传统伦理规范
我们政府不是管理（宗祠），很多部门会过来关注一下，然后有很多部门进驻这里，利用这个平台来发挥作用。比如说，组织部、组织办、纪委、社工，社工之前经常过来，然后还有宣传那边的。	a118 政府组织进驻祠堂工作	AA9 宗祠的组织功能	AA20 传统治理空间
宗祠内进驻了龙舟协会、醒狮协会、舞蹈协会、老年人协会等14个文体协会。	a119 宗祠为文体协会提供场所	A50 宗祠的社会活动功能	
现在那些代表"两委"成员都是年纪比较大的，在村里生活一辈子，你要是不负责任的话，相当于自毁名声。	a131 声誉制度压力	A54 信任机制	AA22 主体协同机制
我们每年的龙舟比赛基本上所有在村里的人都会参加，算是一种传统吧，并且大家都参加了，你不想参加也很容易被人拉着参加。	a140 龙舟比赛全村动员	A56 动员机制	
他们小组厉害，他们的乡贤慈善会里有镇人大的，还有个区政协的，都能帮他们说话，还有几个大老板，到捐钱的时候都非常踊跃。	a141 村外资源动员		

续表

案例资料	贴标签	概念化	范畴化
以前很多老板在外面做生意,基本上都没有参与村里的事务,但是把这个机构成立起来,让他们回来商讨事情,你征求他的意见,他心里就很舒服了。	a45 企业家纳入治理主体	A58 合法治理主体身份	AA23 制度性参与渠道
政府必须给我们钱来孵化(社会组织)……如果你把宗族的钱(给外人)花出去了,那一部分人最有意见,所以政府有一点钱,两方面形成合力,他们就没话说了。	a148 政府需要资助社会活动,孵化社会组织	A60 政社合作	AA24 多元治理主体参与
我们村内现在的组织主要有党组织也就是党支部、村委会、公共服务站,还有一些经济方面的组织,您说的社会组织方面基本就是乡贤慈善会和家乡建设委员会,还有就是一些文体协会,这个是非常多的。	a149 自组织加他组织的运行模式	A61 多元主体联动	

资料来源:作者自制。

通过开放性编码对每一个有价值的意义单元进行概念识别和归纳,初步发展出数量较多的概念群,进一步对这些概念的性质和面向进行归纳,发展出 24 个范畴。这些范畴是本书的副范畴,其所形成的概念间关系是暂时性的,需要在主轴编码中进一步验证。

二 主轴编码

主轴编码是将开放式编码中被分割的资料通过类聚分析在不同范畴之间建立关联。在建立关联时需要分析各个范畴在概念层次上是否存在潜在的联结关系,从而寻找一定的线索。[1] 这一过程将打碎的资料重新组合。在对开放性编码过程所形成的概念以及研究备忘录回顾并剔除与研究内容关系不大的部分编码之后,本研究根据不同范畴在概念层次上的相互关系和逻辑次序对其进行归类,共得出"政府制度

---

[1] 陶厚永、李燕萍、骆振心:《山寨模式的形成机理及其对组织创新的启示》,《中国软科学》2010 年第 11 期。

性供给""传统治理资源""基层组织重构""村庄社会资本""民主参与""多元协同治理"六个主范畴。各主范畴及其对应的开放式编码范畴见表3-3：

表3-3　　　　　　　　　　主轴编码形成的主范畴

主范畴	对应副范畴	逻辑关系内涵
M1 政府制度性供给	AA1 治理单元下沉	合村并组后，根据地域相近、文化相连原则，以自然村为基础划分的村民小组称为基本治理单元，是传统治理资源重构和村庄多元协同治理达成的制度性基础。
	AA4 财政奖补	通过"一事一议"奖补政策为重大民生工程提供财政补贴，为村庄建设和公共服务提供制度性支持。
	AA14 孵化社会组织	政府制定明确政策，使乡贤慈善会和家乡建设委员会在各村组全覆盖，为多元主体的参与提供制度性支持。
M2 传统治理资源	AA8 熟人社会单元	将基本治理单元下沉到自然村这一熟人社会，是对传统治理单元的回归。
	AA17 家园建设愿景	通过乡贤与村民建设家园、造福乡梓的家园情怀动员起参与到治理中来，是对传统拟家庭化治理的回归。
	AA15 传统伦理规范	传统习俗、家园建设愿景、声誉制度等促使个体表现出符合集体利益的行动，是对传统熟人社会行为规范的回归。
	AA20 传统治理空间	宗祠等传统空间具有文化意义和符号意义，以宗祠为平台为自组织和他组织运作提供空间，是传统治理资源的回归。

续表

主范畴	对应副范畴	逻辑关系内涵
M3 基层组织重构	AA9 村委会重组	在治理单元下沉的情况下,设立村委会和村民小组委员会,并将其定位为执行者和服务者,是对基层组织机构及角色的重组。
	AA7 村庄领导力量整合	多数村庄实行"两委"主任一肩挑,村"两委"协同互助开展工作,是对村庄基层组织管理职能的重构。
	AA23 制度化参与渠道	通过为各类非体制内主体提供参与村庄治理的渠道,并将其制度化,使村庄干部从纷繁复杂的利益关系中脱身出来,是对基层组织干群关系的重构。
M4 村庄社会资本	AA19 村庄信任	成员之间的互相信任及守信行为背后所隐含的社会交往规则和传统乡规民约是重要的村庄社会资源。
	AA18 人情往来	以人情往来为体现形式的村民互惠行为,是村庄内生秩序产生的重要资本。
	AA16 社会关系网络	村庄社会关系网络所具有的信息传递以及内外部各种资源的联结功能是村庄重要的社会资本。
M5 民主参与	AA10 民主选举	民主选举作为村民自治的起点,是民主议事和民主决策的前提条件。
	AA21 民主议事	民主议事是村民发表意见和建议的主要渠道,是村民民主参与的重要组成部分。
	AA11 民主决策	民主决策时民主选举和民主议事过程的结果,是村民自治的核心环节。
	AA12 信息公开	通过多渠道将议题收集、筛选、讨论、决策、执行过程在村内公开,保证议事决策的民主性和科学性。
M6 多元协同治理	AA24 多元主体要素	将多元主体要素纳入村庄治理场域中,是多元协同治理开展的前提条件。
	AA22 主体协同机制	信任机制、动员机制和监督机制等协同机制,是多元主体有序发挥治理作用、多元协同治理开展的重要保障。

资料来源:作者自制。

三 选择性编码

选择性编码是按照条件—行动策略—结果的分析模式，发现主范畴之间潜在逻辑关系。该过程的主要任务是用所有资料及由此开发出来的范畴、关系等扼要说明全部现象，即开发"故事线"。这样通过资料与正在形成的理论之间的互动来完善各个范畴及其相关关系，从而建立起概念密实、充分发展的扎根理论。选择性译码中的资料统合与主轴译码差别不大，只不过处理的分析层次更为抽象。

通过对主范畴之间关系的梳理，可以将富景社区多元协同治理模式的故事线描述为：经过合村并组后，在行政资源高度整合的同时，也造成了基层政府职责划分不清，定位错乱，在面对纷繁复杂的村庄事务时，政府陷入责能困境。同时在行政村层面，由于村庄基层组织行政职能过重，村庄自治能力弱化，村庄治理陷入失序状态。面对村庄治理困境，富景社区通过治理单元回归，将党支部、村委会下沉到自然村（村小组）后，利用村庄传统资源动员多元治理主体，形成包括党组织、村委会、乡贤、社会组织和经济组织等多主体在内的社会治理网络。在熟人社会情境下，以人情关系为表现形式的村庄社会资本被重构，村庄成员之间的信任机制、互惠机制以及资源人员动员机制得以重建，使得多元协同治理有序开展。通过对故事线的补充，经过选择性编码，初步形成富景社区基层社会多元协同治理范式模型图，如图 3-1 所示：

条件	行动/互动策略	结果
政府制度性供给 传统治理资源 基层组织重构	村庄社会资本 民主参与	多元协同治理

图 3-1 主范畴范式模型图

资料来源：作者自制。

"条件—行动/互动策略—结果"的范式模型是对系列因果关系的简化展示，而各板块之间的内部关系以及范畴之间的具体指向关系在此范式模型图中暂时无法具体体现出来，还有待于在进一步的案例讨论与模型建立过程中进行阐释。

四 理论饱和检验

在得出初步理论模型草图后，为检验范畴是否全部涌现，理论是否达到饱和，要对初步结论进行三角验证。贾旭东认为，三角验证的关键在于多样化的资料来源，一手资料和二手资料虽然没有严格的比例，但一手资料是必需的，理论模型来源于一手资料，同时二手资料是进行三角验证必不可少的。在资料收集过程中，本研究获取了丰富的二手资料，主要包括：三水区综合治理改革汇编文件、政府基层治理创新报告材料，以及通过白坭镇人民政府网站、《佛山日报》《南方日报》等媒体网络资源获取的有关资料。在初步理论模型建立后，对二手资料进行详细阅读发现，二手资料对富景社区乡村治理改革的介绍主要集中于两级议事会、乡贤资源、新祠堂文化三个方面。对这些资料进行开放性编码和范畴归纳发现，白坭镇政府通过在两村一居建立公共服务站，将原先由村委会承担的大部分行政职能转移到公共服务站。通过对资料的分析和概念提取，将其命名为行政职能上收范畴，此范畴开放性编码如表3-4所示：

表3-4　　　　　　　行政职能上收范畴编码

案例资料	贴标签	概念化	范畴化
改革前，村（居）一级有党组织、村（居）委会两个架构。改革后，搭建起公共服务站新机构，形成了党组织、村委会、公共服务站三个架构的新格局。	b17 党组织、村委会、公共服务站三个架构的新格局	B8 重构基层组织框架	B3 行政职能上收
原有由村委会承担的党组织建设、人口户籍、社会治安、民政救济、劳动就业等各项繁重的行政事务将进一步剥离，由公共服务站承接起所有行政服务功能，并提供公益服务和便民服务。	b19 公共服务站承接村委会行政职能	B9 公共服务站行政职能	
目前服务站已经在试行初步的网上审批业务，区镇两级下放的相关办事流程和服务内容均已贴上墙及在显示屏进行公布。	b20 公共服务站业务流程		

第三章　富景社区社会资本对乡村治理体系的塑造机制 ◇ 77

续表

案例资料	贴标签	概念化	范畴化
为进一步加强对公共服务站的管理，镇还将村党总支部委员全部纳入服务站管理……同时从镇机关抽选6名年轻干部具体指导、协助、监督站内工作的开展。	b21 公共服务站人员有村组成员和镇政府工作人员构成	B10 公共服务站人员构成	

资料来源：作者自制。

此外，二手资料中虽有少量新的概念、范畴出现，但这些新出现的概念和范畴可归纳到"AA2 政府制度性供给"主范畴。其关系内涵为：政府通过公共服务站将行政服务职能延伸到村组，弱化了村委会行政色彩，为村委会重组提供制度性支持。因此，二手资料编码中并无新的主范畴涌现，这说明原有的理论模型已达到饱和。通过对资料的回顾和对扎根理论过程的重新梳理，可以得到富景社区社会资本重构下的多元协同治理机制分析的编码过程及逻辑关系全景图：

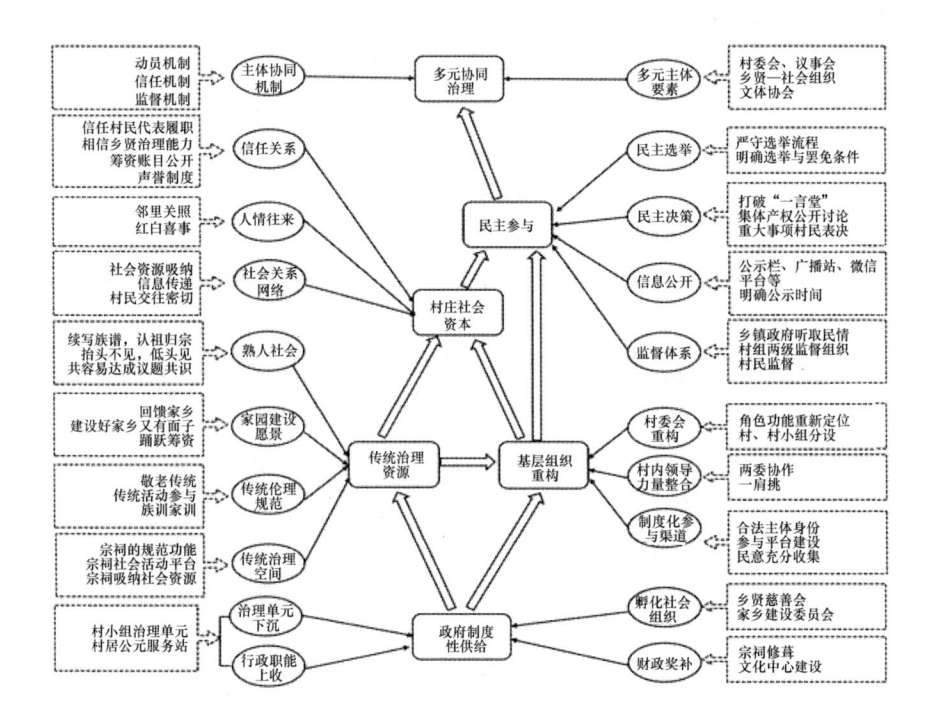

图3-2　编码过程及范畴间逻辑关系全景图

资料来源：作者自制。

第六节　富景社区乡村治理体系扎根分析的研究发现

从以上论述我们发现，可以从以下四个方面论述村民多元协同治理机制的发展逻辑：第一是政府的制度性供给；第二是村庄社会资本的培育；第三是多元行动主体的参与机制；第四是多元行动主体的协同机制。回归原始资料，配合相应的社会资本理论和多元协同治理理论的文献对话，对这四个方面展开分析，进而得出相关命题。最后综合上述命题提出通过社会资本培育构建乡村多元协同治理机制的模型。

一　政府关键性制度性供给

"乡政村治"是中国农村乡村治理的基本制度架构[1]，所有村庄治理活动均受此制度环境规制。在对富景社区案例进行扎根理论分析的过程中可以发现，在面对政府责能困境和乡村治理失序的局面时，政府制度性供给的调整是基层社会综合治理改革的起点。乡镇政府尊重村庄的主体性，按照村民委员会组织法的精神，以实现有效村民自治为目的，响应村庄自治的制度需求，及时提供创新性的制度，如支持村庄治理单元调整，出台村庄社会组织参与乡村治理的规定，为村民代表的遴选提供指引以及常规性财政支持等。

（一）孵化社会组织

社会权威与市场权威在法律政策框架内为富景社区的经济、社会发展作出了巨大的贡献。在村党组织的领导下，每个村及村民小组孵化了议事机构及社会组织。从其章程上看，议事机构是村（小组）居民参与和实施家乡建设的社会组织，需制订工作章程。其主要职责是："为政府制订和调整建设规划提供咨询意见。"[2] 而社会组织则依托其成员的经济实力、社会声望、关系网络、社会动员负责为议事会决议寻找社会资源。

（二）财政资源投入政策

在政社共进的协同治理网络体系搭建过程中，政府在进行方向引导的

---

[1] 徐勇：《从村治到乡政：乡村管理的第二次制度创新》，《山东科技大学学报》（社会科学版）2002 年第 3 期。

[2] 《佛山市三水区创新村（社区）管理体制和服务机制文件（材料）汇编》，佛山市三水区社会工作委员会、中共佛山市三水区委社会工作部，2013 年。

同时通过"一事一议"奖补政策对自然村内公共服务提供进行资金支持。由村内议事会就治安、教育、环境、道路、文化建设等公共问题展开协商与自主治理，对具有重大意义的民生工程政府按照总资金30%的比例进行奖补，剩余部分通过村内社会资源进行筹集。这一方面鼓励了村民参与公共事务的热情和资源投入，另一方面减轻了政府组织压力和财政负担，成为政社互动的新起点。

以上分析可以看出，白坭镇政府的制度供给主要在于在传统的熟人社会空间内鼓励和支持社会各方面参与，给初步显现的社会治理主体让出治理空间，主动认可与培育社会治理主体，而基层政府则成为乡村治理多元主体中的一环，为白坭镇各村组多元协同治理体系的构建提供制度支持和保障。由此可提出以下命题：

命题1：一方面，政府制度性供给为乡村治理体系和基层组织的重构实践提供了方向性指导。另一方面，社会资源的重构为村庄秩序提供内生性基础，在一定程度上保证了基层组织重构的有序进行。

二　社会资本对乡村治理的形塑作用

结合对案例资料的扎根理论分析，本章对村庄社会资本的概念借鉴普特南的定义，认为村庄社会资本是指乡村社会的组织结构特征，包括社会信任、互惠规范以及社会网络等。中国乡村具有悠久的自治传统，形成了丰厚的社会资本。村庄社会资本的培育首先离不开对传统的回归与有效利用，即如何利用乡村传统治理资源重构村庄成员的社会信任与关系网络。此外在行政权力逐渐卷入乡村治理的条件下，基层组织作为乡村治理的领导力量，其内部权力结构、运作方式等在很大程度上影响了村民对村庄内部凝聚力与一致行动的能力。

（一）熟人社会治理单元

郑传贵认为，相对于依靠行政力量划分的行政村而言，自然村在长期的历史过程中形成了丰富的信任、网络与规范资源，蕴含更丰富的社会资本。村庄内部联结关系的强度决定了村庄社会资本留存量的丰富与否，是村庄社会资本的先赋性因素。在富景社区的综合治理改革实践中，以传统的自然村为单位划分治理的基本单元，将村庄治理重新纳入熟人社会单元之中。从村庄内生秩序层面来看，传统的自然村落是基于血缘、亲缘、地缘形成的，在这样的熟人社会内，村民之间的关系不至于因差序格局而过分疏离，乡土社会的行动逻辑十分明确，即在人情关系的基础上产生信任机制和互惠行为，并在交往过程中下意识地遵守行为规范。在人情关系和声誉制度的压力下，村民更容易就村庄公共事务达成一致性行动。因为在具体的人情关系场景中，人们的交往不仅是长期且频繁的，而且必须遵从一定的行为规范，人情关系个案中应当如何的观念被所有人认可，就成为普遍接受的观念，进而成为"地方性共识"。

（二）乡贤关键人物

在"皇权不下县"的传统乡村社会里，村庄秩序的维持和自治的运转都依靠"乡贤"有效维系。他们一方面在乡村社会建设、风俗教化和乡里公共事务中发挥着重要的治理主体作用，另一方面又通过其拥有的广泛社会关系、较高的个人威望和道德人格魅力整合乡村内外各种社会资源，加强乡村内外的联系，凝聚村民共识，还可以弥补乡村在经济、政治、文化等方面资源的不足。

从富景社区村庄社会组织的成立来看，政府的孵化培育提供了制度性的前提条件，但其得以建立并有效运行的关键在于乡贤关键人物的作用。白坭镇几乎每个村组都有在外经商、从政，有着丰富管理经验和大量社会资源的乡贤人物。他们往往是基于村庄治理失败而激发起为村庄服务的动机的。他们深得村民信任，比较容易利用自身资源，组建基于村庄多元治理目的且含有关键少数的小型社会网络，他们个人的关系特质与资源投入是组建少数人的关键群体网络的主要因素。在村庄先赋性社会关系网络中，治理关键群体的持续运行会带来越来越多的参与者，最终形成覆盖全体村民的治理网络关系。

（三）传统伦理规范重铸

中国传统乡村社会是"伦理本位"的，其特征表现在各主体以义务和伦理为取向的行为规则和关系网络。这样的伦理属性产生于村庄的社会基础和文化土壤中，是根深蒂固的。因此，想要通过外生性的制度设计去改造乡村社会行为规范以重构村庄秩序具有很大难度，其必须与村庄传统的伦理规范具有内在的契合性。

在对富景社区的实地调研中可以发现，其村组无一不以传统的家训、族训作为村庄精神文明的特色，其内部各成员的行为规则和关系网络具有浓厚的传统伦理规范色彩。这种伦理规范表现为有较长历史传统的成文的或口头的约定或风俗，以及外在的具有强制性的规制文件和成员共同认可的内在规范等方面。如要求信任、互惠的成员交往规则,敬老爱老的传统习俗,投身家乡建设的共同期望,具有约束性和激励性的声誉制度等,这些伦理规范不仅具有行为约束功能,而且具有强大的资源和人员动员能力。

(四)传统治理空间重塑

村落公共空间是乡土民众开展公共活动的重要场所。宗祠、庙宇是传统村落中主要的公共空间,这些公共空间代表着传统的、习俗的权威,是传统乡村精英管理地方社会运行的有效资源。随着工商业的发展和现代性的卷入,传统的公共空间逐渐没落,取而代之的是各种文体中心、公共服务站等现代性空间发挥人际交往联结的作用。但是传统公共空间所发挥的构建社会关联和亲缘性伦理秩序等治理性功能却无法被取代。在富景社区的综合治理改革中,通过对宗祠这一具有传统治理意义的公共空间回归和重建,打造了别具特色的新祠堂文化,赋予了宗祠新的治理功能。宗祠成为党建合作新阵地、社会组织孵化新基地以及村庄文化活动新中心。以宗祠为代表的传统空间的重构一方面形成了村庄内部新的互动活动,另一方面强化了村民对这一具有治理意义的传统符号的文化认知,通过日常交往和联结村庄记忆,规范村民的行为和关系。

(五)基层组织重构

基层组织是乡村治理的基础组织力量,基层组织的运作方式、基层干部的工作方法和工作态度对村庄内部团结与村民的治理参与有着关键的影响,是村庄社会资本培育的重要组织因素。村民参与的不充分往往会造成干群关系紧张、派系问题突出等,从而造成村庄社会资本的丧失。信任关系的建立是村庄社会资本形成的基础,郑前程认为,村庄信任关系不仅包括村民之间基于长期人情往来而形成的信任,而且包括对基层政府的公共信任和制度信任。富景社区的基层治理改革主要是以治理单元下沉为起点,在村、村小组成立两级议事会,并重构议事决策流程。通过两级议事会的建立和议事流程的再造,富景社区各村组形成了村民参与、社会互动的具体制度形式,村民权力得到尊重,村民意愿得以表达。这不仅是公共信任、社会信任成长的重要机制,而且是传统的建立在关系基础上的信任发展为制度信任的重要途径。

命题2:通过对传统乡村治理资源的合理利用和基层组织的重构,构建起以村庄成员信任和制度信任为基础的社会关系网络,从而培养村庄社会资本。

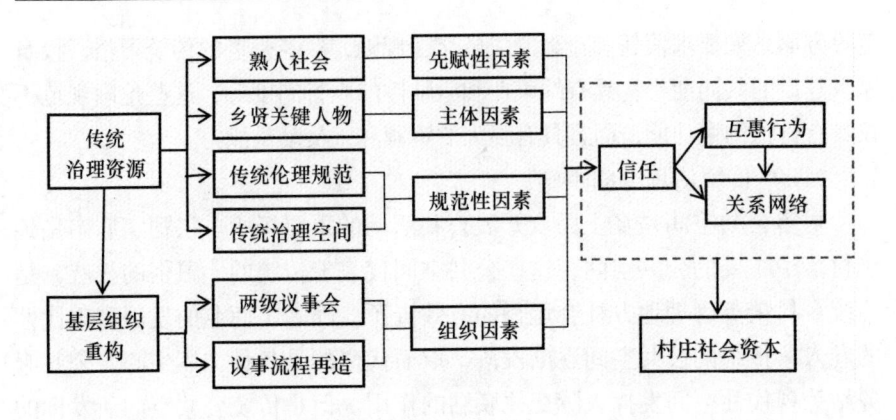

图 3-3 村庄社会资本培育模式图

资料来源：作者自制。

三 多元治理主体进入乡村治理体系的方式

（一）村庄社会资本与多元主体参与的信任机制

从社会资本存量来看，富景社区有着非常强的村庄传统记忆，在村庄场域内活动，除了身份要求外，还明确规定了必须认同本村庄的乡规民约、公共义务、环保、孝道、传统活动参与等要求，通过对村庄内共同文化背景和价值观念的认同与实践构建起具有传统伦理色彩的村庄信任机制。在富景社区各组这样"抬头不见低头见"的熟人社会之中，村民在行为选择的过程中必须考虑此次行动对今后的影响，主体间交往模式的长期性决定了失信行为的成本必然过大，因此其守信行为和互惠行为的发生源自对规矩的熟悉和遵守。以社会关系网络为表现形式的社会资本与富景社区多元协同治理之间存在着清晰的思路：社会资本存量丰厚→村民交往密切→村民普遍认同村内伦理规范→主体间的信任机制→多元协同治理达成。

（二）村庄社会资本与多元主体参与的动员机制

村庄治理的完成，离不开人力、物力、财力资源的投入。多元协同治理发挥作用的关键便在于多元主体对各类社会资源以及普通村民的动员，以及动员对象对动员的有效回应。在富景社区这样一个村庄社会联结强、社会资本存量丰厚的地区，村组内部的网络关系形成很强的凝聚力，因此其对社会资源的动员也更加充分、有效。其资源动员的方式主要有：一是人员动员，在"生于斯，死于斯"的熟人社会中，生存在同一网络中的村民更容易采取一致性行动。人员动员的有效性主要来自成员间的社会网络关系联结以及镶嵌在社会网络中的集体行动压力。二是情感动员,主要是从社会心理层面强调文化和认同因素的作用。富景社区有大量出外经商、从政的能人贤士和在本地取得成功的企业家,他们对家乡有着强烈的感情,即使走出村庄依然希望得到村庄的认可和村民的好评,因此家园建设对其有很强的感召力。三是仪式动员,在富景社区各村组,各类公共事务筹资情况均有记录,并用红榜张贴在村内各类公共场所内,同时所有款项的去处也都有详细记录供村民监督。此外,在富景社区陈氏大宗祠内,还有宗祠日常事务管理人员以及志愿服务人员的名单张贴出来。这些具有象征意义的举动通过对村民行为的认可和肯定鼓励并通过塑造集体行动的榜样行为动员更多的人员和资源投入治理中来。

综合以上分析,可得出命题3:村庄社会资本所具有的伦理属性,通过规范成员行为,激发成员参与意愿,形成了多元主体协同互动的信任机制和动员机制。

四 多元治理主体在治理体系内的协同机制

多元协同治理强调多元主体通过有序的参与,实现主体间的相互联系、相互作用和相互制约,即在多元主体参与的基础上,构建多元主体参与的协同机制。马超认为,协同机制的建立可以有效地调适多元治理主体行为,整合独立的组织资源,提高公共服务绩效,消解多元主体治理过程中的冲突,促进有效合作。[①] 目前,对于治理过程中多元主体参与的协同机制单独研究比较少,学者们多从合作关系、制衡关系和监督关系的角度出发探讨多元主体如何建立有序的参与关系。结合案例研究资料,本研究将从多元主体参与的合作关系网络和监督体系构建方面探讨富景社区多元主体参与治理的协同机制。

(一)多元治理主体的合作网络

就我国乡村治理而言,多元主体的合作关系网络是指包括乡镇政府、村"两委"、乡村自组织、普通村民等在内的主体,明确其在乡村治理过程中的责任权力和职能边界,并通过民主、平等的方式有序参与到乡村公

---

① 马超、李晓广:《乡村多元主体协同治理的发展逻辑与实现路径》,《山西农业大学学报》(社会科学版)2015年第7期。

共事务协商讨论中来，有效地完成治理工作。通过上文分析可发现，富景社区乡村治理的主体主要包括乡镇政府、村级党组织、两级议事会和村委会、村务监督委员会、乡贤慈善会和家乡建设委员会等。在实际治理过程中，各主体依据自身所掌握的各类资源，通过制度化的形式明确自身角色和功能定位，形成运作有序的治理主体网络，如图3-4所示：

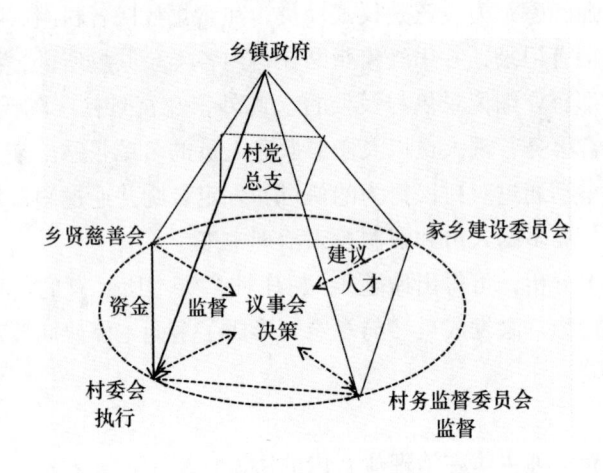

图3-4 村民组织化中多元主体合作关系

资料来源：作者自制。

通过对"政社归位"理念的落地，白坭镇政府在乡村治理的过程中主要承担政策引导和财政支持的作用，在村务治理层面通过放权来引导公民、团体与社会组织的有序参与。村级党组织作为党在农村的代言人，在村庄治理中起着落实党的方针政策，引导和监督村民自治精神与自治程序有效实现作用。在村级事务治理过程中，两级议事会、村委会和监督委员会分别起着决策、执行和监督的作用，家乡建设委员会和乡贤慈善会一方面以乡贤为核心形成联系村庄成员的自组织，另一方面参与决策过程，为决策和执行提供人才、建议和资金支持。虽然各治理主体在功能上有明确的分工，但在人员安排上却是高度融合的，通过治理主体间高效的上下协同与横向协同来保证合作治理网络的有效运作。

子命题4a：乡村多元行动主体通过明确的角色定位和高度的人员融合形成高效的上下协同和横向协同的组织网络，构建了多元协同的合作机制。

（二）多元行动主体的监督体系

科学的监督体系是多元协同治理机制有效运行的重要保障，而在传统乡村社会中，主体行为规范主要依靠内化的伦理道德的约束，缺乏外在的监督。因此，在"外生治理"过程中，必须建立全方位的监督体系。在基层组织重构和民主参与的过程中，富景社区建立了科学有效的监督机制，对多元治理主体、运行环节、协同治理的各个领域以及治理客体效果等方面实施监督，形成了社会协同治理系统内外监督模式，保障了村庄多元协同治理有效运行。

其一，基层政府的监督功能。镇政府建立政府工作人员周二下乡听取民情的制度，对村庄治理过程中的各个环节进行监督。其二，村民议事会的监督功能。村民议事会、村民小组议事会采取设立意见箱、调查走访、查阅资料等多种形式监督村委会对决策的执行情况，并定期向村民公布。其三，村组两级监督委员会的监督功能。村一级成立村务监督委员会、组一级成立组务监督小组，对村组内公共事务的议题收集筛选、议事讨论、决议执行的全过程进行监督。其四，村民监督。村组两级对议事过程实行全程公开，接受群众监督，对议事会所作决定有异议时，可以由本村三分之一以上村民代表联名提交村民代表会议重新商议，议事会无法形成决议的议题经实到会人员过半数同意，可提交村民（代表）会议进行审议。同时对村务治理过程实行严格纠偏问责和配套考核制度。

子命题4b：民主参与过程中所形成的多主体、全方位的监督机制，弥补了"内生性治理"外在监督乏力的不足，为村庄多元协同治理机制的运行提供了重要的保障。

综上所述，可得出命题4：富景社区各村组通过建立高效的多元主体治理网络和监督制衡体系，构建了多元主体有序参与治理的协同机制。

五　富景社区的故事线与概念模型

综合案例分析以及以上研究发现，通过进一步归纳和修订，可将故事线描述为：在政府责能困境和乡村治理秩序的现实背景下，对村庄治理进行联结传统的尝试，并在回归了的治理单元上重构村庄基层组织。一方面，在熟人社会治理单元中，通过村庄社会资本的重构，建立多元主体协同互动的信任机制和动员机制；另一方面，重构后的基层组织为更大范围内的村民普遍参与提供了制度化的途径，并形成多主体、全方位的监督机制，最终建立起村庄多元协同治理模式。其概念模型图如图3-5所示：

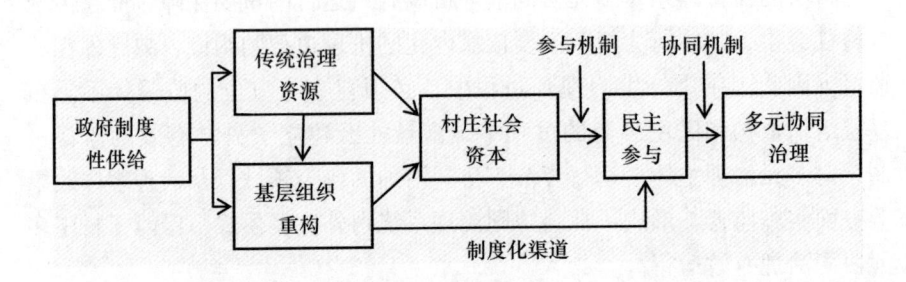

图3-5 社会资本重构下村庄多元协同治理模型图

资料来源：作者自制。

第四章 村民动员机制对乡村治理体系的塑造作用

现代化的村民动员机制是乡村治理体系塑造和乡村振兴主体塑造的核心机制。现代化乡村是生产和生活合一的社区①，国家体制赋予村庄相对独立的自治权力，同时，资源流动的趋利性使村庄可利用的信息和生产资料有限，因而乡村治理体系中村民的组织动员需要基层政府等的外在支持与村庄的内在动力双重机制的和合，体现到村庄内在场域内，则需要包括社会力量、关系网络、制度创新等一系列因素的有效参与。为清晰呈现广东省治理体系塑造中的动员方案，本章采用两个案例比较的方式。

第一节 动员理论在治理体系运作中的应用

资源动员理论是当今动员理论的主流。其发展可以分为两个阶段：一是以专业化和资源为核心的早期资源动员理论；二是以框架建构与分析、动员结构研究为核心的后期资源动员理论。

早期资源动员强调社会运动消长的决定因素在于能够获取的资源总量。以奥尔森（Mancur Olson）对集体行动的经济学阐释——成本和收益权衡命题②为开端，20世纪70年代麦卡锡和扎尔德（D. McCarthy John, N. Zald Mayer）通过对60年代社会运动的反思和总结，发表了《社会运动在美国的发展趋势：专业化与资源动员》③ 和《资源动员和社会运动：

---

① 张树旺、郭璨、李伟等：《论社会治理视野下农村社区网格化管理的完善——基于云南省孟连案例的考察》，《华南理工大学学报》（社会科学版）2016年第4期。

② Olson Mancur, *The Logic of Collective Action: Public Goods and the Theory of Groups*, Harvard University Press, 1965.

③ Mccarthy J Z M., "The Trend of Social Movements in America: Professionalization and Resource Mobilization", 1977.

一个局部理论》①两篇论文，其核心价值在于否定了传统社会运动理论中认为社会矛盾激化、群体剥夺感、怨愤感等心理情绪因素是社会运动爆发原因的观点，认为社会运动的大面积爆发是社会可利用的资源量大幅增加，资源可利用的途径和方式更具灵活性，是人们对利益的理性权衡和选择，奠定了资源动员理论的地位和基础。

框架构建与分析、动员结构研究是资源动员理论的延伸和拓展。早期资源动员理论集中于在资源总量调配下社会运动的组织、组织间关系和参与研究，在后期发展过程中，框架构建与分析理论在资源动员的基础上重拾了意义、文化、话语和符号化行为在社会运动中的地位，由此衍生了一系列包括框架谋划、框架竞争、框架言说、框架扩散和主框架等动员框架建构理论。同时，斯诺②（D. Snow，1986）和古德诺③（R. Gould，1991）对于组织和网络在社会运动动员中的作用进行了阐述，开辟了社会动员结构的研究方向。这两种理论建立在"社会运动是资源总量的理性选择"这一核心命题的基础上，是对资源动员理论的延伸和拓展。

因此，资源动员理论的相对发展阶段可以被划分为三个分析维度。资源动员理论在不同的发展阶段有着具体的研究侧重点，按照早期资源动员、动员结构研究和框架建构与分析的阶段侧重点，资源动员理论划分为资源动员维度、成员动员维度和框架动员维度三个研究维度。④ 资源动员维度中的"资源"是一种狭义、客观的物质资源，包括物资资源、时间资源、金钱资源、网络资源、媒体资源等。成员动员的核心要旨在于辨别可以动员的成员和潜在成员，并运用一定的工具和方式让其被动员、被参与到动员活动中。框架动员是紧紧依托于组织的价值和意义表现，强调赋予事件和事情意义，注重从社会心理层面和意识形态资源方面强调文化和认同因素的作用，发挥着将体验组织化并引领行动的功能。⑤

---

① Mccarthy J Z M., "Resource Mobilization and Social Movements: A Partial Theory", *American Journal of Sociology*, 1977, 82(6): 1212 – 1241.

② Snow D., "Frame Alignment Processes, Micromobilization, and Movement Participation", *American Sociological Review*, 1986, 51(51): 254 – 258.

③ Gould R., "Multiple Networks and Mobilization in the Paris Commune", 1991, 56(6): 716 – 729.

④ 石大建、李向平：《资源动员理论及其研究维度》，《广西师范大学学报》（哲学社会科学版）2009 年第 6 期。

⑤ 冯仕政：《西方社会运动理论研究》，中国人民大学出版社 2013 年版。

第二节 富景社区有效的村民动员方案

一 富景社区社会基础与动员主体的组织架构

如上章所分析，富景社区的社会基础主要有以下特征：(1) 有长期聚居史的自然村场域。富景社区地处广东省佛山市三水区白坭镇的南端，属于传统的自然村。村域内具有共同的生活空间与习俗规范、共同的生产空间与生产方式、强烈的内聚性与认同感。(2) 富景社区以陈氏单一宗族结构为主体，宗族活动丰富。富景社区为南方古村落沿袭下来的传统村落，至今已有720多年历史，保留着丰富的祭祖、祠堂、族谱等宗族活动。(3) 常住人口规模较小。富景社区方圆4000亩，与西樵地脉相承，村内人口约3000人，外来人口约900人，常住人口约1900人。(4) 传统侨乡。陈氏家族的后人多数在东南亚或其他地区经商创业，乡贤众多。(5) 工商业发达。富景社区在改革开放初期丝织业曾一度兴旺发达，如今集体经济的来源主要为土地转租与承包，以农业和手工业为主。

富景社区在村民动员中主要行动者包括村组议事会、家乡建设委员会、乡贤慈善会、村民小组长和组务监督小组。富景社区将责任细化分割，创新自治单元和议事机构，政社归位，激发社会资本，监督密致，最终形成以议题为核心的动员组织架构，构造治理和动员网络，如图4-1所示：

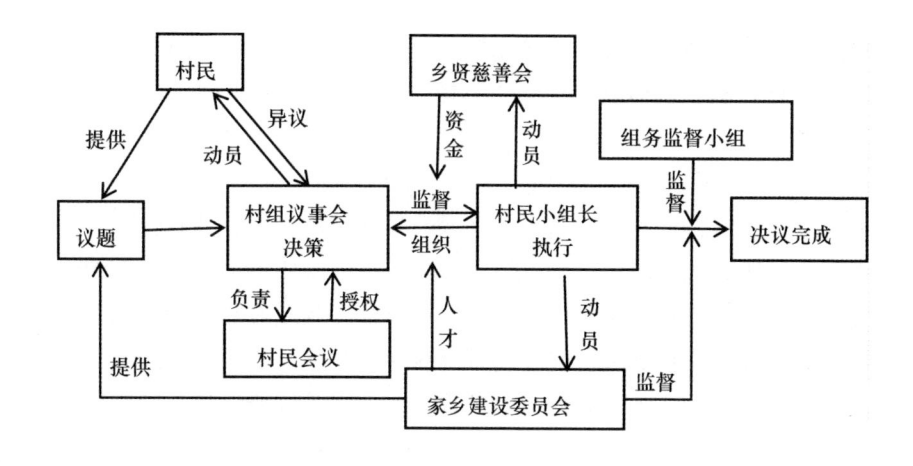

图4-1 富景社区动员主体的组织架构

资料来源：作者自制。

二 富景社区动员模式

（一）富景社区资源动员维度

第一，合理利用内部集体收入和外部政府资源。富景社区村内集体资产较少，集体收入来源主要包括对外来人口的土地转租和鱼塘承包。富景社区的资金动员主要利用乡村外部资源支持，通过政府拨给、政府奖励等方式筹集建设和启动基金。例如陈氏大宗祠通过村级公益事业建设"一事一议"财政奖补政策从区委政府获得总资金30%的财政拨给；文化楼的资金除却政府补贴外，由于佛山市"五好新农村"的头衔而又额外获得财政奖励，最终筹集资金100余万元。

第二，乡贤自筹与关系网络资源。富景社区自古以来就是侨乡，在外经商或从政的乡贤众多，通过乡贤慈善会的组织制度性投入，为乡贤桑梓提供一个制度化参与渠道，引导这些社会权威与市场权威在法律政策框架内为乡村治理提供人才、资金和其他附加资源。如陈氏大宗祠通过集结陈氏乡贤力量最终筹集善款500多万元，将大宗祠打造成为村级公共服务基地及文娱活动场所。这一平台也可以通过乡贤群体的关系网络将富景社区周边企业家纳入村级活动的参与者和资金提供者。

第三，乡村传统文化资源的转化。"陈氏大宗祠"作为新型社会组织的活动平台，摆脱了单一的传统宗族活动场所身份定位，在保留祠堂传统文化的同时，打造成为"党建新阵地、社会组织孵化新基地、自治决策新中心、文体活动新中心"四个新阵地，改造其成为村内公共活动空间，功能多重化，赋予宗祠吸纳政府孵化基金、社会捐款以开展大众文化活动的合理性。

（二）富景社区成员动员维度

第一，关键群体动员。富景社区成功集结了由华侨、港澳台同胞、他乡务工人员等组成的经济关键群体和以公务员、退休干部等为代表的政治关键群体，他们是从富景社区走出来的市场经济权威者和社会权威者，个体利益主导倾向使得关键群体逐渐远离村庄共同体，富景社区抓住宗族联结的纽带，并赋予其政治待遇和治理地位，提供关键群体参与村庄治理路径，重新塑造关系共同体。乡贤产生的机制在于熟人社会基础上的信任与互惠行为，既满足了关键群体回报家乡的美好愿望，又契合了关键群体的主体内在属性——"面子"。

第二，外来人员参与。外来务工、居住人员是富景社区动员的潜在成员，同时也是富景社区动员成果的最大受益者。富景社区的上级政府白坭镇前瞻性地动员"新白坭人"进入议事会参与决策和治理，在一定程度上促进了本地人口和外来人口在区域共同空间的融合共治，将动员的潜在成员转化为正式成员。同时，由于富景社区在外经商人数居多，宗祠功能转化后作为村级文化活动中心的最大享有者是外来务工、居住人员，这也是富景社区动员包容性的表现。

第三，骨干力量带头。富景社区的骨干力量较少，包括村领导和居住此地的威望人士。富景社区依靠村组议事会的议事协商平台对各项事项进行决议后形成决议，而决议后的执行重担则由村民小组长一人承担，其身兼村党支书、村民小组长、村民代表、家乡建设委员会成员、乡贤慈善会成员数职，是富景社区村务活动动员的绝对主体和骨干力量，这在决议事项的执行方面保障了村干部发挥权威性的领导力。同时，居住在乡村内的威望人士拥有财富，但却不参与村务治理，这一"自动规避"行为对其他权威人士起到了良好的示范效应。

（三）富景社区框架动员维度分析

第一，信任机制：乡贤与村组议事会的内外契合。一是乡贤具有血缘、地缘反哺意识的内在基础。乡贤大多接受现代化的洗礼，丰富的经济资本和广泛的社会基础使得乡贤超越功利层面，产生积极建设家乡的强烈荣誉感，具有宗族的内在寻根性和强烈的反哺意识，形成内在信任基础。二是议事会平台给予的外在信任。议事会将决策到落实村务的过程更多地让位能人志士，赋予治理参与权，村干部从决策者变为协调者。富景社区议事会重在协商议事权，形成了明确的互惠规则以保证相互为利的信任，并且建构和凝聚共识。议案从提出、制定方案到决策的过程更有说服力和规范化，这种信任机制增强了乡贤对村庄的聚内认同感，家乡建设委员会和乡贤慈善会成员更愿意信任议事会的决定而提供资源。

第二，声誉机制：宗祠平台的文化与体系构建。声誉是一种非常重要的非正式社会制度，组织声誉是组织良性发展的重要保证。祠堂代表着宗族文化的延续，陈氏大宗祠依然承担着募捐、成立青年商会、族谱整理、堂舍修葺等工作，其声誉制度源于两个方面：一是宗祠平台的文化包容性。陈氏大宗祠已辐射到半个白坭镇，其筹款对象只限于本族族人，但平台建设的享受者却囊括了大部分外来人口，保持着"租金是族内，活动是外放，管理是自治"的架构。二是自组织社会服务体系的自我构建。富景社区祠堂管理将"出钱"和"出力"并重，"出力"代表着社会服务，"出力"人员与"出钱"人员同样得到红字榜的提名和记录，这就自行建立一种社会服务的义工体系，并产生个人的荣誉制度和自组织的声誉制度，保证了组织延续性和村民认可。

第三，回报和激励机制：家乡建设委员会和乡贤慈善会的框架价值。一是蕴含宗族心理基础的回报机制。乡贤群体通常是村民由于社会圈子自发承认的，具有共同的宗族心理基础和价值归属。乡村能人在家乡建设委员会中利用自己的关系和见识出谋划策，乡贤华侨在乡贤慈善会中主要承担经济职能，充分发挥乡贤在资金、信息、号召力等方面的优势。二是回报仪式化的激励机制。乡贤慈善会利用陈氏大宗祠设立"历代名人册"，以大事记、图片等形式记载乡贤热心公益、乐善好施、造福梓里等事迹，

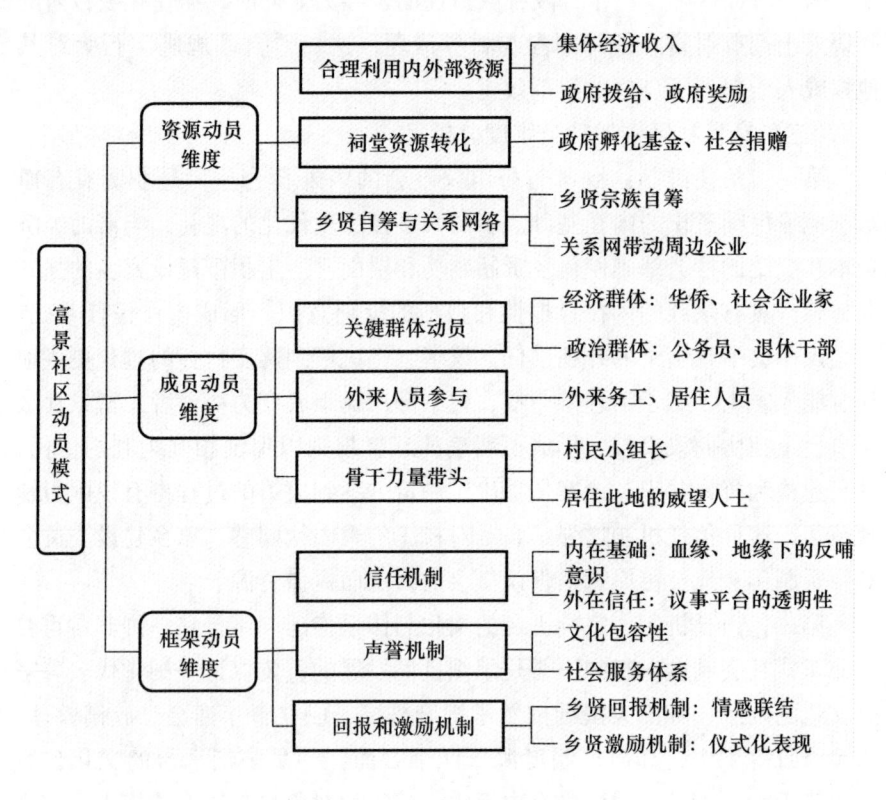

图4-2 富景社区动员模式

资料来源：作者自制。

第四章　村民动员机制对乡村治理体系的塑造作用　93

同时每次文体活动都粘贴大字报如"重阳敬老爱心捐资芳名录",并著述村庄历史、重修宗族谱,表彰乡贤回报捐献行为,吸引了更多乡贤关注并参与理事会的工作。

第三节　下围村有效的村民动员模式

一　下围村动员主体的组织架构

下围村的社会基础具有以下特征:(1)行政村与自然村合一的村落共同体。下围村至今有700多年的历史,村内宗族结构单一,村内人口皆为郭氏家族的后代。村内宗祠基本上已废弃,宗族活动主要由小家庭承担。(3)常住人口规模较小。村域面积约4平方公里,598户,户籍人口约2168人,外来人口约1300人,主要承接下围村鱼塘和土地的租种。(4)集体经济资源丰富。村民的收入主要来自务工、自主创业以及村集体土地租金、鱼塘租金、码头租金分红。(5)派系斗争问题突出。20世纪90年代,下围村经济快速发展带来的经济财务混乱,使村干部与村民矛盾多发,派系斗争激烈,是远近闻名的"上访村"和"问题村"。

动员主体主要包括村民代表会议、村委会、村党支部、经济联社。下围村以村民代表会议为组织核心,放权让位,将权利归还于村民代表,建立从议题搜集、筛选、审核、决议、执行到监督的线性程序,充分动员村庄内各治理主体,建立法治民主的动员组织结构。

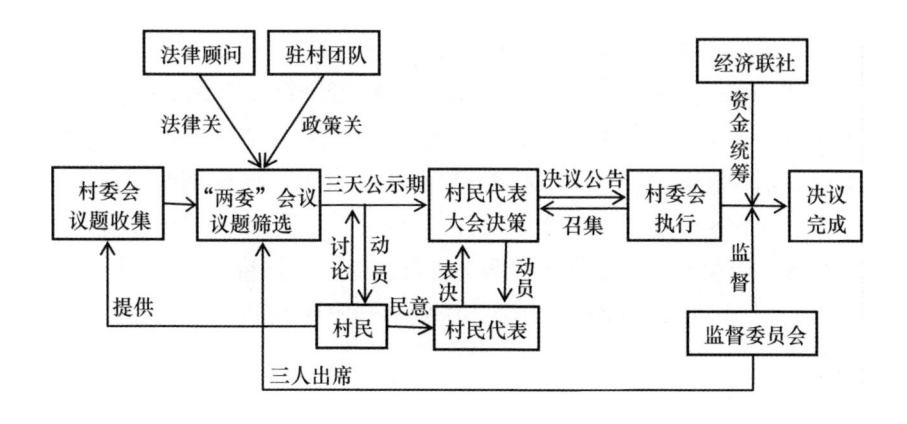

图4-3　下围村动员主体的组织架构图

资料来源:作者自制。

二 下围村有效的动员模式

（一）下围村资源动员维度

第一，盘活村内集体资产。下围村集体经济的动员主要依托于村委会和经济联社共同发挥作用，经济形态狭小，只有一个农产品企业属于村集体经营，其他收入主要来自公共资产的租赁，包括出租土地、厂房和少量农田租金。历史上烂尾商贸城盘活议案中，由于村领导集体操控公共资产，集体物业不公开招标，个别村干部暗箱操作签订低价合同以取得政治资本，近年来商贸城商业运作不当导致铺位空置。下围村经过村民代表议事会的民主讨论和决策，通过了收回集体物业重新公开招标的议题，租金由一年8万元上升到80万元。

第二，网络媒体资源。智能信息化时代的变迁改变了村民获得信息与资源的方式，传统的媒体工具如公告栏、村内广播已失去了时效性和关注度。在2014年换届选举后，下围村积极发展微信办事平台，由专门的资料人员收集信息。微信群、微信公众号在下围村的村务治理中发挥了重要作用，主要包括：一是议题搜集，村民可以通过微信留言提出意见，能及时解决的留言回应，不能及时解决的将其提炼成议题；二是公开办事流程，如计划生育、办证程序等实时公开，简化工作流程，方便沟通，及时回应村民需求；三是将非村民代表、在外经商和打工的外在群体纳入议事讨论中，通过微信互动、发表意见，提升了在外乡梓的荣誉感和个人价值。

第三，政府支持资金和企业捐献。政府支持资金主要用于村内公共设施建设，典型案例为议事厅建设和清水湖公园盘活。肃穆正义的议事环境是"一事一议"民主商议的氛围基础，由政府出资建立议事厅，打造功能分区、责任固定的环境效应；清水湖曾多年被村民霸占，通过村民代表大会讨论后决定收回集体土地，由政府拨款资金，将原来的"脏乱差"变为今天的休闲娱乐场所和产业平台。同时，由于下围村财务透明、议事规范公开，吸引了大量企业为村委会提供资助，参与慈善公益事业，如为全村60岁及以上老人举办千叟宴、派发节日慰问礼品、为生活困难的优秀大学生发放助学金等。

（二）下围村成员动员维度

第一，村民代表营造公众舆论场和塑造社会权威。下围村舆论场经过"官方—民间—公众"的转变过程：议题属于官方舆论场范畴；议题讨论之前给予三天的公示期，为形成民间舆论场提供了时间和机会成本，减少了当场表决产生意见冲突和矛盾的可能性，官方舆论转变成民间舆论；民间舆论通过议事决定后，形成公众舆论，拥有社会权威性。乡村治理中的权威来源可以分为三个方面，一是代表立法、司法的国家权，二是代表组织、执行的政府权，三是社会权威①，社会权威是最接近基层社会所做的一种裁定。②公众舆论场的意见表达经过表决上升到规范的制度性层面，合理性上升到合法性，舆论场得到扩大和权威化。

第二，非正式成员的协调性。组织内正式成员固然是下围村动员的主要目标，但只依靠权力体系的官方人员来动员村民显然不能够让村民真正信任治理主体，村庄能人志士是下围村动员的潜在成员群体。下围村非正式成员具有不参与派系竞争的特点，拥有明显的以和为贵的处事方式，在处理村中事务时可以表现出很好的协调性。法律顾问作为非正式成员，在党员中产生，审议与集体经济有关联的合同文书公开化、合法化程序，确定议题是否合法，增强村民对议事的信任度。

第三，剩余劳动力和大学生义工的发动。下围村农村剩余劳动力的产生源于土地转租和农业技术生产率的提高，剩余劳动力的转化分为内外两个方向：一是趋向乡镇或城市的劳动力转移，二是村庄内部的人力资源再利用。下围村将一部分留居村庄的剩余劳动力内部转化，如成立15人的治安队以维护村中的治安，安排7名工作人员负责村的公共卫生以保持村容整洁，聘请有经验的年长者回来监察农业农田水利等，充分利用富余劳动力上岗做事。同时，大学生义工填补了下围村的人才缺口，主要是对下围村文化和交流平台的建设，如组织大学生义工对微信、微博、网页平台进行设计，组建大学生志愿者服务团队。

（三）下围村框架动员维度

第一，从村官利益到公共利益：村"两委"的角色转变。重组前的下围村村"两委"扮演的是典型的"赢利型经纪人"角色③，寻求个人利益的合法空间和所在群体利益的最大化，依靠村干部对乡镇政府信息的占有性，

---

① 杨建华：《当代中国发展：国家权威与社会权威的融合》，《中共浙江省委党校学报》2016年第1期。

② 李松玉：《乡村治理中的制度权威建设》，《中国行政管理》2015年第3期。

③ ［美］杜赞奇：《文化、权力与国家：1900—1942年的华北农村》，江苏人民出版社2008年版。

表现出强烈的个人利益色彩，如将商贸城以大大低于市场价的方式租给投票人以赢得选举，致使集体资产大量流失，治理目标的实现异化为交易行为。重组后的"两委"班子强调村民公共利益的最大化，主动避开利益牵连，通过议事会建立决策平台、设计周密的议事制度，将决策权让位村民意志。

第二，村民现代意识的滋养：村民代表议事会的民主思维。一是权利意识和公民意识引导。下围村的议事制度条款的确定是由村民代表逐条逐句表决通过的，条款确立的过程就是一种培养民主意识、提高村民素质的最好训练方式。二是制度权威培养规则意识。民主是在一定规则和框架下实现的，通过利益机制、政治机制保障让村民自觉意识到自己是独立的、自由的、平等的社会主体，按照一定规则实现民主权利并实现自己独立的价值偏向和利益选择。市民意识和规则意识的培养是促进下围村村民脱离人际隔阂，成功实现协商民主决策的关键性因素。

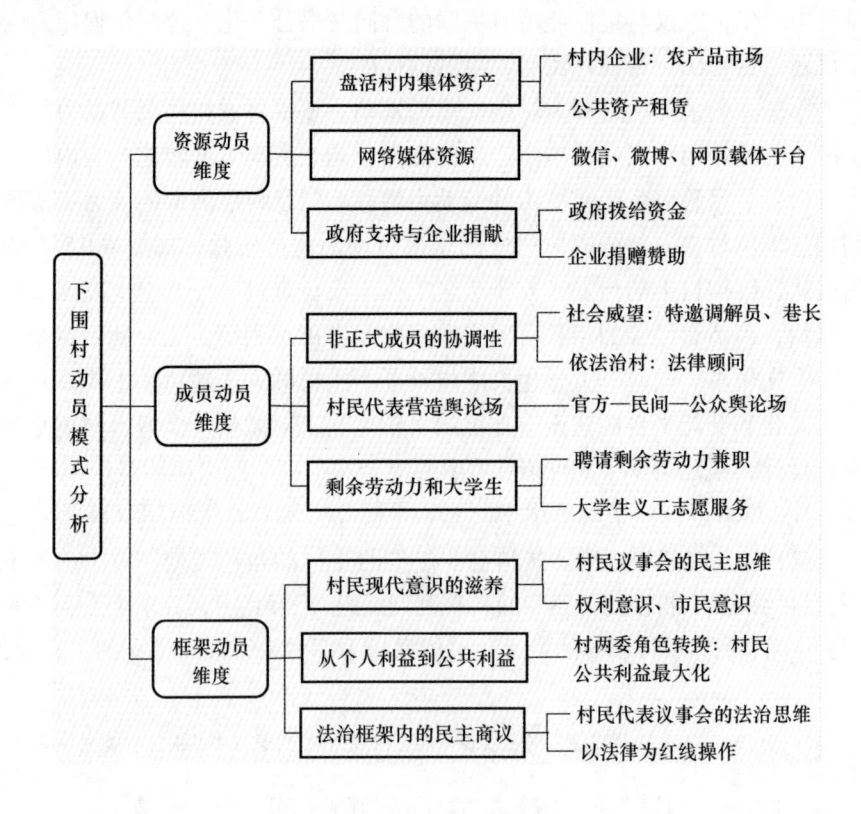

图4-4　下围村动员模式

资料来源：作者自制。

第三，法治框架内的民主商议：村民代表议事会的法治思维。我国对村民代表大会的法律性规制呈现粗线条和难操作的特点，常出现利用制度漏洞诱使村民签字画押，或公共事业工程建设钱款的用途不透明等问题。下围村规定法律规则下的民主运作，主要表现在：一是法律顾问和驻村团队对议题合法性有审议权，保证议题与法律没有抵触；二是议事厅功能分区的观察员席位，会中法律顾问、检察员共同提供法律意见，遵循有法可依原则，化解村民疑虑；三是依法改善投资营商环境，涉及土地出租等重大事项时，公开招标的签字主体由村委会变为村民代表，同时保护开发商和村民的利益。

第四节 富景社区和下围村村民动员模式的比较

一 行政动员资源的比较

（一）村民小组自治单元与多元治理主体

扩大化的自治权限和空间塑造多元化和功能细化的治理与动员主体。根据富景社区的内在治理机制，自治单元下沉至村民小组，由党组织、村民小组长、村组议事会、乡贤慈善会和家乡建设委员会构成治理和动员主体，功能具体，职责精细，改变了村民小组长"一人管全村"的尴尬局面。富景社区的治理主体呈现多元化和功能具体化的特征，主要体现在：（1）首先是党组织到基层，保障党对村组的领导力。白圫镇将村委会党支部升级为党委，党委全面覆盖所有村民小组，党委书记负责村民小组的党务工作，镇党委也专门出台方案给予村组党委一定的办公经费。（2）其次是村民议事会的决策功能。村组议事会是治理空间下沉的自治组织表现形式，成员拥有议事权和决策权，为富景社区集合各个治理力量提供了一个制度化、公开化、透明化的制度轨道。（3）再次是村民小组长的执行力。村民小组长与村委会主任的职责类似，扮演"大家长"式的角色，负责议事决策机构的组织和召开、议题收集和筛选、决议的执行和控制、寻求上级和社会力量的支持等。（4）最后是农村社会组织的参与途径。主要是乡贤慈善会和家乡建设委员会的资金和人才提供，其成员大部分来自富景社区陈氏家族百年来在外经商或从政的社会精英，祠堂这一宗族活动标志成为富景社区集结乡贤士绅参与乡村治理的综合性平台。

（二）行政村自治单元与传统治理主体

下围村的治理主体为传统的治理架构，即由党支部、村委会、村民代表会议三部分组成，下围村恢复法律规定中的三个治理主体的民主定位，改变以往村"两委"沦为乡镇政府的权利延伸而碾压自治功能、村民代表会议形同虚设、权利由村民代表向村干部集聚等的治理运作失灵状况。同时，上级政府进村的行政性指导也是行政村的基本治理架构之一。总体来看，下围村由于行政村的行政身份，在传统治理主体上进行了功能升级：（1）首先是党支部的领导功能。党支部的工作内容不再局限于党务，赋予其村务治理权利，如村民代表大会由党支部书记主持，村"两委"负责召集，两委会议进行议题筛选；村民代表会议中村党支部成员必须出席，在议事流程中保证政治正确并发挥管理作用。（2）其次是村民代表会议的议事和决策功能。下围村充分动员村民代表的参与性，并使权利通道透明化，村民代表在参与议事决策方面更加意识到自己的民主权利，并加以法治化的制度约束，规则议事，程序有序。（3）再次是村委会的组织和执行职能。村委会在整个下围村治理中处于核心枢纽地位，体现于村委会是村民代表选举的动员者、议题的收集和筛选者、村民代表会议的组织者、议题决定的执行者、各个治理主体的联结沟通者、上级政府和村民民意的架通者。（4）最后是代表乡镇行政权力下沉的驻村干部团队。功能上主要体现在"上中下全面疏通"，"上"代表向上反映下围村民情村治中存在的问题和资源需求，"中"代表参与治理流程并提供意见指导，"下"代表向下传达上级乡镇政府的政策落实。

二 关键动员主体的比较

（一）公共竞合型能人

富景社区动员意见领袖表现为由议事会代表组成的团队型公共竞合能人。[①] 富景社区村组议事会的成员包括退休干部、老村长、村民代表、在外经商老板、大耕户、G村（上级行政村）党委副书记、村支部书记、村民小组长、区政协委员和人大代表，代表着退休政治精英、现任政治能人、政治参与者、经济精英、农户代表五种身份特征，身份交叉率比较高，有些成员具有多重身份，复杂利益关系导致成员之间相互竞合，但仍表现出

---

① 张扬金：《村治实现方式视域下的能人治村类型与现实选择》，《学海》2017年第4期。

明显的公共利益导向：(1) 竞合的外在表现形式。议事会代表具有资源的相对优势，拥有一定的话语权，具有强烈的表达权，在外界看来成员代表之间相互竞争与合作的外化表现更明显，成员之间会因为议题是否能够促进村庄公共利益最大化而产生意见冲突。(2) 村级公共事业的实际利益导向。富景社区议事会虽然以团队的形式进行竞合博弈，但实际上讨论的主题和利益导向是能否、怎样能够让决定更加代表村民的意志，以竞合的外在协商形式来实际探讨村级共识的问题，最后的结果往往是利益的加和效应。(3) 嵌入性的精英结构均衡。富景社区内生化秩序的延续和聚合使得精英的身份背景深深嵌入村庄社会结构之中，经济分化但文化并不分化，这种内生情感使得多元精英的议事思维并不指向私人化的个体利益，而具有较强的公共性，同时不同精英及其代表的身份结构之间力量和利益相对均衡，这种延续了传统士绅自治的能人结构形成了一种结构性均衡状态。

(二) 弱势主导型能人

下围村动员意见领袖表现为以郭某为核心的个人型弱势主导能人。[1]在下围村组织架构的代表人物中，身兼村委会主任、党支部书记、联合社社长的郭某是下围村治理创新的首创人物，在村民自治中处于领导核心地位。

郭某的行为特质更多地强调将权利归还于村民，自己则是扮演形式上的主导、组织和协调角色，实质性的权利归还村民代表会议决策机构，属于典型的弱势主导型能人。究其如何能够动员村民、党员、村民代表、两派人物、非正式人员放下历史隔阂，重新塑造村庄治理机制，本研究从郭某的身份背景和治理行为上剖析，可以找到这一内在逻辑：(1) 家族与个人形象是其主导基础。郭某家族属于村内两派斗争的边缘家族，多年来游离于权利争夺之外，在家族基础上已属于村民心理偏好；同时，郭某作为一个体制外的经济精英，属于村内公认的富裕群体，村民对最关注的财务利益牵涉的怀疑度降低。(2) 村民参与的实质主导。一是决策权回归村民代表会议，加强对村民民主权利意识的引导和"包装"，只有村民代表享有表决权；二是议题搜集于村民、舆论场形成于村民、决议代表村民、执行监督于村民、财务公开于村民、反馈来源于村民，村民是隐身在村庄治理链条中的实质性权利者。(3) 能人的形式主导。一是能人决策

---

[1] 张扬金：《村治实现方式视域下的能人治村类型与现实选择》，《学海》2017年第4期。

权的弱化和削弱,权利回归各治理主体代表着国家法律规定的自治属性落地,郭某带领村委会成员放弃村民代表会议的表决权,确定了其服务型和执行型的角色;二是上下沟通的主导身份,村民自身局限性决定了自治能力的不足,需要郭某向上连接上级政府的知识技术、资金、政策指导,向下连接舆情民意的利益诉求、问题反馈。

三 动员方式的比较

(一)富景社区基于宗族关系的情感动员

在富景社区有着悠久的宗族自治传统,过去的宗族自治组织包揽乡村管理,除了供奉祖先牌位、定期举办祭祀活动的传统宗族活动,还包括建立教化后代的私塾、处理宗族公共事务、举行家族喜庆活动等社会文化功能。几百年来,共同的文化心理基础形成了以宗族为纽带的社会关系网络,因此,在外出游子逐渐脱离乡村秩序之时,情感成为动员这些乡贤、乡绅重回故土、建设家乡的主要方式。从过程上看,富景社区的情感动员遵循以下发展脉络:(1)前提:情景与身份的话语建构。宗族活动构建了富景社区的动员情景,宗族关系构建了"两会(乡贤慈善会、家乡建设委员会)"成员的身份认知。富景社区保留了大量宗族活动,包括祭祖、编族谱、建祠堂、纠纷调解、救济奖学等传统习俗,其中每年一度的祭祖活动为在外生活的华侨、商人或名人和留在当地的权威人士及村民提供了交流沟通的机会;同时,"血脉相承"的反复出现加强了乡贤群体的身份认知和心理倾向。(2)策略:家园桑梓情怀与集体行动压力引发的情感共鸣与情绪共振。每一次的归乡停驻都是乡贤群体与富景社区建立情感联系的过程,在物质条件足够丰裕的情况下,家园桑梓情怀下的家乡建设成为其精神诉求的出口,由一个乡贤的意愿展开并引发的情绪共振和情感共鸣[①],使个人行为转变为集体行动;同时,乡贤群体力量经过"两会"的制度化渠道转变为正式组织后,乡贤行为在集体行动的压力机制下不再是一时兴起的偶然事件,而变为具有保障性的常态化运作,促使乡贤超越狭隘的虚荣心理,塑造个体的声誉形象。(3)结果:集体认同感和村民认可感。组织形态对乡贤的成功运作不仅给乡贤带来了个人上的"面子"、荣誉等好处,更重要的是心理建设上对村庄集体的认同感和村

---

① 郭小安:《网络抗争中谣言的情感动员:策略与剧目》,《国际新闻界》2013年第12期。

民给予的认可感,这表现在对村庄公共事业的积极参与、提供物质资金和经济关系、维护宗祠平台活动等。

(二)下围村基于制度权威的理性动员

下围村在动员方式上更多地表现为一种依靠精细化制度所塑造的理性动员,表现为乡村治理中的制度化建设。制度在农村的权威塑造需要更具弹性和回应性的机制,制度不是固化乡村治理各主体的行动逻辑,而是为其行动提供标准和框架。[1] 下围村在制度权威的理性动员方式上突破了以往缺乏柔性的弊端,主要包括以下三点:(1)基础:内生秩序无法自觉生成。下围村制度规范重构的背景在于长达 20 年的内斗和治理失灵导致的内生秩序无法自动生成。下围村宗族属性在外部上利益分化严重和关系不协调,内部上下围村如族谱、祠堂等宗族活动都未能延续下来,内外部双重因素导致下围村无法通过自我整合而形成内生秩序。(2)策略:民主与法治统一的理性制度权威。下围村核心动员机制是以议题为核心的村民代表会议制度,从"会前、会中、会后"的议题搜集、筛选、审核、上会、列席、发言、惩戒、公开、执行等行动链条中,制度规则为民主权利提供一个行为准则和框架,超越制度框架的行为会受到组织压力和民意压力,以此建立了一个良性动态的运作机制以防止制度缺乏变通和过于松散。下围村将公共治理的理念体现于各项制度当中,并使之合法化,制度权威逐渐转化为全体公民的公共准则。(3)强化:民意回应和注重公开透明。下围村的制度设计首先在民意回应上做到了真正的以人为本,村民诉求的及时收集和回复增强了下围村村民的未来预期,及时避免干群矛盾的产生;其次在财务公开和议题公开方面采取会前公开财务、定期公开账目、会前议题公示、会后决议公示等动员措施,摒弃了容易产生"隐蔽性交易"的行动,在心理认同层面回应了制度权威的文化塑造功能。

四 动员调控手段的比较

(一)熟人社会的行动逻辑

尽管市场经济浪潮对富景社区长久以来累积建立在地缘血缘公共基础上的社会关系网造成了一定的冲击,但熟人社会中的文化和伦理规则仍未

---

[1] 周湘莲、林琛:《政府治理中的制度权威探讨》,《中国行政管理》2007 年第 11 期。

消弭，富景社区调控手段利用的是熟人社会行动逻辑[①]的延续和变迁：（1）舆论：道德社区的自我行为评估。从乡贤心理活动上说，富景社区在动员经济精英、知识分子、退休干部时，在村内产生的舆论场言论会自动反馈到这些乡贤耳中；从外在制度上说，"两会"成员实行三年换届的压力制度以保证乡贤的参与热情。这些都使乡贤对自己的家园建设行为产生一个自我评价行为，避免动员过程中的中断和无序。（2）面子：维持人情和价值意义。"面子"在乡村社会中有两个属性：一是维持社会关系的稳定，俗称"人情"。[②] 提供资金支持的乡贤虽然已居住在外，但在对乡村社会关系的维系还拥有一定的积极性。二是实现自我价值。与"舆论倒逼"具有相承性，自我价值的精神追求由社会评价和个人评价共同组成，富景社区的乡贤大部分属于没有经济负担而追寻精神价值的群体，"面子"所产生的价值荣誉感正好与他们的寻根性相符合。（3）社会资本：可累积性的收益。参与动员的过程实际上就是社会资本的累积过程，累积结果的加大效应更有利于动员客体的社会生产和生活，可累积的收益性体现在关系网的扩大化所带来的经济和社会收获。"关系"的累积最后变成一张微观社会关系网，有利于富景社区的乡贤群体、治理主体以至于村民获得更多经济资源和关系资源，以获得更多的物质和心理满足。

（二）新媒体舆情调控技术

农村舆情即是农村范围内的社情民意，展示着村民群体对治理主体、村务村治的态度和看法。[③] 下围村网络互动平台的搭建为村民争取了话语主动权，社情民意的交流路径由单向沟通变为双向沟通，形成"发现舆情、控制舆情、调解舆情"的机制。下围村对于新媒体的使用主要包括微信、微博和一站式网页，其中发挥作用最大、效用最广的即是微信平台的运用。整体看来，下围村的新媒体舆情调控技术具有以下特点：（1）即时性：搜集并化解消极舆情。下围村的微信问政平台依靠议题搜集、问题反映、回应反馈流程，对于村民能及时解决沟通的问题及时回复，减少时间成本，提高工作效率，减少村民对村庄治理和领导班子的低评价。

[①] 吴重庆：《从熟人社会到"无主体熟人社会"》，《党政干部参考》2011年第2期。

[②] 贾先文、李周：《农村社区建设中宗族社会资本作用及其机理分析》，《湘潭大学学报》（哲学社会科学版）2015年第3期。

[③] 欧三任：《农村舆情的生成机理分析》，《华南农业大学学报》（社会科学版）2010年第4期。

（2）交互性：构造跨空间的舆论场。下围村的会前议题三天公示制度依托微信平台和群体聊天室充分营造了一个跨空间的舆论场，将在外居住的本村年轻村民引入讨论，并以此带动年长者，这同时也缓解了村民老龄化带来的观念更新困难的问题。（3）共享性：增强村民归属感。"富景社区村委会"微信集财务公开、福利通知、活动展示、政策下达、会议总结、新闻动态快播等功能于一身，以社群化思维构建共享理念，打造村落共同体意识，使村民能够及时了解家乡动态和各种文化活动，增强村民对村庄共同体的幸福感、归属感和认同感。

第五节 村民动员机制对乡村治理体系的形塑作用

一 合理划分自治单元优化动员主体结构

识别村庄秩序，合理配置自治单元。村庄秩序是确定乡村治理类型的重要基础。贺雪峰曾根据村庄自主生产秩序是否主要借助自上而下的制度安排将村庄秩序分为原生秩序型和次生秩序型两种类型，依据村庄能否自主生产秩序，又将原生秩序型分为内生秩序型和外生秩序型。[①] 自治单元的划分不能"一刀切"，基层政府要合理考察并划分乡村秩序形态，实行不同的制度安排，优化动员主体，才能充分发挥乡村内生和外生的加和效应。富景社区和下围村分别属于内生秩序型和次生秩序型村庄性质，分别配置村民小组和行政村两个自治区域。因此，本研究认为在具有原生秩序型的村庄倾向于采用村民小组或自然村的权力下放的形式，减少基层乡镇政府的过多干预，让内生秩序形成自治新形态，如富景社区充分抓住乡贤这一关键群体，在传统治理架构中为乡贤参与村治提供一个制度化渠道，形成多元化治理和动员。而在次生秩序型的村庄，倾向于采用行政村或建制村的形式，让更多的制度性供给资源流入乡村，如下围村根据乡村传统社会资本消解的状态，重新塑造具有民主和法治意义的村"两委"运行机制，赋予传统治理主体新的内涵。

二 培育能人治村的新路径

能人治村在乡村治理和动员中具有双重作用。村民自治制度推广以

[①] 贺雪峰、董磊明：《中国乡村治理：结构与类型》，《经济社会体制比较》2005年第3期。

来，不同类型的能人精英被推上了农村领导岗位，尤其是随着经济资源的推动，富人治村、经济能人任职村民委员会主任的情况愈发普遍，虽然能人为乡村治理提供了丰富的物质资源和新的思维方式，但也易导致村民参与边缘化①，以个人意志替代群体意志。能人治村有其激发乡村经济和村治风貌的鲜明优势，但容易导致权力垄断，破坏民主自治的内涵，如何开发能人治村的新路径，合理规划能人在组织体系中的政治机遇以保证能人的发展前景，让了解家乡的能人愿意建设乡村，对于村庄的动员效果大有裨益。如下围村中的领导人物郭某，虽然属于典型的经济能人，按照规律是属于"富人治村"的逻辑行为模式，但却依靠桑梓家园情怀，不以自身的经济资源带动乡村发展，而是依靠现代民主思维重新盘活集体经济，增加集体收入，是"富人治村"的另一种行为方式，而富景社区不是以独立个体承担所有话语权的独立能人，而是创造性地以公共竞合型的能人团队作为意见领袖，让议事决策更能代表村民意志与利益。

三 以乡村社会资本激发内在动员方式

充分发现和利用社会资本和动员基础更符合乡村动员的内在逻辑。乡村社会资本是村落共同体在历史发展过程中的文化积淀②，主要包括社会网络、互惠行为以及促进互惠行为的各种规范和信任机制。从个人微观层面说，乡村社会资本包括村民成员之间的人际关系和在正式或非正式组织中的成员资格；从团队中观层面说，乡村社会资本是团体或组织的关系、网络和文化积累。乡村动员基础包括乡村本身的发展逻辑、资源条件、人力条件、政府资源和目前所面临的动员困境。在各个村庄进行动员计划的同时，应该以端正的态度审视动员基础，发现动员过程中可以利用的要点因素和应该避免的动员雷区。如富景社区依据村庄成员之间的宗族情感关系和长久保存下来的文化传统活动和规则，充分发挥以宗族关系为基础的情感动员方式，而下围村则根据长期派系斗争顽疾导致村民人心涣散，缺乏对村庄的信任感和向心力的动员基础，积极引入具有现代化议事特征的民主法治规范，用"一事一议"打开动员渠道。动员方式避免一条路走

---

① 杜鹏：《精英结构视角下的村治逻辑与类型》，《探索》2016年第5期。
② 张树旺、李伟、王郅强：《论中国情境下基层社会多元协同治理的实现路径——基于广东佛山市三水区白坭案例的研究》，《公共管理学报》2016年第2期。

到黑而缺乏变通性，而应该适时适宜适地，发展独具特色和创新性的动员手段。

四　运用多样化动员调控手段

动员机制的塑造并非仅仅依靠发动环节的成功而一劳永逸，动员是一个关联各种不可控因素的动态过程，需要在动员过程中采用一定的手段进行调节和控制。动员调控手段具有多样化特征，要根据乡村动员的伦理基础和动员目标量体裁衣。如在适合发挥乡村社会关系的地区可以运用传统熟人社会的基础，以舆论、社会资本、面子、人情等传统特征作为动员调控的利用因素，如富景社区在利用乡贤这一关键群体时，根据乡贤在熟人社会中的互惠行为和信任机制等，以熟人社会的行为逻辑作为动员调控手段。而在下围村制度性规范强烈的地区，人情、关系的地位被大大降低，更要依靠具有灵活性的规章制度进行常规动员。因此，在动员调控方面，下围村运用新媒体技术对农村舆情进行掌握和控制，更有利于搜集民意、执行民意，及时将村民的反馈吸纳进议事程序中来。尤其是现代网络的高速发展改变了传统的媒体形式，现代化传媒手段如何与传统文化基础进行融合并在村级动员中发挥作用是值得思考的问题。

第五章　村党组织书记在乡村治理体系塑造中的作用

村庄稳定有序、发展良好的背后，一般都有一个好的党组织和党组织书记。该党组织书记既能够将上级党委政府工作部署落实到位，也能够保障村集体利益，与此同时实现自身诉求。与之相反，如果村党组织软弱涣散、村党组织书记平庸无能，极可能导致村各项工作停滞不前，甚至信访投诉五花八门、维稳事件此起彼伏、村集体经济荒芜，乡村振兴也就无从谈起。

村党组织书记既是村庄带头人，又是党委政府的执行者，也是其他村庄主体的对接人，在政府与社会之间扮演着必经路径的作用，是乡村治理体系中的核心行动者，他们之中有的把握机遇、成绩显著，有的危机重重、焦头烂额。其间蕴含着一定的规律，也存在一些亟待解决的问题。

第一节　村党组织书记的国内外研究

一　村党组织书记的国内研究

（一）行动者网络理论及其应用

行动者网络理论（Actor-Network Theory，简称 ANT）是 20 世纪 80 年代巴黎学派领军人物拉图尔提出的[①]，在知识社会学领域产生了一定的影响。该理论认为，社会和自然的各种发展变化都是因为各种行动者

---

① 刘济亮：《拉图尔行动者网络理论研究》，硕士学位论文，哈尔滨工业大学，2006 年。

之间的联结互动以及它们组成的网络造成的。① ANT 以行动者（Actor）、异质性网络（Network）和转译（Translation）为核心内容，认为在行动中发生作用的人或非人要素均为行动者，行动者分为核心行动者和其他行动者，行为选择与利益倾向不尽相同且具有一般对等原则。转译是 ANT 的核心机制，主要包括问题呈现、利益赋予、征召、动员四个环节，首先使不同行动者所关注的对象问题化，赋予各类行动者在网络中所扮演的角色及其利益，使核心行动者与其他行动者结成利益联盟，同时核心行动者自身问题成为实现其他行动者目标的"强制通行点"（Obligatory Passage Point，简称 OPP），最终形成集体行动共识，搭建起稳定的行动者网络。

马克思曾提出一切社会关系的总和是人作为独立个体的显著本质②，这对于社会关系网络理论的发展和实践均具有重要意义。在学界，社会关系网络理论内容丰富，拉德克利夫·布朗首次使用"社会关系网络"并提出社会结构的概念，认为对社会结构的了解要通过对社会中各种关系网络的组合形式进行考察。③ 马克·格兰诺维特在 1971 年出版的《弱关系的力量》中认为弱关系在情况迥异的人群中构建，范围大，能够通过不同渠道获取不同信息，构建起"信息桥"，从而构建社会关系网络。④ 此外，罗纳德·伯特在 1992 年出版的《结构洞：竞争的社会结构》中，说明了结构洞占据者比网络中其他位置的成员更具有竞争优势，因为结构洞为其获取信息、控制利益提供机会。⑤

行动者网络理论中的行动者涵盖人和非人要素，所以在乡村方面的建设项目研究等较为集中运用 ANT 进行理论分析。李和平、章涵基于渝中区城市更新过程中存在的社会治理政策未成系统、机构职能权责不明、多元主体利益分配不均等社会问题，引入行动者网络理论的概念，将过程中

---

① 吴莹、卢雨霞、陈家建等：《跟随行动者重组社会——读拉图尔的〈重组社会：行动者网络理论〉》，《社会学研究》2008 年第 2 期。
② 李馨宇、肖欢恬：《浅析马克思视域下"人"之概念的演进及其当代意义》，《浙江工商职业技术学院学报》2020 年第 2 期。
③ 哈正利、马威：《简评拉德克利夫—布朗的社会结构观——兼论结构和能动性关系》，《福建论坛》（社科教育版）2009 年第 8 期。
④ 肖冬平、梁臣：《社会网络研究的理论模式综述》，《广西社会科学》2003 年第 12 期。
⑤ 张锋、王娇：《对伯特结构洞理论的应用评析》，《江苏教育学院学报》（社会科学）2011 年第 5 期。

不同利益主体作为行动者置入复杂的行动者网络之中，通过问题呈现、利益赋予、征召和动员四个基本环节，明晰更新过程中的动态发展与行动者的关系变化，提出基于行动者网络理论的渝中区城市更新策略，为民主化城市更新的推进提供了新思路。[1] 杨忍、徐茜、周敬东、陈燕纯利用行动者网络理论，对顺德区杏坛镇"逢简水乡"的空间重构过程与机制进行分析，说明了美丽乡村建设阶段是以地方政府为关键行动者，地方政府以其行政权力，形成了由上向下征召的行动者网络，综合整治乡村环境，为运营阶段做准备；运营阶段的行动者网络发生了转变，村集体及其村民等行动者对美丽乡村项目的运营逐渐拥有更多的主动权，强化村民自治经营能力，增加了村内的公共空间建设并推进功能性空间的转化，进入了社区营造和经营阶段。[2] 行动者网络的结构处于实时动态调整的状态，乡村空间转型与重组呈现出一个持续的过程。随着关键行动者目的的转变、社区营造机制的引入（征召方式的改变），网络中的行动者角色发生变化，促成行动者网络转变，进而对乡村空间转型与重构产生作用。邹明妍、周铁军、潘崟提出乡村建设是以村民为主体的人类行动者和非人类行动者共同参与的异质性网络的建立与更新过程，乡村是各异质行动者共同参与构建的不断变化的异质性网络空间，转译是乡村网络空间形成与发展的动力机制。[3]

（二）关于村党组织书记的研究

学界对村党组织书记的研究，相较于对村党组织建设的研究较少，主要集中在村党组织书记能力构建的研究。

林仕川对浙江省Y市农村党支部书记队伍建设进行研究，认为党组织村书记是基层党组织的"领头雁"、村领导班子的带头人，搞好自身队伍建设对实施乡村振兴战略意义深远。林仕川认为村党组织书记队伍存在学习主动性不强、形式主义较严重、综合素质不高、廉政意识不强四个方面的问题，提出党组织书记增强学习意识、服务意识、担当意识、廉政意

---

[1] 李和平、章涵：《基于行动者网络理论的渝中区城市更新》，《中国河南郑州》2019年第4期。

[2] 杨忍、徐茜、周敬东、陈燕纯：《基于行动者网络理论的逢简村传统村落空间转型机制解析》，《地理科学》2018年第11期。

[3] 邹明妍、周铁军、潘崟：《基于行动者网络理论的乡村建设动力机制》，《规划师》2019年第16期。

识，政府部门创新选拔机制和激励机制、强化管理职能的对策建议。[1] 王曼认为村党组织书记是村"两委"的"主心骨"，实施乡村振兴战略依靠他来组织和执行。她运用标杆研究方法，选择具有影响力、先进性的农村优秀党组织书记典型，通过关键事件提炼胜任力要素，构建出基于素养、知识、能力三个主要方面16项要素的农村党组织书记胜任力模型。[2] 高顺伟认为村党组织书记的领导力体现，并非只在于个人魅力，具有凝心聚力的胸怀和团队管理的才能显得更为重要。[3] 张彧然、张卫东以村支书生存状态、工作情况为重点进行研究，认为村支书存在待遇之忧、发展之忧、维稳之忧和家庭之忧。[4]

村党组织书记作用的发挥，对于乡村振兴战略的实施成效影响重大，但村党组织书记队伍普遍仍存在淡化学习、形式主义、廉洁等主观问题以及待遇发展、人身保障等客观问题，研究解决这些问题，对于加强村党组织书记教育管理、促进村党组织书记作用发挥具有一定的启发。

二 村党组织书记的国外研究

社会学家 Ivan Szelenye 提出精英流动理论[5]，Victor Nee 提出了精英循环理论[6]，Ákos Róna-Tas 引入了"侵蚀"和"转型"概念，其中，"侵蚀"是以个人利益为视角，自下而上发起；"转型"则是自上而下发起，基于创造市场经济效益的视角[7]。此外，国外学者也对中国乡村有一定的研究。日本学者田原史起在其著作《日本视野中的中国农村精英：关系、团结、三农政治》中，以全国不同区域的村落为个案对乡村精英进行了研究，其作用着重体现为公共建设、基层治理、三农政治等

---

[1] 林仕川：《乡村振兴背景下农村党支部书记队伍建设研究——以浙江省Y市为例》，《中共南京市委党校学报》2019年第4期。

[2] 王曼：《乡村振兴战略背景下农村党组织书记胜任力模型构建研究》，《管理学刊》2019年第5期。

[3] 高顺伟：《论村书记及其领导力生成——基于对象山县四位"惠民好书记"的调查研究》，博士学位论文，华东师范大学，2011年。

[4] 张彧然、张卫东：《村党支部书记的生存状态研究——以湖北省宜城市X镇为例》，《湖北农业科学》2017年第8期。

[5] 卜璟：《农村精英流动研究综述》，《商》2013年第18期。

[6] 姚瑞：《微探帕累托精英循环理论》，《江西电力职业技术学院学报》2020年第7期。

[7] Akos Rona-Tas, "The First Shall Be Last? Entrepreneurship and Communist Cadres in the Transition from Socialism", 1994, 100(1): 40-69.

方面。① 美国学者 Prasenjit Duara 在其著作《文化、权力与国家》中分析了 20 世纪初至 20 世纪中叶（1900—1942 年）我国华北农村治理现状，其中对乡绅、宗族以及乡村精英在乡村治理中的作用进行了探究。②

外文研究中国乡村治理，主要围绕着村庄事务③，对村"两委"及其选举开展研究④，对乡村治理主体展开讨论。O'Brien KJ, Han R 认为近二十年来，中国农村的选举程序有了很大的改进，但"权力行使"的变化跟不上"权力获得"的变化⑤，社会力量（如宗族、宗教团体、黑社会等）继续阻碍民主统治，这表明对民主的纯粹程序性定义是有问题的，认为落实基层民主远不止正确的程序。Hou Linke 等人肯定了中国由党控制的精英任命制度，认为这促进经济增长⑥，通过乡镇领导和社会竞争的调查和访谈数据，发现社会竞争结果下的党组织书记在任期内遇到的上访和群体性事件较多，与乡镇领导下产生的书记相比，更容易使用胁迫手段处理上访。Xin Sun 等人认为中国农村实行"二元权力结构"⑦，党组织书记的权力往往来自乡镇，而村民委员会主任的权力则来自村里的选民。两个委员会之间的权力划分，书记、主任表现出的相对积极性和感知合法性水平高低不同。⑧

---

① ［日］田原史起：《日本视野中的中国农村精英：关系、团结、三农政治》，山东人民出版社 2012 年版，第 2—5 页。

② Prasenjit Duara., "The Multi-national State in Modern world History: The Chinese Experiment", *Frontiers of History in China*, 2011, 6 (2).

③ Mu R, Zhang X., "Do Elected Leaders in a Limited Democracy Have Real Power? Evidence From Rural China", *Journal of Development Economics*, 2014, 107: 17 – 27.

④ Long H, Zhang Y, Tu S., "Rural Vitalization in China: A Perspective of Land Consolidation", *Journal of Geographical Sciences*, 2019, 29 (4): 517 – 530.

⑤ O'Brien K J, Han R., "Path to Democracy? Assessing Village Elections in China", *Journal of Contemporary China*, 2009, 18 (60): 359 – 378.

⑥ Hou L, Liu M, Yang D L, et al., "Of Time, Leadership, and Governance: Elite Incentives and Stability Maintenance in China", *Governance*, 2018, 31 (2): 239 – 257.

⑦ Xin Sun T J W D., "Patterns of Authority and Governance in Rural China: Who's in Charge? Why?", *Journal of Contemporary China*, 2013.

⑧ Xiaojun Y., "'To Get Rich Is Not Only Glorious': Economic Reform and the New Entrepreneurial Party Secretaries", *The China Quarterly*, 2012, 210: 335 – 354.

第二节 观察对象选取与解释框架

一 村党组织书记角色演变

村党组织书记的角色定位与一定时期党和国家的中心工作以及对农村基层地方实践的要求息息相关，处于一种不断演变的过程。在村党组织书记和村委会主任一肩挑的背景下，人们对村党组织书记的角色定位无非有两种，一是村民的"当家人"；二是上级党委政府的"代理人"。

在熟人社会时期，作为村委会主任原型的乡绅，其实就是家族中的长辈，是单纯的"当家人"。近代社会以来，尤其是新中国成立后，越来越多的国家权力往基层渗透，加强了对基层的控制和治理，村党组织书记更多地往"执行者"倾斜，成为科层制最后一个层级，体现着上级意志，代理着政府的工作。当下，基层党组织建设由"管理者"逐步地转为"服务者"，由原先的催粮、征税、计划生育等指标性工作转为调解、公共服务、维稳等服务型职能，这一背景下，要求村党组织书记深入村民，做好服务工作，"当家人"的角色又一次凸显。村党组织书记面对上级党委政府以及自己的乡村，其实一直在"当家人"和"执行者"的角色中不断切换，也是互相制衡。此外，随着农村经济社会不断发展，企业等原本农村场域以外的主体不断涌向农村，成为村党组织书记需要组织协调的另一主体，村党组织书记会寻求与村内企业达到共赢局面。综上所述，可见现时的村党组织书记扮演着多重角色，如何与农村场域不同主体沟通协调，是发挥作用的关键所在。

二 观察对象的选取

本书选取广东省广州市一个镇的十个村党组织书记作为研究对象。东镇位于广州南部，全镇总面积 90.07 平方公里，常住人口 12.2 万人，其中户籍人口 8.3 万人，流动人口 3.9 万人，农村常住人口 8.8 万人。已建城区面积 14.3 平方公里，规划城区面积 24 平方公里。东镇共有 25 个行政村，村党组织书记共 25 人。经过对各村及其党组织书记进行调查研究，相关数据显示村党组织书记普遍年纪偏大，50 岁以上占了 64%，在任村党组织书记前最多是个体户，其次也有政府员工、企业员工等。村党组织书记队伍整体注重自身再教育，借助"羊城村官上大学"的政策，大多数已经达到大专及以上学历。

本书考虑到研究成本、代表性以及区域性等方面问题，选取 10 位村党组织书记在开展乡村振兴工作的过程中所发生的事件作为本书的研究对象案例。本书所涉及的 10 个村既有征地村、远郊村，也有城中村，在身份上既有企业老板、普通农民党员，也有机关单位工作人员转岗，具有一定的代表性。

表 5-1　　　　　　　　　主要研究对象基本情况

村书记	年龄	基本事迹	案例
甲村书记	47	在村委会工作成长起来的，其间离开过村委会外出工作，后重回村委会。在出车祸还未痊愈的情况下，主动牵头开展疫情防控工作，是地方好人的人选	特色精品示范村项目的争取
乙村书记	53	对于村里突如其来的征地任务与旧改设想，口头上保证完成任务，但实际上却缺少落实工作的办法，最终以主动辞职告终	辞职事件
乙村原书记	73	政府信任、村民爱戴，但因发展村经济、解决历史遗留问题不当被判刑	因违法占用农用地被判刑
丙村书记	60	因村集体经济较为落后，村干部之间不和谐，所以被列为后进村进行整顿	劝退第一书记、罢免村监委会主任
丁村书记	48	企业老板，善于协调各方的利益关系，对上对下均有很强的说服能力	村民建房
戊村书记	54	注重引导村民发挥主体作用，参与村内事务	村内保洁工作分工
己村书记	45	积极接受上级项目安排，动员村内组织及村民做好项目的落地工作	生猪养殖项目
庚村书记	57	善于把村民及项目方的利益进行平衡，保障村民利益及项目落地	先进园艺项目
辛村书记	49	经营建筑材料生意，对落户村的项目主动作为不足	观赏鱼养殖项目
壬村书记	58	城郊农村，城镇化水平较高，但村民居住条件老旧，亟须进行更新改造，是东镇第一个进行旧改的村	旧村改造的推进

资料来源：作者自制。

三　行动者网络理论核心要点

在行动者网络理论中，行动者之间相互作用，处于一种不稳定甚至斗争的状态，要让整个网络产生秩序效果，需要一个过程——转译，这是行动者网络理论的核心，而其中核心行动者的转译显得尤其重要，转译过程包括四个基本环节，分别是问题呈现、利益赋予、征召和动员。核心行动者通过与所有相关行动者充分沟通，使共同关注的对象"问题化"，通过各种策略加强行动者在问题中的角色定位，并指出其利益的实现途径，进行"利益赋予"，进而通过"征召"结成网络共同行动体，使共同行动体的目标成为"强制通行点"（OPP）[1]，此时的核心行动者上升为整个行动者网络的代言人，具有"动员"其他行动者的能力。核心行动者转译的过程其实就是其作用发挥的过程。

行动者网络理论作为本章分析工具，能够很好地搭建起农村基层实践的行动者网络，其中作为核心行动者的村党组织书记通过对其他行动者的转译，让处于同一农村场域的各类行动者的目标和行动趋于一致，从而达到乡村振兴的目的。利用行动者网络理论进行案例分析，能够真实展现基层农村党组织书记在乡村振兴战略实施过程中的行为选择和工作状态，突出基层农村党组织书记在协调各方过程中，确保公权利益、个人利益、村民利益、外部利益得以平衡的行为选择。

第三节　村党组织书记在乡村治理体系中的转译

一　对上级党委政府行动的转译

中国的体制最为鲜明的特点就是压力型[2]，作为镇党委下级组织的村党组织，而村党组织书记就是承接这些任务的第一责任人。所有传递到村层面的工作，都成了村党组织书记的政治任务，上级党委政府对村党组织书记认可与否，跟其完成任务的情况直接关联。村党组织书记在面对着给予其政治地位、劳动报酬及发展机会的上级党委政府，多数情况下是大表

---

[1] 茅亚平：《基于ANT的新型集体经济发展与乡村空间重构——以苏州为例》，硕士学位论文，苏州科技大学，2017年。

[2] 林绮雯：《江门市农村基层党组织领导力研究》，硕士学位论文，华南理工大学，2018年。

决心，坚决完成任务，但在结合实际的过程中，考虑到村民利益、个人利益的情况下，往往会选择性落实、延缓落实乃至拒不落实。上级党委政府掌握着村一级没有的财政资源和政治优势，村党组织书记往往为了给村里争取资金项目、排除异己促进村"两委"团结，不惜费尽口舌，引导上级党委政府利用财政、政治优势促进村的发展。

组织管理。村党组织书记作为村内一把手，其组织管理是严格的。按照东镇的规定，村党组织书记的产生需要镇党委同意并报区委组织部审核，当选后的村党组织书记相关的资料还需要向区委组织部备案，接受区一级的监督。可以说村党组织书记的选、用、育、留都是由区层面主导、镇层面实施。在选举的过程中，对于村党组织书记是有"组织意图"的，确保意图的实现向来是选举工作的重要政治任务，镇层面会千方百计地确保组织意图人选的当选。据悉，东镇至今未出现过党组织选举超出意图的"选举事件"。此外，村党组织书记的监督教育也跟镇里的干部一视同仁，离开管辖区域内都需要请假报备。总而言之，村党组织书记的上任以及工作规范由上级党委政府规定，按照镇干部要求进行管理，是典型的科层制管理。

劳动报酬。村党组织书记的劳动报酬由区层面制定指导意见，由镇层面结合实际执行，一般财力允许的镇，对于村党组织书记的劳动报酬都是全额计发的。从2019年底新修订的《村干部报酬管理指导意见》可以看出，村党组织书记的报酬由职务基本补贴、专项补贴、绩效奖和经济发展奖组成，占最大比重的职务基本补贴由原来全由村集体经济承担改为区：镇：村按照5∶3∶2的比例承担，这大大减轻了村集体经济压力。对于新一届的村"两委"班子，将采用选聘分离的做法，意味着不是组织意图的当选者，虽然是村干部，但却不会聘用为农村工作人员，区、镇两个层面的劳动报酬是拿不到的。虽然减轻了村的负担，但是村干部的报酬更加依赖上级，这是在经济报酬上的科层制体现。

日常支出。村集体资产及收入虽然属于村集体所有，但并不是村党组织书记想怎么用就可以怎么用。"村账镇管"制度的实施，意味着镇层面对村级资金的使用进行了严格的掌控。"收支两条线"的规定，让村每一笔收入必须存入资金专户，由镇进行监管，而每花一分钱，也需要按照农村财务制度严格执行。村账镇管的实施规避了廉洁风险，加强了农村基层的规矩意识，总体而言利大于弊，但是在一定程度上削弱了农村的自主权利，也就减弱了自治能力。

工作考核。上文所说的村党组织书记劳动报酬中的绩效奖就是通过考核来进行发放的。考核内容包括基层组织、党政工作、综治维稳、日常生产管理、财务管理、河长制工作、安全生产、社会事务管理、环境卫生管理、计划生育、经济、党风廉政建设等方方面面，由镇属各职能部门进行打分，分数的高低直接决定了绩效奖的高低。村党组织书记的劳动报酬跟镇层面对其工作认可与否直接挂钩，却跟村民满不满意没有直接的关系。

（一）代干政绩中谋求个人利益："要"回来特色精品示范村项目

乡村振兴战略在东镇实施的第一项工作就是人居环境整治，2018年底开展的乡村振兴工作实绩考核也是围绕着人居环境整治工作开展，体现了生态宜居的迫切需要。其间，东镇全体干部职工及村"两委"干部几乎放弃了一个月的节假日休息时间，下沉到农村开展环境整治工作。农村的卫生整治得快，反弹得也快，而且仍有许多卫生"黑点"没有得到彻底整治，这跟农村的劳动生活习惯有着密切的关系。开展特色精品示范村创建的通知由区农业农村局发出，全区只有12个村，每个村打造金额达到2000万元左右，这引来了不少村党组织书记的竞相追逐，毕竟有足够的经费支持，能够把村里的环境彻底整顿一遍，而且还有专业的设计团队挖掘村里的历史人文，加以基础设施的修葺，能够把一个普通的农村逐步打造成旅游网红村。

甲村党组织书记在得知特色精品示范村创建的消息后，第一时间找到镇乡村振兴办的负责人和分管领导，要求将甲村列入打造范围之内，理由是甲村面积大（约11平方公里）、人口多（约7000人），是个有工业、农业特色的村，全村经营钩机生意的人多，另外农业产业发展较好，有3个上规模的农业产业化农场。之后，甲村党组织书记直接找到了东镇主要领导，坚决"要"来这个特色精品示范村的项目。

在甲村党组织书记的强烈要求下，东镇将甲村进行了向上申报，结果甲村成为东镇第一批入围的特色精品示范村。随着设计团队的入场，一切都好像步入了打造特色精品示范村的正轨。2019年10月，从中央到地方要求过"紧日子"，很多项目的预算被调整，特色精品示范村打造经费也不例外。区农业农村局发出通知，要求涉及征拆、旧改的村停止创建，避免资金浪费。甲村是旧改计划村之一，创建也就被按下停止键。

甲村党组织书记并没有气馁，通过镇里向区里说明了甲村面积大，旧改的区域与特色精品村创建的区域并不重叠，甚至距离较远。东镇乡村振兴办多次向区农业农村局、规划和自然资源局请示，但均没得到正面的回应，说到甲村距离区核心片区较近，很可能就在近年开展征地拆迁，不要浪费创建资金。甲村党组织书记百般无奈，只好求助于东镇主要领导出面为其"要"回项目。东镇主要领导对甲村党组织书记是支持的，其原因在于2018年山竹台风来临的时候，甲村党组织书记冲锋陷阵，带领着党员群众在水利大堤上筑起了人墙，确保了几千乡亲的生命财产安全，那时候东镇主要领导也在现场指挥抢险，之后多次在公开场合表扬甲村党组织书记的大无畏精神。在东镇主要领导的极力推荐下，区农业农村局也终于松口，甲村最终"要"回了特色精品示范村项目。

2019年11月，甲村党组织书记在工作途中不幸遭遇车祸，全身多处骨折，至2020年1月上旬出院时他手臂腿脚仍缠着绷带，还夹着石膏板。1月23日，广东省启动重大突发公共卫生事件一级响应，他毅然决然地投身新冠肺炎疫情防控工作，在他的组织带领下，109名党员中有105名能身体力行的党员立即响应号召，投入战"疫"一线，在党员带动下，村民小组长、村民等组成了一支支有能力、有责任担当、能充分发挥先锋模范作用的战"疫"队伍，雷厉风行地开展联防联控工作，筑起了甲村防控疫情的铜墙铁壁，甲村党组织书记也因此获得了"地方好人"的荣誉称号。

现在的甲村，因为村干部工作得力以及村的基础条件较好，承担了旧村改造、特色精品示范村创建以及党建示范点创建等诸多任务。笔者有幸于2020年8月份受邀到甲村参与活动，其间与甲村党组织书记交流其当年作为村里发展的团员以及后来成为党员的故事，发现其将个人的成长和村的发展紧密结合起来，是位为党为民的好干部。

其实，很多人还忽略了甲村党组织书记也是一位生意人，经营钩机的租赁生意，是村钩机产业的带头人，也承接一些工程项目施工。由此可见，甲村党组织书记费尽心思"要"回特色精品村项目也是情理之中，甲村众多项目的开展既有村集体的利益，也有其个人的利益。甲村党组织书记是用党性和实干将上级党委政府任务进行转译，吸纳到村整体发展的场域中，从而达成了公权利益、个人利益及村集体利益相平衡。

（二）政治任务压力下引咎辞职：不能承受的征地拆迁任务

2019年5月，东镇按照上级土地征收部署要求，抓紧推进安置区地块、重要道路扩征地块项目，涉及乙村259亩土地。乙村党组织书记、村委会主任在接到征地任务后，并没有积极规划工作怎么开展，而是存在畏难情绪，不敢直面群众做工作。其原因在于村党组织书记不熟悉留用地政策，在2018年乙村与房地产开发商合作开发留用地计划失败后，对村民解释不清原因，导致部分村民将房地产商开发留用地收益与征地收益相比较，认为政府、村委会"贱卖"集体土地。征地工作经过多次开会和村干部包片入户做思想工作后仍没有明显进展，支持率一直在30%—40%之间。8月27日，镇委主要领导约谈乙村"两委"班子成员，要求以9月8日为完成全部征收工作的时间节点，如因工作落实不力，造成工作滞后，村党组织书记和村委会主任应当引咎辞职，乙村党组织书记及村委会主任表示服从。

通过镇里相关部门和乙村的共同努力，经"四议两公开"程序和18岁以上股东村民签字表决后，征地方案取得过半数同意通过（签字人数780人，达52.42%），符合征地相关政策规定，表决结果于10月16日在村内各个村民小组张贴公示，相比9月8日的时间节点，显然迟了1个多月。

然而事情并没有因为52.42%的村民同意而步入正轨，反倒是出现了一系列恶意煽动、阻止干扰征地工作的情况：部分村民组建微信群，前后策划罢免村委，鼓动村民围堵公路桥梁，扬言推翻表决结果，组织围堵村委会，在村委会围堵、辱骂、挑衅工作人员，抢夺工作记录和宣传资料，其中一名女组长故意撞击工作人员并倒地打滚，企图扩大事态，引发事端。而这一切发生时，均没见到村党组织书记有所行动。

随后，乙村党组织书记以身体状况不佳为由，辞去了村党组织书记职务，草草结束了其村干部的职业生涯。履行当初的承诺，没有完成任务就引咎辞职，也是对组织的一个交代。引咎辞职可以说是村党组织书记对上级党委政府最为无奈的转译方式之一了。其后，随着区、镇层面的介入，镇派第一书记主持乙村工作，逐渐稳控住了各项工作，征地任务也迎刃而解，但整个事件的过程，对于村党组织书记和村干部业务知识薄弱、工作方式方法的欠缺是值得思考的。

（三）软硬兼施中构建平稳局面：巧用上级的力量优势

村党组织书记作为村"两委"的班长，在村里的工作理应得到全体村干部的支持和配合，这也是村"两委"班子团结的重要体现。在实际工作中，有些村"两委"班子中存在小团伙，互相猜忌对方的工作，相互拆台，乃至拆到村党组织书记的台，这对于农村党的领导、村内各项工作的推进造成了不小的影响。

丙村是东镇中的一个小村，辖8个生产小组，总计480户，1289人。因常年村干部不团结、工作推进滞后经常受到镇委镇政府的通报批评。2019年10月，东镇下派一批中层干部到镇内6个后进村兼任第一书记，开展全面整顿工作，为2021年的换届选举打好基础，丙村是其中之一。

丙村党组织书记兼任村委会主任，但因2017年换届选举的平衡关系，其党组织设第一书记1名，日常和丙村党组织书记关系紧张。此外，村务监督委员会主任多年来是其村委会主任的竞争对手，前几届均任村委会副主任。东镇派驻丙村的第一书记到村后，第一件事情就是理顺村干部之间的关系，促成团结的局面。丙村党组织书记紧紧抓住镇派驻第一书记的机会，意图制约两名村干部，保证自己的地位。丙村党组织书记相较于其党组织第一书记、监委会主任，是一个工作踏实、亲力亲为的人，这一点镇派驻村的第一书记是清楚的。借着全区不再在原村党组织设第一书记，令其任村内其他干部或者安排到镇属部门工作这一要求，丙村党组织书记通过对派驻第一书记进行说服，一同决定将党组织第一书记进行劝退，安排到镇部门工作，而这个结果也是其能够接受的。此后，村务监督委员会主任仍然是困住村务开展的一堵墙，经常借着监督之名，反对村内基础事务的开展。

丙村监委会主任是一名党员，2008年5月至2017年4月任村委会副主任，2017年4月开始任村监委会主任。2020年1月28日，正是新冠肺炎疫情防控的紧要关头，丙村监委会主任作为村里的值班领导，于当天上午10点许擅自离岗，又在午间与亲戚在家聚餐饮酒，直至当日下午4点时酒醒后才返回办公楼值班。此外，因新冠肺炎疫情防控工作需要，丙村监委会主任被安排在2月5日至村劝导岗值班，但其直到下午4点才到位，且仅值班半小时就擅自离开劝导岗，之后再没返岗值班。丙村监委会主任因违反了广州市"禁酒令"关于禁止工作日午间饮酒，且在疫情防控期间聚餐、不按照规定开展值班值守，最终被处以党内严重警告。

丙村党组织书记意识到这是一次免去监委会主任的好机会，便向派驻村第一书记汇报，认为在疫情防控紧要关头擅自离岗、中午饮酒等情节严重，请求免去其监委会主任职务。之后，根据市、区两级纪委给出的明确意见，要求东镇深入村民代表做通思想工作，指导丙村严格依法依规启动监委会主任罢免程序，于 2020 年 6 月 12 日组织召开了村民代表大会，共 41 名村民代表参加会议，超过总共 47 名村民代表的三分之二，经对免去丙村监委会主任职务进行投票表决，同意 33 票，不同意 7 票，弃权 1 票，同意人数超过参会的 41 名村民代表的二分之一。根据投票结果，丙村监委会主任的职务终于是被免掉了，这是全省第一位被罢免的村务监督委员会主任，成为典型。

半年时间，丙村党组织书记借用上级的政策以及镇里派驻到村第一书记的协调配合，成功地清退了两位与之经常有不同意见的村干部，工作得以走上正轨。镇派驻丙村第一书记开展村干部队伍整顿，其实关键也是在于明确一位能够带领村"两委"班子和村民的好干部。丙村党组织书记通过对镇派驻的第一书记的转译，实则也是对上级党委政府的转译，把上级的权力实施到丙村治理实践中。

二 对村内组织及个人的转译

村党组织委员会、村民委员会、村务监督委员会是三个传统的核心组织，三个组织的成员也是村民公认的村干部，其中村党组织委员会和村民委员会的委员俗称村"两委"，村务监督委员会顾名思义就是监督村务开展的组织，其成员无论在政治地位还是工作报酬上都逊色于村"两委"。此外，农村还活跃着生产小组长、村民代表、党员以及普通村民等主体。村党组织书记在村里，对上述的组织及个人可以说是抬头不见低头见，日常工作也依靠他们去跟进和落实。各种组织及个人的利益诉求可以说是五花八门，如何把各类利益诉求最大限度地满足好，如何及时地化解因无理诉求引发的维稳事件，如何处理与村委会的关系，考验着村党组织书记的协调能力及解释水平，也是农村稳定与否的关键所在。

东镇正处于打造全面融合发展的新型城镇化典范的时期，村民的需求表现出了多样化、个性化的特点，在不同村、不同村民小组，村民的需求均有差异。新冠肺炎疫情发生后，党中央把以人民为中心的发展思想摆到了最重要的位置，采取了一系列果断措施保障了人民生命安全和身体健康，突出人民至上的价值导向。在农村，村党组织书记需要科学对待村民的需求，并对合理需求想方设法地满足，对不合理需求进行及时的解释疏导，而不是一味地满足，才能最大限度地做到以村民为中心，维护好农村公平正义和乡风文明，这也是开展村庄治理的重要基础。

解决村民面临的困难、满足村民的合理需求，是以村党组织书记为班长的村"两委"职责范围之内的事情，也是村民检验村干部是否为民的重要方式，直接影响下一届村"两委"换届的选票。因此，村党组织书记在村里的大部分日常工作都是在处理村民遇到的困难。然而村党组织书记并非万能，村民的需求也并非都只会向村党组织书记表达，其表达的方式方法甚至会随着问题的不断演进而发生改变。

逐级反映。这是村民需求最为普通的表达，一般由村民直接向村民小组长反映，如果在村民小组内解决不了的，再向村"两委"求助，以此类推，如不能解决再向上级报告。逐级反映是能够满足基本需求的，如尽快倾倒村内垃圾桶垃圾、喊停夜间农村工程施工等村民小组长、村"两委"力所能及的基础事务。

跨级反映。在逐级反映无法满足需求时，村民会试图跨过村"两委"，直接到镇里相关职能部门表达需求，毕竟乡镇政府是最基层的国家行政机关，有些问题也只能由乡镇给村民一个回应，村干部职权范围有限。其实到乡镇这一层级进行诉求的表达虽然会让镇里的领导感觉村党组织书记能力不足、不能把矛盾化解在当地，但还是相对稳妥可控的。在一级往一级反映需求但无法得到满足时，村民会选择上访，涉及作风问题或者腐败问题，更是会直接找到纪委监委投诉。可见村民对越是上级的政府就越是信任，对于纪检部门相较于政府也越信任，这是跨级反映的重要原因。

闹中反映。"大闹大解决、小闹小解决"是基层农村村民的普遍认识，是村民对需求满足过程的感性认知。例如某些征地村，囿于赔偿标准的刚性，村民为了博取更高的补偿标准和征拆利益，一般都不会通过正当途径表达利益诉求，而是企图通过聚访、闹访等方式，引起高层政府的重视，并给予基层政府一定的压力从而达到自身目的。某村在征地拆迁过程中出现了闹事带头人，通过围堵镇政府工作人员，聘请律师维权，鼓动村民到省、市进行聚访、闹访活动等方式，给属地施压，最终区层面介入，得到了部分政策支持。

法律途径。这是村民需求最为理智的表达，也是缓解村民过激表达需求的有效途径。在规章制度不健全的时代，为了片面追求又快又好，农村治理乱象频发。也有部分工作当初是在政策支持下开展的，但随着时间的推移，成了历史遗留问题。利益冲突下，部分利益相关村民表达需求的方式方法会有过激的倾向，为了维护乡风文明，推行法治社会，引导村民通过法律途径表达诉求是最为理性的选择。在全面依法治国的大背景下，更多的村民会选择通过法律推进解决问题。

（一）农村建房成为村民最大的诉求

农村大部分人由于收入不高，跟东镇区域范围内的高房价匹配不上，因此较为集中的需求就是在农村建房。笔者在走访过程中目睹过村民一家三代蜗居在一间不足40平方米的板房中，据了解，板房侧面原本村民小组分配的宅基地，因为如今的规划调整变成了林地，报建手续办不下来。在大雨天疏导危房里的村民时，也发现不少人还住在老旧不堪的危房里，非常危险，原因也是这间房子拆除了，按照新的政策要求是不能建房的，所以只能一直耽搁着。当然也有部分村民因为父辈宅基地分配不均，自己分户之后并没有符合规划的土地可以建房，为了达到住房的目的，到村民小组、村反映诉求乃至跨级反映、信访投诉等。即使是珠三角地区的乡村同样存在着住房保障不了的问题，面对这一村民最大的诉求，村党组织书记自然是把这个事情当成头等大事协调解决。

丁村是东镇的远郊农村，距离东镇城区超过10公里，是典型的农业村，在东镇区划调整的时候，丁村不少用地指标都被调整，以至于现在在村里都找不出一块建设用地，符合报建的宅基地也是寥寥无几，大部分变成了林地或者基本农田。向丁村党组织书记了解后得知，2019年村里申请建房的成功比例不到20%，村民的需求是明显没有得到满足的。

郭某是丁村人，常年在外经商，已经40岁出头的他希望能够回村里建个自住房，其于2010年已与父母分户，且在村内无房产。据其所言，他这种情况是符合国家相关法规条件，可以向村申请划拨宅基地或空置地用于建房居住使用的。从2011年至今，郭某通过逐级反映，多次口头向其所在的生产小组长申请划拨"宅基地或空置地"用于建房居住使用并向村委会递交了"农村宅基地申请表"；通过跨级反映，向东镇主要领导及驻丁村领导发送信息表达诉求，企图通过镇里督促丁村帮其落实建房需求；也通过闹中反映向市长热线、信访部门投诉丁村干部及村民小组长推卸责任、不作为。

丁村党组织书记对郭某及其家庭情况是清楚的，兄弟三人经常为了争夺父辈的家产而争吵，甚至各自引导父母立遗嘱，到公证处签名按手印，目的在于最大限度占有父辈遗留下来的家产。郭某之所以在村里即使分户都没有宅基地，就是因为其家庭所拥有的宅基地并没有分配给他，而且村民小组已没有可以分配的地块。即使有，一样分户申请分配宅基地的人也有 8 人，远不止郭某 1 人。郭某在自身需求没有得到满足的同时，了解到在报建流程没有那么严格的时期，不少村民存在违建的现象，并且通过四处搜集，整理了村内部分违建的清单，企图用清单作为自己获得宅基地的筹码，与东镇、丁村干部较劲，和部分村民"鱼死网破"。

满足郭某要一块宅基地或者空置地的诉求，丁村党组织书记明显是做不到的，但是如果让郭某按照自身的想法去做，那么后果将是部分村民利益受损，村内邻里关系紧张，这是村庄和谐稳定发展的大忌。于是，丁村党组织书记召集了郭某及其兄弟、驻村干部、建设规划部门等召开了协调会。首先是对郭某的投诉做了说明回应：丁村已经实行股份二级固化，土地（包括宅基地）已分配到各个村民小组中，村民理应向村民小组反映该诉求。而郭某所在的村民小组需要通过土地调整，本小组村民开会商议后才能确定是否能够给予郭某宅基地或者空置地。其次也是更为重要的是通过与其兄弟进行充分调解，化解家庭矛盾，让郭某兄弟接受郭某住在其父亲的祖屋，也是"曲线"满足其住房的需求，从而维护了村庄的公平正义、和谐稳定。丁村党组织书记之所以能够顺利调解郭某和其兄弟的复杂关系，一方面是因为丁村党组织书记对其家庭情况的了解，另一方面是因为丁村党组织书记是郭某兄弟的重要经营伙伴，租用着郭某兄弟的大部分设备设施从事建筑生意，对郭某兄弟的收入有着直接的影响。

冯某是丁村的一名党员，大学毕业后凭借着自己的专业在外开了一家化工作坊，因环保问题关掉作坊后决定用其近年来赚到的并不多的钱盖个房子，改善常年在家耕地的父母的居住条件，毕竟全家人就住在一间 50 多平方米的危房里。在拆旧建新报建过程中得知，该地块土地规划已经变成林地，拆了旧但是建不了新。遇到如此棘手的问题，冯某找到了丁村党组织书记，丁村党组织书记对冯某的需求很重视，到镇内城乡建设部门找到了部门负责人，提出了农村贫困人口"两不愁三保障"中有一条就是"住房保障"，人居环境整治中提到的"三清三拆三整治"就提到了"要拆除危房"，这是刚性要求，而且如果一家人还住在危房里，出了事故，责任应该算在谁头上等等，一连串摆道理、问责任，最终部门负责人是以同意对危房进行"修缮"结束，冯某的房子也得以续建，这得益于丁村党组织书记说服上级的能力。

（二）唤起村民的公共意识

随着政府职能从管理型逐步向服务型转变、财政条件的不断改善以及追求工作的高效率，政府对于基层越来越像"保姆"，习惯性地大包大揽，有些原本需要村民自发做的或者自发提出的，政府几乎招呼不打全都包办。这么一来，村民的公共意识会逐步淡漠，共建共治共享的社会治理格局失去了人民这个根基，作为科层制最底层的村一级组织尤其是村党组织书记往往就成了说教者。乡村振兴始终都是以农民为主体，让村民找回主人翁意识是村党组织书记这一核心行动者的主要目标。

自2018年底开展农村人居环境整治后，上级对农村的卫生考核成了日常，乡镇政府为了快速达到成效，考核能够顺利过关，便在每个村聘请10—20人不等的保洁人员，对全村房前屋后、公共道路、集体活动场所等进行全覆盖的日常保洁管理，人员经费全由镇财政承担。戊村党组织书记回忆起某个早上，他催促妻子打扫门口的卫生，没想到换来一句：反正现在村里都有保洁人员搞卫生，不用我们搞门口的卫生了。突然间，戊村党组织书记才意识到"自家门前雪都不扫"问题的严重性，村民的公共意识就是在政府大包大揽之下慢慢淡漠了。发现问题后，戊村党组织书记在征得镇里相关职能部门同意后，开始以戊村作为试点，由部分保洁人员继续开展村公共道路等公共区域的卫生，其余区域由各家各户自行清洁，落实门前"三包"制度，原先的保洁员转变为监督员，专门监督各家各户门前屋后的卫生状况，开展评比奖励活动，对门前屋后卫生环境问题比较严重的予以通报。戊村将此一做法纳入村民自治章程的条款，明确村民应该担负起农村人居环境整治的应有责任。

人居环境整治是农村实现生态宜居目标必须长期坚持的一项工作，党组织书记将上级要求的保洁工作任务在戊村进行重新整合布置，做到了村民齐参与，把村民转译到了全村人居环境整治工作中来，克服了当下村民"无限的权力、有限的义务""无限的获利、有限的付出"这一不利于发挥自治作用的思想，最终获得了良好成效。

（三）"一肩挑"下的村党组织书记与原村委会主任

2019年1月和6月，中共中央相继印发了《中国共产党农村基层组织工作条例》和《中国共产党农村工作条例》，两个条例一致提出了关于"村党组织书记应当通过法定程序担任村民委员会主任和村级集体经济组织、合作经济组织负责人"的规定，广州市率先推进村党组织书记"四个一肩挑"（村党组织书记、村委会主任、村集体经济组织负责人、合作经济组织负责人）工作，要求基层农村2019年12月底前全面实现村党组织书记"四个一肩挑"。由于东镇村级集体经济组织负责人均由村党组织书记或村委会主任担任，全镇没有村级合作经济组织，故实现村党组织书记"四个一肩挑"的关键是实现村党组织书记与村委员会主任"两个一肩挑"（以下简称"一肩挑"）。"一肩挑"制度实施的初衷是解决村"两委"长期以来存在的矛盾，把村的工作责任压实在一个人身上，避免了两套班子之间的推诿扯皮乃至摩擦斗争，也是加强党对农村工作领导的重要举措，确保党员干部贯彻以人民为中心的发展思想，一定程度上进一步密切了党群关系。起初，东镇25个行政村中，实现"一肩挑"的有19个，未实现"一肩挑"的有6个，且6个未实现"一肩挑"的村委会主任均为群众。

东镇为了全面落实村党组织书记"一肩挑"的工作，针对非党员的村委会主任，采取了多种处理方案，配套了保障措施。例如通过政策解释和思想政治工作，对有辞职意愿的非党员村委会主任劝其主动辞职；增加1个村委会委员职数，改选任村委会副主任，保留其正职待遇至村换届选举前；将村委会主任安排为镇编外人员或镇属企业工作人员，在镇工作至2021年村换届选举前，视同其担任村委会正职的年限。当然对于动机不纯、打着维权旗号，拒不接受组织调整、拒不辞职的村委会主任，东镇也明确会采取适当措施进行清理，同时采取选聘分离的办法，降低其经济待遇。在这种利益补偿机制以及高压态势之下，6个未实现"一肩挑"的行政村村委会主任有5个选择改任村委会副主任，1个直接辞职，将村委会主任的位置通过召开户代表大会的形式"有偿"拱手相让于村党组织书记。先前设想的村委会主任会用《中华人民共和国村民委员会组织法》进行维权，甚至制造一些舆情维稳事件的情况并没有发生。

东镇5个原村主任主动改任副主任并借助自身优势动员村民将村党组织书记选上村委会主任的位置，看似原村委会主任的利益受损、没有了权力，但其实除了享受利益补偿外，其也得到权力的补偿，体现到了分工和实际工作中。形式上，通过利益补偿、权力补偿后，村党组织书记、新任村委会主任理应掌握着村"两委"的绝对话语权，但实际上还要看村党组织书记和新任村委会副主任之间的关系。

三 对市场与社会外部力量的转译

乡村振兴战略"二十字方针"的第一条是产业兴旺,这是农民生活富裕的基础条件,与以往的产业发展更多地关注农业生产不同,产业兴旺追求各种各样的新产业新业态在农村基层多点开花,促成一二三产业的深度融合。要发展产业,项目进村是前提,围绕着农业发展的工业、服务业是第一类,工业类项目是第二类,学校、医院等服务业项目是第三类。党的十九届五中全会审议通过的《中共中央关于制定国民经济和社会发展的第十四个五年规划和二〇三五年远景目标的建议》提出"实施乡村建设行动",这意味着农村基础设施建设将迈上一个新台阶,现时旧村改造、美丽乡村建设、污水管网建设等项目进入农村场域,既给农村带来了生机活力,但也带来了不少困扰。不同的村党组织书记对于项目进村态度不一,有的持积极态度,恨不得多一点项目在村里实施,甚至到处招商引资;有的则踏踏实实按照政府安排的项目跟进开展;有的对项目进村虽持有抵触情绪,但科层制管理下只能接受,推进过程中协调用地等矛盾是村党组织书记作用的集中体现。

(一)项目进村的载体——土地上的转译

土地是农村最大的资源,也是农民的"命根子",集中体现了村民的生存权益。项目进村必然使用到农村的土地,村党组织书记在引进项目、发展村集体经济的时候,也是考验其合理合法使用本村土地的能力。

东镇乙村原党组织书记、村委会主任,现年 73 岁,是位政府信任、村民爱戴的好干部,几十年来服从服务于镇委镇政府的中心工作,勤勤恳恳为村民办好事实事。但是近期关于认定其作为离任村干部的经济补助问题却引发了不小的波澜,原因是任村干部期间曾被判刑。

2006 年 7 月,乙村原村党组织书记为发展村集体经济,增加村民收入,解决原镇政府推进建设市政道路期间使用乙村 40 亩土地失去复耕复种条件引发的矛盾,乙村原党组织书记在收集听取村民意见建议的基础上,多次召开村"两委"会议、党员大会、村民代表会议,采用无记名投票的方式,取得一致同意:将 40 亩已不能进行农业生产种植的其中 20 余亩边角地出租,用于建设厂房。该地块出租建厂房马上为村集体每年增加 300 多万元的经济收入,增加了村民的就业机会,有利于村集体经济发展。

在这个过程中，乙村原党组织书记从村集体和村民的利益出发，以解决历史遗留问题为目的，其本人并未从中获取私利。但该地块在出租前并未履行用地审批手续，不符合用地程序。尽管乙村原村党组织书记其后曾多次与规划、国土、建设等部门沟通，申请办理用地审批手续，但由于土地性质和政策限制，该地块不符合相关用地审批条件，在国土管理部门的执法中被认定为违法用地。乙村原党组织书记作为村集体经济负责人，于2010年1月18日被法院以非法占用农用地罪判处有期徒刑9个月（自2010年1月18日至2010年10月28日）。刑满释放后，由于群众基础极好，2011年3月又当选为村委会主任。

村党组织书记在将项目引进村的过程中，往往重视了多方利益满足以及用发展的思路解决历史遗留问题，当项目合情合理推进后，忽视了合法这一最为重要的前提，对于土地政策的陌生也是项目失败、自身遭遇牢狱之灾的重要原因。

（二）村党组织书记对农业产业化项目进村的态度

引导一二三产业融合发展是农村经济发展取得新突破的重要方式。2020年，立体化全产业链生猪养殖项目、先进园艺产业示范基地项目以及观赏鱼养殖休闲观光综合体分别落户东镇己村、庚村以及辛村。虽然不同项目有着不同的产业内容，对村的经济发展贡献以及对村民日常生活影响程度各不相同，但村党组织书记在其中发挥的作用，对项目的顺利落地与否影响很大。

立体化全产业链生猪养殖项目是一个年出栏30万头生猪的楼房养猪项目，占地161亩，落户东镇己村。这个项目落到己村，并非村民以及村级组织向上级争取的，而是上级政府直接指定地块，并启动征地拆迁、落实用地指标开启建设的项目。己村党组织书记在得知这一消息的时候，即使了解到该项目是一个环保达标的大项目，但也立即意识到任务的艰巨性，村民对传统养猪的认识就是臭气熏天、污水横流，对居住环境影响很大，即使距离居民区比较远，一想到这么一个养猪的项目落户到本村，抵触情绪肯定会很强烈。己村党组织书记立即召集村"两委"、党员、村民小组长、村民代表等各类群体，宣传生猪养殖项目，为了打消村民的顾虑，通过与生猪养殖企业商议，组织了党员、村民代表前往广西实地考察项目落地运作情况。此后，又紧密与企业联系，取得企业承诺每年为村敬老、助学活动予以资金支持，另外以企业落地，需要周边交通基础设施建设进一步完善为由,得到了政府修建机耕路、打通市政道路的支持,为村的交通网络优化创造利好。目前,该项目在各级支持下有序推进。

先进园艺产业示范基地项目是东镇为打造花卉小镇而引进的一个项目,致力于打造具有国际水准的产学研及休闲旅游一体化的园艺基地和生活社区,成为全市的文创名片。东镇将该项目放到庚村是有战略考虑的,目的是以该项目带动土地指标政策向庚村及周边农村倾斜,通过旧村改造,使耕地种上高附加值作物,提高村民的收入。庚村党组织书记得知如此利好的项目要入驻该村,自然是欣喜万分,感谢镇里领导的关心支持,但也面临土地集约的问题。庚村党组织书记找来了项目方,商讨土地集约采取"基本租金+分红"的形式发放,相当于让村民用土地"入股"项目,试图激发村民参与项目建设的热情。这种方式虽然创新,但是项目方并不认同,认为土地承包款及创造出来的品牌价值等已经为村的发展作出了应有的贡献。庚村借用村民的力量,在土地集约过程中不断给予项目方合理压力,最终项目方也做了妥协,跟村明确了租金及分红比例,项目得以顺利推进。一种新的分配方式,虽然过程需要谈判,但是能让项目方和村民一同投身庚村的农业产业发展进程,这是庚村党组织书记的智慧。

观赏鱼养殖休闲观光综合体是三个农业产业化项目中推进比较慢的,2018年,东镇领导在辛村促成了该项目,是以观赏鱼为核心实现一二三产融合,建成后将是中国第一家观赏鱼主题公园。辛村党组织书记认为该项目承包村集体用地开展产业化生产,无论其打造得如何,都是交固定的承包款,没必要为之操心。在企业需要村里协助办理用电手续时,辛村党组织书记总是以各种理由推诿,质疑其项目建成后对农田污染程度等等,直到镇主要领导出面才积极协助办理相关手续,至今项目仍在艰难推进中。深究原因发现,辛村党组织书记是做砂石、混凝土等生意,观赏鱼项目施工建设期间,辛村党组织书记曾向项目负责人推销自己的建筑材料,但最终项目方并没有向其采购。此外,纯粹的土地发包也弱化了村集体及村民支持项目建设的积极性。

综上所述,3名村党组织书记对镇里放到村里开展的农业产业化项目先是接受,这是作为科层体制下村党组织书记应有的思想觉悟和行动自觉,但当项目进驻到村里开展时,不同村党组织书记态度不一。已村党组织书记的做法平衡了村集体及项目方的利益，为村集体及项目方争取政府层面更多支持创造了条件；庚村党组织书记让利益相关者项目方和村民进行了博弈，把优质项目留在了村里，也尽可能地让村民获利；辛村党组织书记以自身利益为出发点，对于项目推进主动作为不足，这也是一种较为普遍的现象。

（三）旧村庄更新改造

习近平总书记曾指出："农村改革是从调整农民与土地的关系开启的。"东镇有着历史相对悠久的商贸传统，已建城区面积14.3平方公里，是个典型的小城镇，城中村老旧住宅多、道路窄，目前正在开展或者有意向开展旧村庄更新改造的村达到了16个，超过五分之三，这将是未来东镇农村改革发展的重要方向，也是实现产城融合的重要基础。

壬村是东镇第一个推进旧村庄更新改造的村，壬村党组织书记在政府、村集体、开发商三者利益平衡中力求高质量高效率地推进改造工作，其中对属于外部力量的开发商进行转译尤为重要。开发商的市场主体地位，决定了其在旧村庄改造中的灵活性要比镇、村强得多。壬村党组织书记从一开始就把财务状况、社会声誉、建筑品质俱佳的房地产公司作为其旧村庄更新改造合作对象的基本条件，对市场主体这一行动者进行了充分界定，这是满足政府、村集体及村民利益最大化的重要举措。

在推进旧改工作过程中，壬村党组织书记牢牢把握住了村民获得土地增值、改善居住环境的迫切需求，从始至终都是坚持村民自愿改造的原则，把村民这一行动者吸纳进了旧村庄更新改造工作中来。镇政府为了提升城镇形象和功能、提高土地使用效益，在壬村党组织书记的请求下，给予了壬村政策指导、法律咨询、人员力量等支持，为打造旧改模板奠定基础。

壬村党组织书记既是村民，也代表村民，以村民需求为重点，对开发商进行转译，引导开发商充分尊重和保护村民的利益是旧村庄更新改造成功与否的关键。

坚持以村民利益为中心。在明确合作开发商之后，拆迁安置补偿就需要排上议事日程，但是拆迁安置补偿纠纷一直以来都是旧村庄更新改造的最大障碍，往往有几个"钉子户"，旧改工作就很难推进。其实作为村民，最为实际的是对比土地征收的补偿标准和旧村改造获利，一定得确保比得上政府行为的征收补偿才有动力交出自己的土地。壬村党组织书记一方面让开发商就全村征地补偿和旧改补偿的情况进行统计和公示,另一方面,由村及开发商人员入户耐心给予村民政策补偿上的解释说明。

千方百计保障村集体利益。开发商在签订合作协议之后,向壬村缴纳了3亿元履约保证金,按照政策文件要求,履约保证金在复建安置资金监管账户设立后转为复建安置资金。为了增加村集体收入,壬村党组织书记多次与开发商协商,在旧改期间不转入复建安置资金。3亿元的存款利息收入每年将近1000万,归入了村集体收入。

确保产城人融合发展。旧改不同于大型项目的征地拆迁,开发商也不是简单的征拆、拿地和开发,而是要考虑到产城人融合发展,保障村庄永续发展。壬村党组织书记把村有史以来未落实的留用地指标统筹于旧改中,项目完成后,村集体物业面积可达3.7万平方米,主要为高层公寓、临街商铺等商业业态,为村集体和村民分红提供了永续保障。

表5-2　　　　　　旧村庄更新改造各主体利益诉求及作用

主体	政府	村集体（村民）	开发商
利益诉求	提升城镇形象和功能 提高土地使用效益	获得土地增值 改善居住环境	追求利益最大化 顺利推进旧改工作
作用	政策支持 主导旧村庄更新改造	旧村庄更新改造主体	利用资本进行博弈

资料来源:作者自制。

四　村党组织书记的内外转译机制

通过多个案例的叙述,阐明了核心行动者村党组织书记和一般行动者上级党委政府、村内组织及个人以及外部力量的关系,通过向上级"要"回来特色精品示范村项目、因承受不了征地拆迁任务压力引咎辞职、借用上级力量清除异己、促成村"两委"和谐局面、满足不同村民建房需求、倒逼村民参与村内事务、与村委会主任利益关系权衡、参与旧村庄改造以及对农业产业化项目的不同态度等多个具体案例的叙述,表明村党组织书记与各类主体进行利益博弈,促成多元主体之间用好各自优势、互相促进,为乡村振兴战略的实施提供有利条件。案例较为全面地展现了村党组织书记以核心行动者的身份，在上级党委政府的领导下、在村内组织及村民监督下、在外部力量促进下开展工作的真实情境，其间村党组织书记对各类一般行动者的转译过程是主要研究内容。

根据行动者网络理论的对称性原则，除了村党组织书记外，案例中也包括上级党委政府、村内组织、村干部、驻村第一书记、村民、企业等人类行动者和特色精品示范村项目、农业产业化项目、农村土地等非人类行动者。我们把各类行动者进行合理分类，分别为村党组织书记、上级党委政府、村内组织及个人、外部力量，以村党组织书记为核心行动者，各类行动者在行动者网络中扮演着一定角色。本章主要研究村党组织书记对各类行动者的转译，也是其作用发挥的过程。

在转译发生前，村党组织书记和上级党委政府、村内组织及个人、外部力量的问题障碍及利益诉求分别呈现。各方实现各自利益的方法和渠道，其实就是实施乡村振兴战略，是该行动者网络的强制通行点（OPP）。根据行动者网络理论，核心行动者村党组织书记提出网络中一般行动者上级党委政府、村内组织及个人、外部力量实现自身目标的强制通行点之后，通过问题呈现、利益赋予、征召、动员的转译环节后，行动者网络即构建完毕。

问题呈现和利益赋予。对于核心行动者村党组织书记而言，农村人居环境整治等村内事务及征地拆迁工作没能获取村民的信任、村"两委"班子不团结、农村建设发展知识匮乏、土地利用效率低等是其面临的问题，因此需要上级党委政府在政治、财政上给予支持，需要村民的支持拥护，需要外部力量的促进，从而达到满足个人利益、集体利益的目的。对于上级党委政府而言，落实上级决策部署、创造性地开展工作以及基层的稳定发展是其面临的问题，其目标是通过村党组织书记的工作，能够达到基层治理有效、完成既定工作、创新工作亮点、取得扎实政绩的目的。对于村民而言，无论是合理诉求还是非合理诉求，他们都希望通过各种表达方式达到目的。对于村委会主任而言，在党领导一切这种大背景下，如何保留自身利益是其面临的最大问题，位置是他们可以拿出来交换的筹码。对于外部力量而言，他们的投资放到了农村原本就是一种风险挑战，在实施过程中村民的阻挠、村干部的"吃拿卡要"是最大的问题，这时候村党组织书记作为村内一把手能否站出来为其撑腰是项目实施运营顺畅的关键。

征召和动员。在转译过程中,村党组织书记作为核心行动者,转译了行动网络中的上级党委政府、村内组织及个人、外部力量可以接受并且能够做到的任务,将各类行动者征召到网络之中,同样实现其利益诉求。同时乡村振兴战略借助此网络把各类行动者连接起来。至此,乡村振兴行动者网络构建完成。

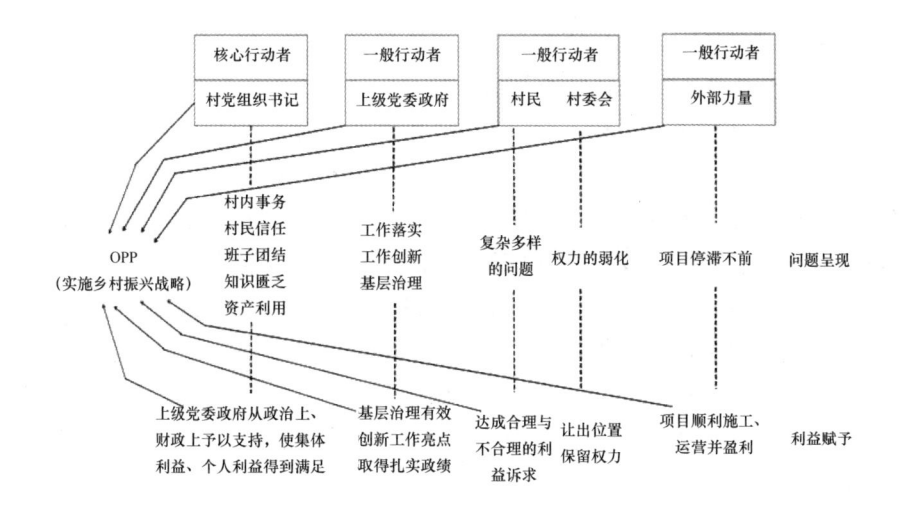

图 5-1　行动者网络与强制通行点(OPP)

资料来源:作者自制。

第四节　村党组织书记治理体系中的作用发挥机制

在落实上级党委政府的决策部署、坚持党领导下的村民自治以及推进项目进村的过程中,村党组织书记对其间各类行动者的转译,其实就是其作用发挥的过程,集中体现村党组织书记对农村问题的处理能力和工作水平,直接关乎乡村振兴战略的有效实施。

一　前置条件——多元认同

一位优秀的村党组织书记要在乡村振兴战略的实施过程中发挥好作用,离不开上级党委政府的认可、村民的支持拥护以及外部力量的促进,这是有效转译的前置条件。

（一）上级党委政府的认可是政治保障

村党组织书记作为上级党委政府在农村基层实施乡村振兴战略的组织者和执行者，其工作成效体现到了乡村振兴实绩考核中，实际上这种考核既是对村，也是对乡镇，分数高低由上级直接评定、予以通报。因此村党组织书记开展乡村振兴工作实则是一种"代干政绩"的行为，工作中只有做到不因本村问题被通报，方能得到上级党委政府的认可，这种认可对村党组织书记来说，是重要的政治保障。

虽然村党组织书记是村里召开党员大会选举产生的，但是按照村党组织换届选举工作的要求，在选举之前，上级组织部门已经与村党员群众充分沟通、充分酝酿，明确了目标人选，也就是"组织意图"，是必须实现的选举政治任务，是一种"准任命式"的选举方式。另外，村党组织书记的免职也是上级党委的一纸文件，一旦村党组织书记没能很好地带领党员群众落实上级党委政府的工作部署，上级党委通过实地了解、客观评价后可以直接免去其职务。上级党委还会将部分工作得力、议事能力强的村组织书记推荐为各级党代表、人大代表、政协委员人选，拓宽了参政议政的渠道，代表的身份也是一种政治的保障。此外，在地方好人、先进个人的评选中，可以给部分村党组织书记贴上"政绩突出"的标签，同样是一种政治保障。

（二）村民的支持拥护是坚实基础

村党组织书记在村民及村民组织中要发挥"主心骨"作用，村民的支持拥护是坚实的基础。一是带领村党组织与村委会做"好搭档"，虽然很多村党组织书记都是"一肩挑"，但也存在村委会班子与党组织班子工作不和谐、互相拆台的复杂局面，村党组织书记只有团结村"两委"班子成员，做好"班长"，村干部之间互相补台、好戏连台，才能引领村里各项事业的发展。二是强化政治引领，发挥村党组织战斗堡垒作用，引导党员争做先锋，落实党员联系群众要求，凸显党员的先进性。三是坚持以人民为中心的发展思想，落实人民至上的工作理念，切实提高服务水平，把乡亲的烦心事当成自己的事，切实解决群众遇到的困难。对"两委"班子、党员队伍、村民等不同群体进行协调、动员、服务，增强乡村振兴合力，也打牢他作为村党组织书记的群众基础。

（三）外部力量的促进是发展动力

乡村振兴战略的提出，吸引了越来越多的资源要素向农村渗透，项目进入乡村是乡村实现振兴的必要条件,将带动村集体的经济活力,提升农村景观,让农村趋向开放多元。此外,村党组织书记在项目进村时往往面对的是一群企业老板,如何与企业老板打交道、解决企业落地发展的问题、撬动企业的资本投向农村生产发展,是乡村振兴背景下村党组织书记的必修课,这对于同为企业老板的村党组织书记来说都是"送分题",因为他们更为感同身受。此外,外部力量进入农村,将为村党组织书记拓宽社会交往面,获取更多的资源,如果业务上跟自身经营的生意相关,可能还能创造一定的经营利益。总而言之,外部力量促进乡村发展的同时,也给村党组织书记带来了增收发展的机遇。

二 作用发挥目标——达成共识

乡村振兴战略的实施,在农村的生动实践就是项目引入、征地拆迁等加速农村发展的活动,乡村已进入一个利益多元化的阶段,这对于习惯了日出而作、日落而息的农耕生活的农民而言,其价值观、世界观等必定有所改变。实际上,社会的阶层、农民的生活方式亦发生改变。要让乡村振兴战略稳步推进,村党组织书记需要凝聚国家、村民、外部力量多方面达成共识,设置一个多主体目标转换环节,这个环节就是强制通行点(OPP)。实施乡村振兴战略作为强制通行点,引导各类行动者进行有效联结,从而把行动者网络筑牢,这是村党组织书记作用发挥的过程控制。

(一)国家层面的战略安排

乡村振兴作为国家战略,在开启全面建设社会主义现代化国家新征程之际,中央将其定性为实现中华民族伟大复兴的一项重大任务,国家层面成立了乡村振兴局,各级涉农党委政府作为中心工作重点推进,在顶层设计上为乡村振兴的有效实施提供了制度机制保障。作为党的力量末端承接人和实施人的村党组织书记,能否敏锐捕捉政策红利、坚决落实大政方针、促进村庄长足发展,考验着一名农村党员干部的政治判断力、政治领悟力和政治执行力。村党组织书记应当高举乡村振兴旗帜,将上级党委政府实施乡村振兴的重大工作安排部署引导到自己管辖的区域,并尽全力落实好,在争取国家开展乡村振兴工作的各项资源要素向自己村庄倾斜过程中形成良性循环。总而言之,以乡村振兴战略的工作实施为载体,村党组织书记与上级党委政府形成工作共识,让村庄发展与国家资源充分链接。

（二）农民的生活向往

乡村振兴的主体是农民，而乡村振兴战略的实施主体除了农民之外，还有诸如上级党委政府、外部力量等。农业发展依靠农民的智慧和劳动、农村由无数农民个体组成，做好"三农"工作的根本落脚点还是在于促成农民的生活水平逐步提升，因此实施乡村振兴战略的所有工作都必须围绕着农民这一主体展开，这是"以人民为中心"的发展思想以及"人民至上"的工作理念在农村的具体体现。随着城市化进程不断推进，国家层面逐步转向"反哺"农村，农民对农村生活有了更加美好的向往，乡村振兴战略的提出，为农民擘画了乡村发展的美好蓝图，村党组织书记在主导推进乡村振兴工作时，应该牢牢拴住农民这一主体，将其个人利益与乡村振兴关联起来，及时满足农民获得感，激发参与乡村振兴工作的热情。

（三）外部力量的目标追求

乡村振兴涵盖产业、人才、文化、生态、组织五个方面，党的十九届五中全会提出"乡村建设行动"，给农村带来了新的市场活力，建筑企业、农业产业化项目乃至文创机构等外部力量都争相来到农村这个乡村振兴的前沿阵地，企图分得"一杯羹"。村党组织书记作为村中"一把手"，外部力量进村基本上第一个找到的就是村党组织书记，商人生意的智慧及逐利的目标追求充分融入了乡村振兴工作中，村党组织书记只有在对接中给予外部力量足够明确的利益实现路径，方能将其优势与乡村振兴战略牢牢捆绑，从而让外部力量持续发挥作用。

三 作用发挥方式——利益平衡

乡村振兴战略的实施，意味着国家层面及社会层面的资源要素往农村倾斜渗透，农村整体利益是扩大的。社会利益由静态到扩大，必定进行再平衡。各类行动者竞相涌入乡村，通过利益平衡，促成农村各类行动者的共存。村党组织书记作为乡村振兴行动者网络中的核心行动者，在与一般行动者如上级党委政府、村内组织及个人以及外部力量的互动中，利用乡村振兴战略的实施与各类行动者的切身利益密切关联。在实际工作中，农村社会在各种利益博弈中往往会出现各类行动者强烈表达自身利益但却囿于政策因素而得不到满足，抑或超越政策许可，变相扩大利益且仅满足某一行动者等现象，利益严重分化导致利益失衡，进而对乡村治理造成严重的影响。

四 在乡村治理体系中的角色

上级党委政府的科层制管理、村民需求多样化以及外部力量进村的互动结构体系本质上是一张行动者网络,村党组织书记毫无疑问是这个网络中的核心行动者,在与各类行动者互动时,扮演着不同的角色,但都摆脱不了其作为必经之点的问题。可以看到在参与各类行动者的利益平衡过程中,核心行动者所扮演的角色互相制约。这是村党组织书记发挥作用的重要特征。

(一)国家与村民的中介——"执行者+当家人"

"代理人"形象地描绘了村党组织书记在党和政府决策部署落实到农村大地中的关键位置,而"当家人"则准确地表达了村党组织书记在农村的指向,承载着带领村民实现发展及良好治理的关键重任。村党组织书记作为"代理人""当家人"双重角色,是上级党委政府和村民双重授权的结果。随着土地改革、农村经济二级固化、行政事务不断往基层下沉、村干部权钱来源由上级授予,科层制管理下的村党组织书记往往更倾向于"官僚化"管理。

作为"当家人",在接到工作任务时,寻找村"两委"干部、村民小组长作为落实上级工作部署的下级群体。乡村振兴战略的实施,一改国家对乡村资源单方面汲取的局面,改为资源下放到乡村,如果村党组织书记只是做一名"当家人",没有为村庄发展去"跑""要""争",进而"代理"相关资源和任务,那么对于村庄而言是耽误其发展的,自身也得不到上级党委政府以及村民的认可和支持。此外,作为科层制最底层,村党组织书记在很多时候也存在不得不"代理"的情形。因此,村党组织书记"代理人"角色既是上级赋予,也是自身需要。当然,一旦资源和任务落到了村里,在开展工作过程中,村党组织书记更多的是作为"当家人"处处考虑乡亲的利益,在利益受损时,会代表村民向上级党委政府反映,但因其"代理人"身份,往往不受上级党委政府的正面回应,而过激反映又不符合身份要求,往往充当"地下当家人"指引着村民如何通过法律、信访、投诉等途径来取得上级党委政府的重视,进而继续"代理"处理。其实,这也是村党组织书记倾向"代理人"角色的一种体现,只是"当家人"角色进行了制衡。

（二）政、商两端的角色——"政治明白人+经济能人"

"我选他就是想让他带领我们致富的"，这是在村干部选举现场经常能够听到的党员群众的集体呼声。在市场化环境下，经济实力已经成为村民选择村委会主任的一个重要标准，根据"一肩挑"工作要求，实则也成为村党组织书记的一个标准。"经济能人"治村，得益于自身拥有的经济实力，在带领村民发展上就有一定的空间，在盘活村集体资产、为村集体增收方面也更有办法。然而，在获得上级党委政府及村民的赋权后，村党组织书记不能继续只做"经济能人"，更要做"政治明白人"。乡村振兴战略的实施过程中，必定对农村有一定的开发建设，"经济能人"往往能够在其中看见商机，通过正常的经济手段获取利益无可厚非，但是利用村党组织书记的位置及权力，通过不法途径，直接增加自身经济收入，是党纪国法所不允许的。此外，村党组织书记"经济能人"属性，与村内企业等外部力量的来往中，也容易滋生出腐败行为。在自身利益、外部利益及集体利益中保持亲清政商关系，是村党组织书记的立命之本。

（三）名利双收的追逐目标——"村庄头面人物+资源分配者"

村党组织书记在村庄拥有比较雄厚的人际积累和资本积累，由此也产生了村庄行动自信，是典型的"村庄头面人物"，根据"一肩挑"的工作要求，村党组织书记也是村经济联社的一把手，对于村集体经济中的资金、资产、资源有相当大的支配权力，是"资源分配者"。维护住村庄头面人物的名声，获取村集体经济支配中的利益，是村党组织书记的追逐目标。在市场化环境下，村庄资源分配最容易受到裙带关系影响，每个家庭都为增收而努力，村党组织书记及来自其亲友的私人关系对其束缚是不可估量的。如果村党组织书记以私济公、无私奉献，必将引发家庭对其的反制；如果村党组织书记中饱私囊、优亲厚友，又会引起村民对其的反制，影响其"村庄头面人物"的名声。在村庄的交往中，最为明显的就是家长里短、人情往来、利益共享，实则考验着村党组织书记的分配智慧，也是自身利益与村集体利益的有效权衡。

第六章　村民代表及其会议在乡村治理体系塑造中的作用

在 30 多年的村治实践中，村民代表及其会议制度的应用成效得到充分检视。广东省作为改革发展的前沿，市场经济迅速发展，农村劳动人口大量迁出，传统乡土社会与现代思潮激烈碰撞，涌现了一批基于村庄社会自身特点，围绕村民代表会议进行自我探索、治理创新的成功案例。在广州下围村案例中，其村民代表会议作为核心组织工具，展现出优越的作用效能，不仅能满足当前乡村治理体系的需求，还为探索新时代乡村治理格局提供了新载体和新出口。

基于乡村振兴下治理体系的塑造，厘清村民代表的内在结构和外在功能是探讨其乡村治理机制的研究基础之一。参考代表理论对于解释代议制民主的可取性，建立代表理论与村民代表及其会议制度的学术对话，能深入阐述村民代表会议的有效塑造功能。

第一节　代表的主体类型

一　选举型代表

皮特金代表理论的前提预设是代表的产生是基于选举形式，选民分别通过两次选举来完成对代表的授权和问责，且两次的选民应为同一主体，是典型的承诺式代表。但在实际中，选民主体在授权到问责过程中会有所变动，而代表为了获得下一次连任的奖励，会更迎合问责阶段的选民偏好。对此，曼斯布里奇（Jane Mansbridge）将这种新的代表模式称为预期式代表。[1] 事

---

[1] Mansbridge J., "Rethinking Representation", *American Political Science Review*. 2003, 97 (04): 515-528.

实上，以上两种选举型代表都基于一个原则——谁选举就向谁负责，并存在着明显的问责激励要素驱动。因而，曼斯布里奇补充了两种非直接性问责的代表模式：替代式代表和陀螺型代表。替代式代表，即"一种代表与其选民没有选举关系的代表模式，即另一选区的代表"。[1] 这与柏克所主张的实质代表制非常相似，即"一个缺乏代表的地区因为与其他拥有代表的地区的利益或意见一致，实质上也获得了代表"[2]。陀螺型代表，即选民希望其选择的代表能在无外部激励的情况下按其满意的方式行事。这些代表围绕其轴心旋转，像陀螺一样运作，去追求某种固定的目标。以上四种代表形式相互补充，构成了完整的选举型代表体系。

二 非选举型代表

上述选举型代表都是基于一个民主选举制度的前提产生，却忽视了现实中的非民主选举的代表行为。对此，迈克尔·萨沃德（Michael Saward）提出了代表性宣称的概念，有助于更好地解释代表的产生。他认为代表是提出和接受代表性宣称的持续性过程，无论在制度内或制度外，基于根源、专业知识、特殊资格、广泛利益或新兴声音等而提出的代表性宣称，如果被特定群体接受，那么这些宣称的提出者就是他们的代表。[3] 此外，劳拉·蒙塔纳罗（Laura Montanaro）关注到在制度外提出代表性宣称的行动者，并将这些行动者概念化为自我授权型代表，如：边缘群体、少数选民等。[4] 而在制度内实现的一种正式的非选举型代表——公民代表，可以弥补选举型代表和自我授权型代表在民意表达不足的缺陷上。"公民代表一般由政府出面直接从大众中间随机抽签产生，其职能主要在于参与某项政策的讨论与制定。"[5] 无论选举机制还是代表性宣称，其基础都是选民的同意或承认，但在缺乏选民同意的情况下，

---

[1] Mansbridge J., "Rethinking Representation", *American Political Science Review*. 2003, 97 (04): 515–528.

[2] 黄小钫：《实质代表制与实际代表制——美国制宪时期的代表理念之争》，《浙江学刊》2009年第1期。

[3] Saward M., "Authorisation and Authenticity: Representation and the Unelected", *Journal of Political Philosophy*, 2010, 17 (01): 1–22.

[4] Montanaro L., "Self-authorized Representatives: Democratic Representation and Contemporary Politics", Vancouver BC: 2008.

[5] 聂智琪：《代表理论的问题与挑战》，广东出版社2013年版，第90—102页。

代表又是如何产生呢？而安德鲁·雷菲尔德（Andrew Rehfeld）补充了第三方观察者的承认，即观察者使用一套承认规则来判断某人在具体的情况下是不是某个群体的代表。[①] 综合众多学者对代表主体的分析，本书归纳出以下代表类型：

表6-1　　　　　　　基于代表主体的代表类型划分

选举型代表	承诺式代表	
	预期式代表	
	替代式代表	
	陀螺式代表	
非选举型代表	有选民同意	有选民同意
	缺乏选民同意	缺乏选民同意

资料来源：作者自制。

第二节　代表的客体类型

"代表什么"是对代表的客体的讨论，而当代表被应用在政治生活中时，它是对不在场的人和事物所需要表达的利益、偏好、意见的呈现，有助于解释代表的行为和选择。主要划分为：

依托地域划分。将居住作为享受平等权利的条件，以地域作为标准对代表的客体进行区分。现代学者认为，代表就是由特定的选区选举出来，就应该代表该选区选民的意愿和利益，当代表的行动没有符合其选区的利益，那么选民也就得不到代表。但如集体代表观认为，代表选举出来了，就应不受选民限制，而是应该代表全国的整体利益。[②] 如替代式代表和实质代表两种形式，就从规范的层面论证了，可以将选区外的意见和利益包容进来，实现对全国整体民众的代表。

依托身份划分。曼斯布里奇提出了第二种代表客体，以身份为基础的

[①] Rehfeld A., "Towards a General Theory of Political Representation", *The Journal of Politics*, 2006, 68（01）：21.

[②] Robert W., "Collective vs. Dyadic Representation in Congress", *American Political Science Review*, 1978, 72（02）.

群体利益、观点和经验。这一观点起源于对代表性不足的边缘群体问题的关注，如移民、宗教、种族、性别等非地域因素。而为了保证边缘群体得到充分的代表，不会因多数人决策而导致少数人利益的损害，艾利斯·扬（Iris M. Young）主张"设计一套能够保证群体的历史经验、身份差异和观点立场得到代表的群体代表制"①，即增加具有历史经历和身份属性的描述性代表。事实上，加入描述性代表确实具有积极作用，他更容易获取群体的信任，促进群体之间的协商。

依托话语与议题划分。"话语可以被理解为一系列表示具体假设、判断、看法、意向和能力的种类和概念。"② 以话语与议题作为客体区分代表，能更广泛地展现协商中不同的利益相关主体，是对上述两种客体的有力补充。首先，话语和议题更能表现代表的真正面向，直接揭示代表的主要目标和利益主张。其次，在全球性的协商和制度中，"政治权威分散到了跨国政府组织和由社会运动、非政府组织、专业协会等行动者构成的非正式网络中。在这种情况下，选民不是围绕领土，而是围绕不同类型的议题"③。

第三节 乡村治理体系中村民代表权行使机制

下围村的典型性在于它经历了一个从"大乱"到"大治"的自发性组织探索的过程，前期表现出了派系斗争、村"两委"对立、干群矛盾等治理困境的特征和属性，是大多数"问题村""上访村""维稳村"等治理失败村庄的缩影。但后期的下围村围绕村民代表会议制度进行组织改革，成功实现了华丽"蝶变"，撬动起村内的民主治理、能人治理和共同体治理，这为众多寻求治理突破的村庄提供了不可多得的"示范"作用。

一 下围村治理困局

下围村的治理困局与当地一直难以解决的历史遗留问题息息相关。在

---

① 罗彬：《超越代表与选民关系的二元模式》，《国外理论动态》2017 年第 8 期。
② Dryzek J., Niemeyer S., "Discursive Representation", *American Political Science Review*, 2008, 102 (04): 481.
③ 罗彬：《超越代表与选民关系的二元模式》，《国外理论动态》2017 年第 8 期。

20世纪90年代初期，下围村被划入市经济开发区范围，市政府需要大面积征收村集体土地，并对应支付了巨额的补偿金。但当时以村支部书记为首的村"两委"直接掌控村事务、财务的管理权，这笔补偿款项最终被非法支配和占用了一大部分。随后1994年，在下围村宅基地分配过程中，村"两委"干部更是暗箱操作，将地段好的宅基地优先分配给关系亲近的村民，使得这部分人迅速富裕起来。自此，征地补偿金和宅基地的分配不均成为导火线，彻底惹怒了当时利益受到损害的村民们。该部分村民纷纷开展维权，发起了一系列激烈的越级上访和群体性事件，并对村"两委"开展的各项村事务进行阻拦。自然而然地，下围村村民根据与以老支书为首的村"两委"干部是否亲近，是否获得利益为标准，形成了势不两立、针锋相对的两派。虽然当时的老支书最终因贪污锒铛入狱，但村内两派斗争依旧不息，干群关系紧张，村"两委"矛盾反而因新一轮村干部选举愈演愈烈。

1999年，下围村开始了第一届村级直选，两派利益阵营深知只有让自己派系的人进入村"两委"中，才能掌握村的资产、资金、资源，避免过去由少数人独占的局面。因此在选举过程中，两派核心人物分别与亲戚朋友以及利益相关者形成同盟，利用拉票、买票拉拢其他村民，派系斗争范围进一步扩大。特别是在第一届村级直选的时候，矛盾重重的下围村由于选情异常激烈成为广州最后完成直选的行政村，上级政府迫不得已出动400名警力在现场维持秩序。而在1999年至2014年期间，由于派系斗争，每回村"两委"换届，不管是由哪派的人当选，另一派的村民就会一律反对，出面阻挠村干部工作的开展，甚至制造麻烦，直接上升为干群矛盾。在此基础上，分别担任村委会干部和党支部干部的两派人也由于派系利益的纠纷，形成了各自为政、相互刁难的村"两委"制衡局面，矛盾激烈的时候还为争夺公章而闹上法庭。

在下围村治理困局中，村民代表会议逐渐被边缘化，民主决策功能失序，村中事务依旧由少数人说了算，导致村务混乱、发展滞缓、公共设施落后、环境污染等一系列问题。下围村村民对此更是怨声载道。在这持续内斗的20多年中，下围村成为臭名远扬的"问题村""上访村"和"维稳村"。

导火线：征地补偿金、宅基地分配不均 → 派系斗争根源：争夺"三资"控制权和处置权 → 衍生问题：干群关系紧张村"两委"矛盾 → 困局：经济倒退、村务混乱、"维稳村""上访村"等

图6-1 下围村治理困局脉络

资料来源：作者自制。

二 下围村治理蝶变

直到2014年，下围村进行了第六届村民委员会换届选举后，一群新的村"两委"领导班子、一套新的治理机制、一次新的治理变革，为下围村带来了新的生机。下围村在村"两委"主动"赋权"的前提下，恢复了村民代表会议的有效作用，村民代表会议成为名正言顺的民主决策中心，实现村民当家作主，并通过民主协商的形式极大地缩小了寻租空间，村民牢牢掌握住村集体利益的分配和使用权力，撬动起下围村的治理活力。

（一）"民主协商"成为下围村村治新常态

从2014年3月至2018年12月，下围村共召开村民代表会议43次，商议议题97个，表决通过事项96项，否决事项1项。其中，96项表决通过的议题中，已有84项得到落实办理，其余12项也在落实过程中，无一受到村民恶意阻挠和质疑。通过完善和推行村民代表会议制度，下围村中所有财务、事务均实现透明化、公开化管理，村民对村"两委"的信任得以恢复，曾经涣散的人心也迅速聚拢起来，形成了团结协作的村"两委"班子和融洽和谐的干群关系。

（二）下围村过往遗留问题在村民代表会议中得到有力解决

下围村通过村民代表会议对闲置20年的村集体经济项目进行整体回收和出租经营，盘活了部分闲置的土地，每年为村集体经济增收50多万元；经过协商引进多个优质项目，取缔300多家"散小乱"的养猪场，实现产业项目的升级发展。治理创新后，下围村集体收入从2013年的320万元增长至2016年的2000多万元，开启了下围村发展新模式。

（三）下围村社会秩序和民生福利得到极大的改善

通过村民议事平台，下围村以和平的方式收回了被村民私占多年的土地，并将土地用于修建公园、广场和休闲平台，覆盖面积多达 36500 平方米，其中增加绿化面积 25550 平方米，使得村容村貌改头换面，社会管理秩序井然。同时，下围村建立了老人生活福利金制度，成立专项帮扶基金，开办幼儿园和卫生站，在一些节假日期间还会积极开展赛龙舟、舞蹈比赛、老人宴和孩童暑期公益活动等，充分激活了下围村人文氛围。

下围村治理面貌焕然一新，曾经的上访大村也一跃成为全国民主法治示范村、全国依法治理先进单位、广东省先进基层党组织、广州市文明示范村，其治理成效迅速吸引了社会各界的关注和讨论。除了《人民日报》、中央电视台等主流媒体对下围村的"蝶变"展开了相关专题报道外，各级政府部门、单位组织、专家学者等调研团队更纷纷前往下围村考察学习，对其村民代表会议创新机制进行深入研究，以期挖掘出其对解决当前乡村治理"空转"问题的揭示性意义。

第四节　下围村村民代表权在治理体系行使中的经验

下围村过往村民代表的产生，既缺乏选举的合法性授权，又没有切实的问责之举，村民代表最终只沦为两派争权夺利的筹码，加剧了村民代表会议组成的随意性和派系性。因此，村级自治组织开展的治理行动也会彻底失去村民的支持和信任，村民代表会议更谈不上发挥其民主决策的有效性。而在后期的治理改革中，下围村村民代表会议能快速重新回归村治中心，促进各项事务稳步推进，与其创新了一套要素多元、职责清晰的代表体系密不可分。

一　基于村庄结构的承诺式代表和实质代表
（一）在共同体结构和产权结构基础上的推选程序

下围村的代表推选程序结合了其内在的乡土人情、共同体结构、产权结构、人口特征等因素，展现了代表联系覆盖面广、集体动员效果明显的优势。首先，下围村的共同体结构是建立在村级统一经营、合作社划分单位的基础上。而下围村治理的基本单元——合作社，又是下围村依据天然的地缘关系划分而成的。也就是说，合作社内不仅保留了人民公社时期生产队协作生产、协作经营的活动方式和习惯，还以历史上、地域上形成的宗亲支系团体为组织基础，打造出具有其自身乡土价值的伦理场域。而场域内的关系网络、成员互动方式、信任机制、生产活动等要素都充分决定了合作社成为下围村事实上的一级共同体。

其次，下围村设立行政村后，各合作社基本不再掌有经济职权（仅保留少量的自留地自行分配），而是统一上移至村级的经济联社负责，经济联社社长由村委会主任担任。但集体经济、资源的使用和分配始终通过村民代表会议的形式，由村民代表进行商议表决。也就是说，各合作社的集体资源、资金、资产合并收归至村级层面，合作社成员权在村级共同体集合代理。村中产权结构也从过往的各合作社分散经营，转变为村级统一经营，实行村级共同建设、共同治理、共同享有。通过集体经济组织形式，下围村在自然村（行政村）上，不仅统一了产权单元，也构建出了利益相关共同体，形成了合作社和行政村两级共同体结构。

针对下围村的两级共同体结构和村级产权结构，村民代表的推选机制设计也就必须体现且满足这两点。下围村村民代表具体产生过程可划分为：确定选区选民—分区配额—村民海选。首先，村民代表产生于各合作社内，以合作社为选区；选民须满18周岁并且是各合作社的村民，否则选票无效。其次，村民代表的人数严格按照《村民委员会组织法》规定的"五至十五户推选一人"的标准进行各合作社的名额配置，而下围村结合610户的人口特征，平均按7户推选一人为代表。最后，在规定的时间、场合内，村民对应自己选区实行一人一票的原则，进行海选。而目前下围村共产生85名村民代表，各合作社也对应配额选出相应代表，如图6-2所示：

图6-2　下围村各合作社村民代表配额

资料来源：作者自制。

(二) 承诺式代表和实质代表的有效性成因

在村庄结构和内生价值基础上的代表产生机制，既肩负了合作社一级村民治理的偏好、价值观，也满足了行政村一级集体利益决策的需求，其有效性关键在于村民代表的双层身份属性。

第一，合作社单位是以地域为依托的承诺式代表。首先，下围村各合作社作为选区的一级选举单位，本身就是根据村民自然居住的村域划分而成的，由此产生的村民代表天然地能与共同体内的每个村民产生联系，在趋同的价值观、偏好选择上更容易达成一致，从而获得选民的支持和信任，提高村民代表的行动力。其次，由于合作社单位较小，人口流动性弱，村民结构较稳定，每届的选民基本可以预设为同一批人，为了维系代表身份，争取下一次的连任，村民代表就必须持久地履行对选民的承诺，村民也可以通过是否让代表继续连任来作为问责方式，即承诺式代表的动力来源于代表的连任意愿和对选民的惩罚担忧。这样既增强了村民代表的权责意识，也提高了村民的监督效果。综上两点，在合作社单位内，下围村村民代表能有效串联起村民的利益，具有良好的代表效果。

第二，村一级单位是利益一致的实质代表（类似于替代性代表）。下围村村民代表的先进性，还在于它是实质代表①，从而形成了整体性的集体代表。从理论上讲，以地域为依托的选举式代表，会把选区之外的利益群体排斥掉，而下围村的每个合作社所产生的代表人数又参差不齐（如图6-2，最多的合作社有14名村民代表，而最少的仅有2名村民代表），更容易出现大选区间相互博弈制衡，小选区因代表性不足而被排斥的问题。但在现实中，下围村将集体经济权力收归至行政村级层面，决定了合作社利益与村级利益的根本一致性，各合作社间形成了共同平等的利益相关。因此，下围村村民代表具备了集体代表的形成基础——利益一致，更愿意从村庄的整体利益出发，而非拘泥于合作社范畴，避免了少数派代表性不足的问题，降低了派系、宗族问题对村庄治理的干预。

---

① 代表由谁选举就是谁的代表，这是代议制民主天然的基本原则。但曼斯布里奇的替代性代表和柏克主张的实质代表制非常相似，均认为在现实中可以通过这两种形式实现集体代表，即"一个地区没有选举出代表，但由于与其他有代表的地区的利益相同，实质上也获得代表"。

（三）基于可描述特征的群体代表配置

下围村村民代表结构的设计还融入了广泛的群体代表，使之能反映不同的村庄群体需求，协调各主体之间的利益冲突，以实现公共利益最大化。而描述性代表是现代代表制中最常见的群体代表确定方式，即要求代表必须与被代表者共有某种可描述的客观特征，如：性别、民族、职业等方面。而当下乡土文化多元碰撞，村庄治理主体复杂多样，村民代表会议作为利益协调、公平分配、矛盾疏导的平台，其代表结构更要准确把握好村民的社会结构，予以适当的群体代表比例配额，扩大政策的公共利益覆盖面。而在下围村的85名村民代表中，就对性别、党员身份、村"两委"成员身份的描述性特征进行了比例代表配置。

表6－2　　　　　　　　下围村村民代表成员结构（N=85）

项目	分类	数值（人）	百分比（%）
性别	男	50	58.82
	女	35	41.17
是否党员	是	10	11.76
	否	75	88.23
是否村"两委"成员	是	0	0
	否	85	100

资料来源：作者自制。

1. 性别结构

为保障妇女群体的经济、政治和社会的相关权益，《村民委员会组织法》明确规定了"妇女代表应当占村民代表会议组成人员的三分之一以上"。而任何一个群体的代表在决策层达到30%以上的比例，才可能对公共政策产生实际影响力。[①] 下围村村民代表组成结构中妇女占41%以上的比例（表6－2），严格执行了《村民委员会组织法》规定的性别比例代表制，为农村妇女群体发出声音、积极参政提供了行之

---

① 尹旦萍：《新农村建设公共政策的社会性别分析——兼论社会性别主流化的实现途径》，《妇女研究论丛》2008年第3期。

有效的手段，使得下围村村民代表会议成为性别平衡的决策机构，提高了村庄公共政策的公平性和有效性。

2. 党员结构

《中国共产党农村基层组织工作条例》规定："村民委员会成员、村民代表中党员应当占一定比例。"① 虽然条例没有明确要求党员的具体设置比例，但还是突出了党员在村民代表结构中的关键性和必要性。而在代表体系中配置党员群体代表，不仅有效解决了村庄政治代表性问题，还在议事决策过程中融入中国共产党的路线方针政策，为新时代乡村治理体系提供了坚实的政治支持。

3. 村"两委"身份

下围村受过去"村'两委'自治""村官自治"的治理阴影影响，村"两委"成员是村庄集体利益分配、民主决策过程中的敏感群体，虽然《村民委员会组织法》规定村委会成员在村民代表会议中享有表决权，但下围村的村"两委"成员为了不给群众代表形成投票压力，主动避嫌，自觉放弃表决权，不再担任村民代表。村级权力机构与执行机构的人员构成名单得到明确区分，防止了村"两委"对村民代表会议造成决策操控的现象。

二 价值多元的代表客体聚合方式

规范的代表体系应具备包容性，尽可能多地将公共政策中涉及的不同方面、不同利益的客体要素（代表什么的问题）考虑进来，保证每个受集体决策影响的人都有平等的机会影响决策、反映利益、表达观点。下围村村民代表会议通过引入多元协商主体，有效补充了除地域代表之外的其他客体要素，如话语、议题、身份等；有效构建出一套以多元价值为支撑、实质村民主权的代表体系。具体表现为：以村民代表为决策主体，村"两委"成员、合作社干部、村监督委员、镇驻村干部、法律顾问、议题当事人等利益相关主体多元协商，展现出了多元价值取向和决策主权聚合统一的特点。

（一）价值取向多元

在利益相关的前提下，下围村村民代表会议具有代表性强、广泛

---

① 《中国共产党农村基层组织工作条例》第六章乡村治理中第十九条规定。

性高的参会人员结构,他们平等对话,体现了多元价值的客体呈现。只要是议题涉及的对象,下围村村民代表会议都有其明确的角色定位和价值取向。

村民代表由村民选举产生,在村民代表会议上表达村民意愿、呈现村民利益,在村民代表体系中占据着重要的主体地位,实现民主决策是其主要价值取向。

村"两委"干部、合作社干部是村务的重要执行者,他们熟悉了解和具体参与到村务事项的整个管理过程中,实现民主管理是其主要价值取向。

村务监督委员在上级党委政府指导下和村级党组织领导下,对村务、党务开展监督工作,实现民主监督是其主要价值取向。

镇驻村干部作为村级工作的主要协调员,保证上级党委政府的政策指令上传下达,落实上级行政指导工作是其主要价值取向。

法律顾问作为专业型的参与人员,协助村庄依法制定村规民约,保证议题的提出、决策和执行都合法合规,实现依法治村是其主要价值取向。

议题当事人是指议题决策涉及的当事人或对象,如村内企业代表、外来人员、普通村民等,实现和维护自身合理的权益是其主要价值取向。

上述不同的参会个体,虽然不都像村民代表那样经过选举进入村民代表会议中,但正如迈克尔·萨沃德提出的代表性宣称,"基于根源、专业知识、特殊资格、广泛利益或新兴声音等而提出的代表性宣称,如被特定群体接受,那么这些宣称的提出者就是他们的代表。"[1] 不同的参会个体身上肩负着不同群体、组织的利益、偏好、价值观等客体要素,不仅为村民代表作出慎重的决策提供了全面的信息、参考的依据和思考的角度,也为村庄公共政策发出了更开放、多元、专业的声音,构建出一套有多元价值支撑的代表体系。

(二) 决策聚合统一

下围村案例的村民代表体系虽然有着广泛多元的声音主张、价值倡导、意见选择为参考,但其根本实质还是在于村民实质主权,要以村民代表最终决策的形式完成多元价值的有机聚合。即村民代表是在多元利

---

[1] Saward M., "Authorisation and Authenticity: Representation and the Unelected", *Journal of Political Philosophy*, 2010, 17 (01): 1–22.

益相关者协商的基础上进行统一决策的。下围村村民代表通过聚合多方价值取向，行使统一的决策主权，最终作出符合村民利益最大化的选择，具体表现为实现了定人定责的差别化权限配置。如表6-3所示，下围村的村民代表会议制度要求其村"两委"成员不享有表决权，仅保留主持权和议事权。合作社干部、村务监督委员、镇驻村干部、法律顾问、议题当事人等主体也拥有议事权，但议题的最终表决权由且仅由村民代表实行。此外，村务监督委员另外享有监事权，监督会议各个流程和人员是否依法合规。

下围村通过规定的决策权限将广泛多元的协商意见聚合起来，这样的做法既保障了议题尽可能多地听取到多方的想法，也能确切地把握好村民代表作为村务决策的主体地位；既坚定了以广大村民根本利益为大前提，又实现了开放式参与的自治新形式；充分展现出村民代表体系中的多元价值碰撞与有机融汇，为乡村治理增添活力。

表6-3　　　　下围村村民代表会议的差别化权限配置

人员	决策权	议事权	主持权	监督权	旁听权
村民代表	√	√			
村"两委"干部		√	√		
村务监督委员		√		√	
合作社干部		√			
镇驻村干部		√			
法律顾问		√			
议题当事人		√			
旁听人员					√

资料来源：作者自制。

第五节　村民代表及其会议对治理体系塑造的基础性作用

村民代表会议的有效性分析，关键还是要回归至其本身作为组织工具的功能讨论上。下围村的组织化创新通过村民代表会议制度单一杠杆，成功撬动起民主参与、能人参与、共同体组织等多样化、本土化的组织形式，展现出村民代表会议优越的组织功能。

一　激发村民民主参与
（一）村治公平和效率的悖论

村民自治制度设计的初衷就是通过群众自治实现基层农村的直接民主。而在村民会议制度中，村民既是统治者又是被统治者，其民主的治理结果需要由全体村民共同表决形成，是全体村民利益诉求和意愿表达的聚合。可以说，村民会议秉承着基层直接民主和村级治理公平最大化的理念和使命。而随着《村民委员会组织法》的颁布和施行，村民会议也成为村治中民主决策的最高权力机构，肯定了其民主性质的理念追求和立法价值。但从另一方面而言，囿于农村人口众多、流动性大、居住地域广阔分散，村民会议往往出现主观上不愿意开和客观上难以召开的问题。同时，村民会议的参与人员数量庞大，其决策机制也容易受到非理性的情感因素影响，出现公共决策效率低、成本高的问题。上述的现实障碍导致村民会议制度虽然得到了广泛的建立和推广，但却存在着实际使用率较低、成效性较差的尴尬。在农村基层民主化建设道路上，若按照《村民委员会组织法》规定，实现以村民会议为主要组织形式的村民自治，那么公平和效率的悖论关系似乎会使村级民主治理进入一个两难选择的境地。然而，追求公平的民主理想和考虑效率的民主现实真的难以匹配、不可调和吗？对于这个问题的回答，显然要回归至我们追求什么样的民主来讨论了。

如表6-4所示，实质民主和程序民主在公平和效率上具有不同程度的相关性。一方面，无条件地以实质民主为中心最终只会导致治理脱离现实，个人权利压倒一切，忽视了效率、成本、代价等经济理性要素。另一方面，无条件以程序民主为中心也会导致治理忽视了结果的公平性、民主性，容易造成多数人对少数人的暴政，最终沦为没有理想、信念的制度空壳，失去了灵魂。因此，只有实现实质民主和程序民主的有机统一，找出二者之间的最优平衡点，才能有效解决公共决策中的公平和效率问题，才能满足有效性要求下的治理民主要求。

表6-4　　　　　　　民主性质与公平、效率的相关度

	实质民主	程序民主
公平相关度	较高	较低
效率相关度	较低	较高

资料来源：作者自制。

(二) 新时代民主治理的双重目标

实质民主和程序民主的冲突主要表现在价值理性与工具理性的矛盾，是应然与实然的目标错位，是结果民主与过程民主的分歧。而治理有效下的民主治理就是上述二者的有机统一体，可以依靠民主集中制度进行调和。村民代表会议制度作为人民代表会议制度在乡村社会的政体延伸，也是一种典型的民主集中制度。下围村以村民代表会议作为治理工具和技术手段，既满足了村民自治中体现最大多数人公平的政治目标，又响应了现实治理中高效、节约、精准的效率理性，实现了双重目标的并轨治理，是符合当前乡村治理有效性要求的民主治理趋向。

高公平的实质民主。高公平的实质民主旨在落实村民当家作主，即下围村治理模式中所强调的"众人的事情众人商量"。而下围村以村民代表会议制度为载体的民主治理，其公平性表现在：第一，采取普选的方式产生村级决策者。如上文对下围村村民代表的产生机制、代表结构的阐述，下围村通过"一人一票"的原则，形成了能够充分表达村民诉求和意愿的有效村民代表体系。村民代表作为政策的直接决策者和村民意愿的传达者，其公平、平等和定期的竞争、选举和问责决定了村民能否平等"发声"。第二，开放式的参与途径。除了通过村民代表的间接参与方式外，下围村村民也可通过多样的手段和途径平等地参与到相关的村级治理中，如：在村民代表会议现场听证，在村务微信平台上发言讨论，在村务公开栏和村"两委"信箱上实现监督和意见反馈等，扩大民主的覆盖面。

高效率的程序民主。下围村公共政策的形成、讨论、决策和执行都显示出了极高的效率性，具体表现如下：第一，会前"议题公示3天"，既不会因时间过长而淡化议题，也不会因时间过短而准备不足，能在村庄中迅速形成大范围的酝酿环境，提高议题的成熟度和透明度，同时也为村民

代表收集意见、形成观点提供充足的准备时间。第二，会中"限时发言"。在协商决策阶段，每个发言人仅有 5 分钟的发言时间和 3 分钟的补充发言时间。下围村村民代表会议的参会人员众多，限时发言既能保证每个发言人机会平等，也能倒逼发言人训练自身的议事能力，做到条理清晰、简明扼要地表达观点，从而提高议事效率。第三，会后"决议即时公开"。讨论事项形成决议后会第一时间以微信、村公务栏、短信等形式进行公开和公示，确保即时传送决议结果，最大程度上做到全民知情、全民监督，增加会议透明度，为后期的决议执行奠定了坚实的民意基础，保证会议决策效果的延续性。

二 融合能人治理模式

（一）下围村"能人治理"的典型性

自古至今，能人都是中国乡村治理情境中的关键群体。随着农村市场经济的开放和发展，越来越多的地方政府鼓励精英、乡贤、富人等群体返乡回流，下沉至乡村基层中，利用其自身带有的人脉、能力、威信、财富等资源实现"精英治村""乡贤治村""富人治村"等，以增强乡土社会的治理活力和振兴相关产业发展。但现实中，大多"能人治村"的本质还是在于以少部分先进群体主导乡村社会的治理秩序，一定程度上与实现最大多数人根本利益的村民自治理念相违背。

而下围村"能人治理"的典型性就在于，其能人群体虽然对村庄的治理改革同样发挥着引领性作用，但下围村的"善治"却是以村民代表会议制度为根本性保障，规避了"少数人主政"的风险，最终实现的是能人要素有机嵌入下的村民自治，具体表现为"村民当家作主，能人协调辅助治理"。而这也正是"能人治理"区别于"能人治村"的关键之处。下围村"能人治理"是以维护和践行村民自治为前提的，村庄能人积极介入和参与到农村基层的政治、经济、文化等多方面的建设。他们提出发展建议，主持民主协商，推动治理创新和积极开拓资源。但在实现村级的有效治理上，他们引领却不主导，带动却不控制，服务却不包办，始终将村庄的治理方向和发展道路的选择权、决定权交到村民的手上。因此，下围村能人群体最终能以要素嵌入的形式实现民主有效治理，而非形成少数人主政的"能人治村"，其关键在于村民代表会议制度的保驾护航，实现对能人权威性治理的民主化平衡，突显了能人治理和村民自治的兼容性。

（二）村民自治的制度护航

1. 村民代表会议制度消解了"能人治村"的潜在风险

能人作为一种优质的人才资源，在增强村干部队伍素质、提升村庄管理服务水平、带领村民脱贫致富等方面有着不可否定的积极作用。但也正是由于这些能力和资源的存在，能人群体所形成的权威性治理，一定程度上会阻碍或威胁到民主性的自治。若村庄在相关的公共决策和监督机制尚未成熟的背景下，越过村民自治体制的建设和完善，直接实行"能人治村"，让能人作为村干部充分主政，实然是冒着极大的"官僚主义"政治风险和"少数人统治"的民主成本。而下围村通过创新和落实以民主协商决策为核心的村民代表会议制度，有效规避了上述的风险：其一，村民代表会议对能人主要发挥作用的村"两委"平台进行严格的监督和问责，具体表现在下围村"两委"要向村民代表会议负责。村"两委"是下围村能人发挥作用的主要舞台，而下围村村民代表会议每个月至少要听取、审查一次村"两委"的工作报告、财务收支情况及相关项目政策的执行情况，且可对村"两委"成员的工作进行评议，甚至有权聘用或弹劾相关的村务管理人员，牢牢地将村"两委"的权力关进"笼子"里，防止能人村干部权力滥用和"不作为"的问题。其二，村庄资源的自我整合能力由村民代表会议的组织化程度决定。能人群体虽然是招引外部支持性资源和挖掘本土发展性资源的带路人，但资源的具体使用、分配和协调始终由村民自行决定。下围村结合村民代表会议具有多元利益主体参与、决策主权集中统一、集体动员效果好等高度组织化的特征，以公共决策和监督问责的形式实现资源的最优整合，回避了能人与村庄资源的直接利益挂钩。

2. 村民代表会议制度下的"村民—能人"关系实质是自治与共治的体现

构成能人队伍的成员不全都是体制内的村干部。事实上，由上级政府选派的驻村团队人员、由乡土社会自发育而成的企业家乡贤、由村庄自主选聘或组织的公益团队等，正是下围村最缺乏的管理经验、资金资源、信息技能的拥有者，也是重要的治理能人群体，为村庄治理秩序共同注入多元活力。能人来源的广泛性和多样性，一定程度彰显了"能人治理"多元共治的本质。而下围村以村民代表会议为核心，实现了村民自治与能人多元共治的有机交响。

一方面，下围村构建了多元主体共同参与的"一站式"服务平台。通过聚集村域内的村民议事厅、行政服务中心、文体活动中心、社情民意反馈室、矛盾协调室等公共平台，下围村孵化打造了一个便民的综合型公共服务中心站。而村内一般性的村务管理、纠纷矛盾、意见反馈、活动策划等都集中在这个公共空间和场所进行处理和解决。无论是村干部、镇驻村团队或是普通村民，都能通过公共服务中心参与到村级的公共事务和活动中来。这样既保证了形式各异、能力多样的能人群体能充分发挥其各自的特长，同时也能实现高效的组团式服务，形成群体合力。另一方面，下围村的"能人治理"是建立在村民自治制度的基础上的。在一般意义上的"能人治村"模式中，能人主导下的村庄治理更常常表现为：在民主选举阶段实现了普遍民主和广大群众的热情参与，但在选举后的"民主决策、民主管理、民主监督"阶段则显示出村民自治热情消退、政治冷漠，公共权力、治理秩序转换为由能人操纵和主导。而下围村通过完善村民代表会议制度的民主决策机制，有效贯彻执行和落实了村民自治的四个民主环节，使下围村的民主治理进程得到深化，正式迈入"后选举阶段"，打通了一条"自我管理、自我教育、自我服务"的可行路径。

三　打造共同体治理

（一）下围村现代共同体重塑

过去的村庄是熟人社会，以家庭为核心，基于乡土意识形成了志同道合的村庄共同体。在此基础上的农民都具备强烈的乡土情怀和家园情结，以默认的、有约束力的思想信念作为村庄整体的力量和共情基础。但随着中国人口结构性运动发展，农村出现原子化、空心化、碎片化等问题，造成了村庄共同体支柱性力量的抽离。而天然的共同体一旦解体，其过程则是不可逆的，那么村庄共同体的重建，就必须依靠人为统一的选择意志进行整体性重构和治理功能导入。而下围村通过文化、经济两个层面的整合，构成了现代化共同体的重启力量。

1. 村庄文化认同回归

下围村通过重建文化认同感，激发村民情感共鸣，滋养村庄内生动力，重构出村庄默认一致的现代化精神。主要从以下几个方面进行：第一，组建村内公益性团队和组织，利用其专业知识、人力资源、发展理念等，分担部分乡村公共规划工作，营造和谐文明乡风。如：下围村大学生义工团队积极参与到村级公共活动的策划和组织中，形成广阔的公益受益面，获得村民的普遍认可。第二，从村庄清洁、环境整治入手，提高村民居住的满意度和自豪感。下围村回收和整治了村内的清水湖，并利用慈善筹款和上级政府的财政补贴，建设功能现代、环境优美的休闲娱乐平台，保障了村民的生活质量，逐步恢复村庄集体认同。第三，以民为本，加大对村民生活福利的支出，打造守望相助的"家园"氛围。下围村成立了多种福利金制度，如老人金、贫困群体补助金、优秀大学生奖学金等，提高村民的福利收入。第四，丰富村庄公共文体活动，活跃村庄公共生活。下围村积极开展龙舟赛、篮球赛、舞蹈赛和老人宴等活动，加强了村内人员的交流互动。

2. 基于经济共同体的集体理性

基于公共资源的有限性和个人利益优先化与最大化的考量，个人理性会摧毁村级集体理性，个人目标也会偏离村庄公共目标，这也是众多村级内部产生矛盾的一大重要原因。而下围村通过统一产权和治权，实现集体利益和个人利益的一体化，构建出村级经济共同体，有效驱动村集体行动力，使个人理性转化为集体理性。具体表现为：第一，实现村级经济共融，配置产权与治权的对称性。下围村成立村民合作经济组织——村级经济联社，实行村集体经济统一经营的模式，集体代理了全体村民的经济行动，稀释了合作社的产权单位特征，淡化村民个体之间的利益比较，迅速将产权集中在村一级当中，打造规模产业。而对应地，下围村也将治权匹配到村一级单位上，以村民代表会议为协商决策和利益分配平台，享有村级"三资"的配置权，实现资源整合和村级集体收入公平分配。第二，升级村级经济发展方式，发展休闲农业，开发乡村旅游资源，转变经济结构。下围村在上级政府指导下，将闲置房屋升级改造为"万家旅舍"，用于建设特色乡村旅游产业链，辐射带动了附近的农家餐饮、休闲活动等配套产业，为集体创收。下围村通过科学规划，强化集体经济组织服务功能，形成了互洽互济、共生共融的集体经济结构，为村庄共同体上层建筑的打造奠定了经济基础，极大地增加了村级集体收入，有效促进了公共集体理性和合作精神的形成。

(二) 村民代表会议是现代共同体的新权威承载体

滕尼斯认为,默契、共享和权威是构成共同体的三大要素。[①] 下围村在文化和经济两个层面,形成了新的默认一致和产权一致,初步创造出具有现代化特征的共同体雏形,但要激活共同体的有机运作,寻求村庄中新的共同体权威是关键一步,这关系到共同体的运转轴心。对于下围村这一类受现代化思潮和市场化经济冲击而不断形塑演变的村庄,其共同体运行逻辑也有别于一般封闭传统的村落。下围村作为东南部沿海富裕型村庄,人员流动性加强,半熟人社会性质显露,村庄边界也逐渐向社会空间延伸渗透,村庄成员生发出更强烈的权利意识和利益诉求,个人领袖的可支配权力和权威辐射范围也随之削弱。对此,现代共同体对有效的村庄权威也产生了新的要求。其中,村民代表会议以集体认同和正式制度保障为核心的组织权威则展现出强大的适用性,成为村庄新秩序的"承载体",推动下围村共同体的重塑,实现共商共治秩序输出,如图 6-3 所示:

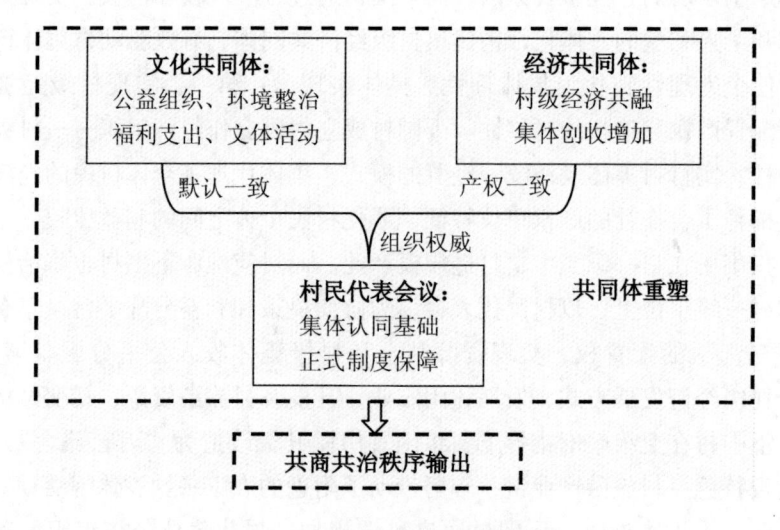

图 6-3 下围村共同体重塑机制

资料来源:作者自制。

[①] [德] 滕尼斯:《共同体与社会》,林荣远译,商务印书馆 1999 年版。

1. 村民代表会议具有广泛深刻的认同基础

村民代表会议为解决村域重点、难点问题提供了有序协商、民主决策的治理平台，为共同体内各种身份的人员创造了合作共治的机会，有效凝聚合力和集体目标，获得村庄一致认同。首先，村民代表作为参会主体，积极联系群众，为共同体成员表达诉求，并在广泛收集民意的基础上进行集中议事，实现有效代表，获得村庄成员的一致授权和认同。其次，下围村村民代表会议充分吸纳了村"两委"干部、镇驻村干部、法律团队、合作社干部、村务监督委员、村务当事人、普通村民等多元身份的人员参与，涵括体制内外、村庄内外的范围，其开放包容的特点满足了村庄多元价值的治理需求。

2. 村民代表会议具备严格的正式制度作为保障

下围村村民代表会议是村务决策系统中最频繁运作的组织机构。它依靠正式制度的详细规划和设计，理清了村民自治的议事清单、议事边界和议事范围，明确了具体的产权内容，并将治权有效集中在村一级治理单位中，保障了"村民主权"的实质治理目标。其正式制度的合法性、程序性和权威性，极大地保障了村民代表会议既不会越权议事，也不会不履行自身的议事决策功能，自觉限制权力的使用，从源头上减少了寻租空间，获得共同体成员更广泛的认可、支持和信任，有助于在此基础上形成常态化的共商共治秩序。

第六节 村民代表及其会议在乡村治理体系塑造中的效能条件

在当今复杂多变的时代背景下，村民自治的有效实现形式需要满足开放性、本土性和整体性的要求，这是一项任重道远的复杂工程。而下围村的成功治理揭示了村民代表会议制度的有效应用对解决村治"空转"问题、实现"善治"是大有裨益的。从"结构—功能"的搭建路径来看，下围村基于村庄内部结构和产权结构，进行村民代表的有效性选举和产生，构建出科学合理、权责清晰和作用显著的代表体系，激活了村民代表会议优越的治理功能，撬动起民主治理、能人治理和共同体治理等有效治理形式，在学理和实践上均展现出强大的推广价值和可移植性。

一 产权和治权相匹配是有效促进因素

乡村治理中，产权和治权实质是对集体利益的归属主体和分配主体的讨论，即治理单元的配置问题。从许多治理"空转"问题中，我们发现一些村庄对产权和治权的错位配置，往往是激发村民、小组和村"两委"之间的矛盾的根本原因，如：产权归属于村民小组单元，但治权却掌握在行政村级或村"两委"单元上，最终容易导致决策无效、干群冲突。而下围村以经济联社的形式回收各合作社产权，依据村民代表会议制度的形式，在行政村（自然村）单元上实现产权和治权的归整重合，构建出村一级的利益共同体，打破了原合作社产权单元之间的藩篱。结合我国复杂多变的乡村治理面貌，村民自治单元的划定，更要结合村庄的特殊性和差异性进行自主探索，寻求各自规模适合、利益相关的治理单元。而其中，配置的首要原则还是在于产权单元和治权单元的对称统一。

二 组织主体的有效构成是基础

无论是以直接民主还是间接民主的形式来实现村民自治，其最基本的影响因素还是在于"村民"这一治理主体。而在现实中，村民代表会议制度是广泛使用的治理工具，村民代表成为代议制下的直接作用主体。因此，村民代表的主体能力基础及其社会权力的使用，对总体的乡村治理水平有一定影响。而下围村的成功案例则提供了一个可复制的村民代表体系搭建模板，即村民代表的产生和组成要立足于村庄的内生价值和相关共同体结构，通过合理的群体配置名额，确保利益覆盖面广泛；并在相关利益一致前提下，引入广泛协商主体，聚合多元价值以实现高效的协商决策。因此，积极完善代表选举制度，是充分发挥村民代表先进性和保障村民代表会议有机作用的基本前提。其中，以村民代表为治理主体的人才队伍建设，不仅要确立一套以能力和代表意愿为基础的选拔基准，还要不断强化相关的问责机制，以定期考核和换届选举的方式，实现对治理主体的多元评价，通过一定的考核压力倒逼乡村治理能力和水平的提高。

三 多层次、多类型主体的融合

新时代乡村治理有效既要实现村民自治过程中的"四个民主"权利，也要以有效性为结果导向，强调了村治绩效的必要性。而面对农村地区广衷多样、村庄性质裂变复杂的独特国情，农村基层的"四个民主"纵深发展，更应该结合本土特点和自身经验，因地制宜，量体裁衣，实现制度层面和组织载体层面的大胆设计和运用。案例表明，村民代表会议制度的功能激活，对于"民主治理""能人治理""共同体治理"等诸多治理形式都有很好的应用成果。实然，以村民代表会议为核心的村民自治制度，作为外生性嵌入力量，蕴含着强大的治理动力，但该制度的有效"落地"必须建立在与实践的乡土环境、村庄基础、内生价值相适应的基础上。也就是说，乡村治理的有效实现形式探索可在合法范围内突破枷锁，进行自下而上的开拓创新，寻求各自最为合适和最为有效的治理逻辑，构建多层次和多类型的新时代乡村治理体系。

第七章 乡村无职党员在乡村治理体系塑造中的作用

长期以来，乡村治理体系的塑造更强调村"两委"干部的作用，无职党员在其中的作用明显缺位，相当一部分乡村无职党员在乡村治理热潮中"无心""无力""无处"发挥其作用，有些无职党员甚至走向了党委政府对立面。近年来，广东省在发挥无职党员作用，参与乡村治理体系塑造方面，有着诸如"头雁工程"、党员设岗定责、党员网格化管理、基层自治组织参与治理等创新。本章选取广东省滨海市的三个行政村为研究案例，对于农村无职党员参与乡村治理的有效实践进行研究分析，以此总结提炼农村无职党员参与乡村治理的有效模式。[①]

第一节 无职党员参与乡村治理的研究现状

王思林提出围绕新农村建设发挥无职党员在"双带"（带头致富、带领群众致富）、议事决策、服务群众方面的先进性作用。[②] 戎建波从发挥无职党员先进性的重要性、存在的问题及途径进行分析，提出对无职党员加强教育管理、压实责任、考核激励、加强监督管理的建议。[③] 许乾坤提出社区无职党员是社区治理的中坚力量，应拓宽党员教育路子、明确无职党员岗位职责、激发内在活力。[④] 孙秋红通过分析许昌市

[①] 应研究对象要求，本章对研究对象部分人名、地名进行了匿名化处理。
[②] 王思林：《农村无职党员先进性作用发挥问题研究》，《中共太原市委党校学报》2012年第5期。
[③] 戎建波：《发挥"无职"党员先锋模范作用的几点思考》，《现代妇女（下旬）》2014年第4期。
[④] 许乾坤：《关于社区无职党员作用发挥的思考》，《散文百家》2018年第7期。

前宋村案例，提出可以通过"一编三定"（编员进组、定岗位、定责任、定奖惩）来实现对无职党员管理的载体创新。① 魏霞则在乡村振兴战略视域下，对发挥农村无职党员作用进行研究，提出完善党员队伍建设、完善系列规章制度、健全选人用人机制、开展设岗定责等建议。②

总体而言，关于无职党员参与村里事务的研究不多，缺乏实践平台和载体，多数停留在对党员的管理教育层面，从党员发挥作用的重要性、紧迫性角度来研究，忽略了无职党员除了拥有党员身份，还是群众、社会人士，一味地对他们进行传统意义上的教育、监督，实际参与公共事务程度不高，效果也不理想，尤其是改革开放以来"强政府""去组织化"的背景下，很难真正激发无职党员参与社会事务、乡村治理的自觉性和认同感。党的十八大以来，许多学者在研究党员作用发挥方面，逐渐与当前国家正在推行的政策，诸如当前乡村振兴战略、新农村建设等工作联系起来，魏霞就从乡村振兴战略视域下如何发挥无职党员作用进行研究。显然，发挥党员先进性作用，结合当前基层党组织、村（社区）推动上级政策落实的具体过程，吸引广大党员群众、社会组织参与到具体事务中来，以实际参与事务、建设为载体和平台，依靠党员群众开展工作，如此形成有效、长效的乡村治理机制是具备可能性的。

第二节　无职党员参与乡村治理的实践困难

一　内部因素

（一）无职党员先锋模范作用发挥不出来

随着经济社会高速发展，在经济利益面前，个人经济意识增强，特别是长期在农村的一些无职党员过度重视自身经济利益，造成宗旨观念淡薄，弱化了党性锻炼，忘记了党的为民服务宗旨。乡村年轻党员长年外出务工，较少参加组织生活，党员意识十分淡薄、党员身份淡化，与党组织保持联系也较少，更谈不上发挥示范带头作用。大部分群众只知

---

① 孙秋红：《发挥农村无职党员作用的机制探索——以许昌市前宋村为例》，《党史博采》2019年第1期（下）。

② 魏霞：《乡村振兴战略视域下发挥农村无职党员作用研究》，《法治博览》2020年第21期。

道村党组织书记是党员,对本村还有谁是党员并不清楚,无职党员对自身要求也不高,未能深入践行党的群众路线,平时与群众沟通联系较少,对群众特别是困难群众关心较少,大多时候隐藏自己的党员身份。

乡村无职党员对乡村治理普遍不大关心,觉得自己不是体制内的,没有义务去参与乡村治理,把自己混同于一般群众,党的观念、党的利益、党的原则淡薄,缺乏服务意识,部分党员甚至说:"都不知道党员有什么用,除了交党费,开开会,就再也没有其他的事情。"(岳鹿村无职党员访谈记录)

(二) 无职党员参与乡村治理主动性不强

以山河村为例,该村有党员49名,其中外出党员有14名,大专及以上文化程度的党员有11名,中专、高中文化程度的党员有14名,初中及以下文化程度的党员有24名。在年龄结构方面60岁及以上的有19人,36—59岁的有16人,35岁及以下的有14人。山河村的党员年龄偏大,全村49名党员中,38%的党员超过60岁;文化程度较低,49%的党员初中以下学历。由于年龄老化和学历偏低,部分党员想发挥模范带头作用却是心有余而力不足。

从组织层面看,乡村振兴背景下,经济社会事务繁重,村党组织没有多少精力放在无职党员教育管理上。与组织投入相关联,部分无职党员对参加党的组织生活会缺乏热情,思想上不重视,长时间不愿意参加党组织生活,不关心村集体利益,不团结群众,只顾干自己的事,放松了对自己的要求,导致思想上行动上未能达到一名合格党员的标准。

二 外部因素

(一) 村党组织领导注意力不集中

作为乡村治理的领导核心,农村党组织应在乡村治理中积极发挥领导核心作用。农村党组织凝聚力、战斗力和创造力的强弱是决定农村无职党员发挥作用大小的重要因素,村党组织核心领导作用不明显,政治功能和组织功能弱化,对农村无职党员教育管理不严,对无职党员在思想上、行为上放任自流,将严重影响他们发挥先锋模范作用的积极性和主动性。

金海村"两委"干部8名,现有85名党员,其中外出党员10名。过去的金海村党组织领导核心弱化,在增强党组织组织力和发挥无职党员先锋模范作用等方面欠缺，党员活动难开展，党员在群众中的威信降低。村党组织很多事情不与党员代表、村民代表商量，缺乏议事决策、党务、村务公开、民主协商的渠道和监督机制，无法形成党员群众广泛参与、深入参与乡村治理的局面，导致许多工作陷入被动局面。

"以前村里面开会，都是叫我们到场，举举手通过，但很多事情是事先村党组织、村委会已经决定好的，我们根本没机会参与具体细节，也没有发言权、议事权和决策权。"（金海村老党员访谈记录）

农村党组织弱化，不能团结广大党员、群众，严重制约农村经济社会的发展。2014年保利地产金海湾项目进驻金海村，打造旅游度假村，当所有人都期待金海村的土地资源能给这个村庄带来改变时，却面临重重困难。一方面，当时金海村党组织书记和村委会主任不是同一个人，"两委"班子变成两个方向走路，村"两委"干部不团结、有矛盾，党组织组织力、战斗力薄弱。另一方面，村民普遍担心保利地产进驻是来圈地的，把地都征光了却不发展村经济。村党组织也没有充分发挥党员熟悉群众、了解群众的优势，没有进村入户进行普法宣传和政策宣传，未能及时地发现群众的矛盾点，导致群众不支持、不理解，征地拆迁困难重重，群众上访事件不断，人心涣散的局面严重妨碍了村庄的发展。

（二）村党组织缺乏对农村无职党员的教育管理

岳鹿村以农业为主，多数村民外出打工，是典型的空心村。同样，许多农村无职党员外出工作，很少参与党内活动。2015年以来，其党员教育管理存在以下问题：党员服务能力弱，对流动无职党员教育缺乏有效的管理，导致党员参与党组织的教育活动主动性不强；对无职党员只是平时搞学习、定期收党费，在发挥无职党员作用上认识不到位；党员教育内容安排上缺乏系统性、针对性和实效性，走过场、走形式；在2018年以前党员来开会或者参加培训，需要发放一定的误工补贴，违背了党员参与组织生活的初衷。由于村党组织对党员队伍教育管理的缺失，大部分党员放松了自我要求，思想政治素质不高，思想不够解放，开拓进取的能力不强，整体综合素质未能及时有效提高。长时间不改变这种状态，就会造成党员淡化党员身份，失去党员的先锋模范性，在一定程度上削弱了党员的先进性。

(三) 无职党员参与乡村治理无渠道无舞台

随着近几年党性教育活动的深入开展，大多数农村党员的积极性和主动性被调动起来，部分无职党员在脱贫攻坚、乡村振兴和促进社会和谐中发挥了积极作用。但农村绝大多数无职党员以何种方式参与乡村治理？尽管近些年来，岳鹿村、金海村、山河村党组织在发动更多的力量参与乡村治理方面作了探索和实践，但现实是远远还不够，主要表现为：村务党务公开不及时不到位；党员、村民代表参与乡村事务的渠道相对单一、受到限制；针对村里重要事项，不够民主协商；农村老党员中有很大一部分是从村干部岗位上退下来的，熟悉本村村情，经验足办法多，却无法有效发挥他们的作用。农村党员发挥作用的平台和载体不多，参与渠道和参与途径相对单一，在一定程度上导致他们参与乡村治理的作用大大减弱。

(四) 村集体经济薄弱

经济发展不平衡，农村集体经济发展相对较慢，群众的收入普遍不高。而随着群众生活水平的提高，群众对公共服务的需求就会加大，这就导致村集体经济难以为乡村治理提供重要的物质支撑，单纯依靠上级财政经费，难以开展日常工作。事实上，党员群众、民间组织、社会组织承担部分乡村治理任务，能解决政府面对一些复杂的矛盾纠纷有心无力的短板，在基层组织中，农村无职党员是构成农村党员队伍的最大群体，在推动资源、服务向基层下移的大背景下，无职党员发挥作用显得尤其重要。新冠肺炎疫情期间，大量党员志愿到村（社区）做志愿者，增强农村疫情防控力量就是很好的证明。但村（社区）党组织又是直接对上级负责，这就造成党委政府与党员群众的断层和分离。

第三节 广东无职党员参与乡村治理体系塑造的实践

一 岳鹿村无职党员参与乡村治理的实践

（一）"空心村"背景下的软弱涣散局面

岳鹿村位于滨海市丰海县东南侧，全村农户586户2987人，该村侨居人口多，属本村祖籍的港澳台同胞、海外侨胞达8000多人。2021年换届之后，村"两委"干部6名，党总支书记、村委会主任与经联社主任"一肩挑","两委"干部交叉率100%，共有党员60名，外出流动党员16名。

党组织陷入软弱涣散的局面。以往岳鹿村"两委"干部组织力、号召力、战斗力不强，干部和党员普遍学历偏低、年龄偏高、思想认识落后，治理意识差、治理能力不足，党组织一度陷入软弱涣散的困境。2015年，该村党组织书记、村委会主任由于违纪违法双双被立案审查，村党组织几乎难以正常开展工作，党员作用无法发挥，党员组织生活形同虚设，因此被上级列入软弱涣散党组织整顿。

（二）无职党员参与治理过程

1. 理顺党群关系，凝聚合力发展壮大村集体经济

岳鹿村2017年换届选举产生的"两委"班子成员6名，其中女干部2名，平均年龄42岁，大专及以上学历4名。同时，作为外出返乡党员的党组织带头人，村党组织书记抓住岳鹿村的核心问题和努力的方向，注重突出党组织的引领作用，凝聚无职党员及群众的发展共识，形成发展合力。一方面，他注重加强村"两委"班子团结合作，多次召开班子成员、党员等会议商议讨论村里重大建设项目，把党员、村干部和村民的思想统一到发展大规划中来。另一方面，注重发挥党员和村民代表的民主协商作用，实施《岳鹿村村务议事实施决策制度》《岳鹿村年度村务协商督促实施制度》，组织召开党支部会议、村民代表会议、乡贤代表会，充分发挥村务监督委员会、村民理事会、村民代表、党员代表的监督作用，畅通建言献策渠道，动员村里的党员代表和群众代表踊跃参与，这对于统一全村的发展思路、形成发展共识具有十分重要的意义。

党组织、党组织书记、党员与群众的关系理顺了，村民对村里的发展更是充满期望。全村一致认为，应该充分利用岳鹿村广大村民踊跃参加20世纪初大革命时期、抗日战争时期革命事业的红色资源优势，以"红色"为底色，编制《岳鹿村新农村示范村建设计划》，整合上级精准扶贫政策、省定"红色村"、新农村示范村等政策资源和资金，因地制宜发展乡村红色旅游、生态旅游项目，结合本村实际加快培育发展特色产业，加快构建独具特色的旅游休闲乡村。如此一来，村集体经济得以壮大，村党组织做事、说话更有底气了，无职党员和群众也对村里未来发展建设的方向有了清晰的了解，他们以主人的姿态更加积极主动地

支持村党组织工作、参与村里的建设，打破了过去因村里工作信息不对称而缺乏参与热情的困境。据了解，在党员、群众的参与下，全村道路硬化、清洁家园、池塘整治、村级文化活动场所建设、生态村建设、排水工程建设等多项重要村务和事项得以有序推进，有效推动了无职党员和群众参与基层治理和民主政治的进程，促进了基层和谐稳定。

在党员教育管理和发挥无职党员作用方面，岳麓村组建了6支党员志愿服务队伍，分别是抢险救灾突击队：确保出现突发情况时及时到位，危难险重时冲在最前面；文化传承宣讲队：传承红色基因，弘扬红色文化，促进村民文化素质提升；便民利民服务队：为村民办事提供方便，帮助群众解决生产生活难题；矛盾纠纷调解队：及时掌握村里的情况，协助调解群众纠纷；外出人员联系队：保持与外出党员、村民沟通，及时反馈外出党员、村民的意见建议；集体经济发展队：当好农村集体经济发展"先锋队"，最大限度发动农村无职党员、群众参与到村公共事务商议、公益事业建设中来，改变过去村委唱"独角戏"的现象。这些党员志愿服务队成员主要是由村"两委"干部带头、村里无职党员示范带动、村民代表积极参与，实现公众共同建设、共同治理、共享成果，推动形成乡村治理人人参与、人人尽责的良好局面。

在实践过程中，岳麓村逐渐以制度的形式明确党组织、党组织书记、党员的工作职责。一是党组织明方向（政治、政策、民意、发展）、定决策（思想教育、发展谋划、促进稳定、推动服务）；二是党组织书记明职责、定任务（中心工作、党员教育、建强堡垒、发展党员、农村发展）；三是党员明身份（共产党员）、定岗位（抢险救灾、文化传承、便民利民、调解矛盾纠纷、联系外出人员）。此简称为"三明三定"工作法，明确村党总支政治引领作用，强化政治功能，带领"两委"班子成员扎实推动村各项重点工作取得实效；明确党总支书记的重大责任和工作职责，充分发挥"头雁"作用；明确无职党员的身份义务，切实发挥先锋模范作用，引领带动村民积极参与村各项建设发展。"三明三定"工作法统一了村党支部、党组织书记、党员的发展思想，以强大的主导力量为村有效治理提供政治保证。

2. 党员"星级评定"激发农村无职党员身份认同感

针对无职党员党性意识淡薄、作用发挥不明显的问题，岳麓村做了有效的探索实践。他们首先从制度层面制定《岳麓村党员绩效工作星级评定制度》，设立"五星党员"到"一星党员"五个等级，上级表彰奖励先进个人的人选，可在得到红星四星级及以上的党员中优先选择，并根据村集体经济实际情况给予适当的物质奖励。实施评星制度，有力增强了无职党员发挥示范带动作用的荣誉感和积极性，进一步激发争做党员先锋模范的主动性，有力扭转了党员发挥作用不显著的局面。

建立党员联系对接机制。针对外出流动党员管理难问题，该村还制定了《外出党员联系对接制度》，明确对接人与归属管理支部和党小组，加强全村16名外出党员的常态化沟通联系管理。针对村内留守无职党员，则实行"1+9"党员联系群众制度，对全村60名党员落实挂钩联系责任，每1名党员对接联系9户群众，把全村党员有效团结、动员起来，让群众时时刻刻都感觉到村党组织和无职党员的关心和服务就在身边，也加强了无职党员的存在感和认同感。

加强农村无职党员动态管理。外出流动党员管理难问题一直困扰着岳鹿村，这也是大部分乡村面临的共性问题。定期召开支委会、党员大会、组织生活会等形式，这是加强党员教育管理的传统方式，主要还是针对留守村里的无职党员。对于外出流动党员的管理则是新课题。岳鹿村事先掌握了外出流动党员的分布，主要是分布在珠三角地区。根据掌握的情况，制定了农村流动党员管理工作制度，建立常态化联系机制，加强与全村16名外出党员的沟通对接，及时加强学习教育引导。坚持线上线下相结合，建立"外出党员学习微信群"，及时推送学习教育材料，通报村容村貌、乡村建设情况。同时，对于没有返乡的流动党员、外出党员，通过邮寄党建学习资料等方式，真正让留守党员和外出党员在党组织中的存在感、了解并支持村里的工作。同时还利用"节假日"，比如清明节、国庆节、春节这些人员流动较大的节日，通过"镇级党校"这个党员教育平台，组织返乡党员参与学习教育、加强沟通交流。可以说，这种形式使党员之间增强了交流，来自各领域的党员还可以分享资源、促进家乡的发展。

过去岳鹿村的党员开会需要发放会议费、党员代表大会举举手而实际并无议事权的尴尬局面得以改变，如今村里召开党员代表大会，不需再发放会议费，党员也尽可能放下工作积极参会、会上积极发言，共商村庄发展大计。

3. 搭建平台参与治理和建设

农村无职党员发挥作用无平台、无载体、无渠道一直是基层党建的瓶颈。只有让他们有位、有责、有为，才能发挥他们的长效作用。于是岳鹿村党组织在全县率先开展党员"亮身份、作承诺、见行动"活动。该活动主要是针对村里留守无职党员，通过佩戴党员徽章、悬挂共产党员户牌、设置党员示范岗、成立党员服务分队、亮出个人承诺、志愿服务身穿红马甲等方式，来增强农村无职党员的身份认同，提供平台让他们发挥自身价值作用。例如，在开展创建文明城市活动中，广大党员走在前、做表率，带领村民开展大扫除、大清理行动。在开展新农村建设中，无职党员在村党组织的带领下，广泛参与宣传活动，积极宣扬该村的"红色文化"，争取群众的理解支持。在推动"红色村"建设过程中，无职党员更是发挥了至关重要的作用，许多老党员主动无偿让出自家的土地、老房子和具有历史价值的革命先烈物件，示范带动了其他群众也积极参与到新农村建设中。

（三）岳鹿村无职党员参与乡村治理体系的机制

通过上述岳鹿村无职党员参与乡村治理案例的呈现和梳理，我们可以得出岳鹿村主要通过引导外出无职党员反哺家乡、凝聚农村治理力量等方式，从建强党组织、党组织带头人，理顺党组织、党组织书记、无职党员、群众的关系，侧重组织号召无职党员，探索党员管理机制的角度去唤醒无职党员的党性意识和激发无职党员的集体荣誉感，同时结合该村正在开展的新农村示范村、省定贫困村、省定"红色村"建设等一揽子工程，搭建平台让无职党员参与其中并发挥作用，并且带动群众参与进来（见图7-1）。以家乡情怀吸纳外出党员回乡担任村"两委"干部，也是无职党员有效参与乡村治理的一个重要途径。

如今的岳鹿村，有效改变了"空心村"党组织软弱涣散、流动党员缺乏管理、服务群众不足的局面，乡村治理水平显著提升。基层党组织的领导力更加有力、农村集体经济更加兴旺、村容村貌焕然一新、红色文化焕发生机活力，党员、群众参与乡村治理的意识被唤起来，党建引领共建共治共享乡村治理格局初显。

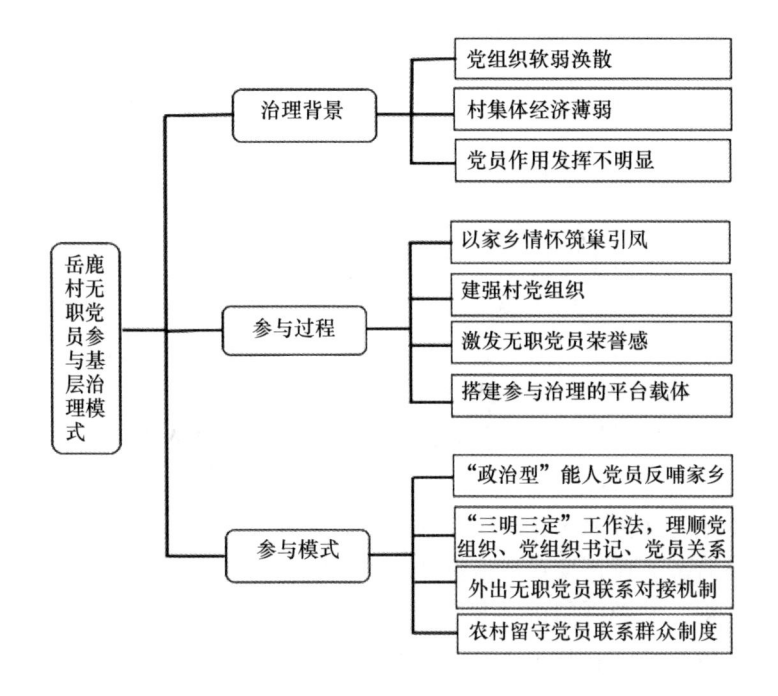

```
                    ┌── 党组织软弱涣散
          ┌─治理背景─┼── 村集体经济薄弱
          │         └── 党员作用发挥不明显
          │
岳鹿村     │         ┌── 以家乡情怀筑巢引凤
无职       │         ├── 建强村党组织
党员──────┼─参与过程─┤
参与       │         ├── 激发无职党员荣誉感
基层       │         └── 搭建参与治理的平台载体
治理       │
模式       │         ┌── "政治型"能人党员反哺家乡
          │         ├── "三明三定"工作法,理顺党
          └─参与模式─┤   组织、党组织书记、党员关系
                    ├── 外出无职党员联系对接机制
                    └── 农村留守党员联系群众制度
```

图 7-1 岳鹿村无职党员参与乡村治理体系的机制

资料来源：作者自制。

二 金海村无职党员参与乡村治理的实践

（一）上访村背景下的经济发展滞后局面

金海村位于滨海市海城区西侧，区位优势明显，下辖9个自然村，12个村民小组，共744户约4000人。2021年村"两委"换届后，村"两委"干部8名，党总支书记、村委会主任与经联社主任"一肩挑"，"两委"干部交叉率100%，村党总支部下设3个党支部8个党小组，共有85名党员，流动党员10名。

过去，金海村主要以农业和养殖业为主，当地基本没有相对较大的产业项目，加上生活环境差，许多居民纷纷外出务工，农村经济发展长期滞后，是一个典型的经济落后村。此外，村民的法律意识不强，社会治安秩序乱，曾是出了名的信访村。

2014年保利地产项目进驻金海村，打造旅游度假村，所有人都认为金海村的土地资源、滨海资源、交通优势会给这个村庄带来巨大改变，然而却事与愿违。村民、党员不相信村党组织、村委会的能力，在土地征收过程中，担心他们的土地被征收后，不仅拿不到补偿款，且子孙后代再也没有耕地了，因此对党组织不信任，上访不断，征地拆迁困难重重。

（二）金海村无职党员参与治理过程

1. 发挥乡村老党员作用

金海村曾是出了名的上访村，上访的人员中不乏一些党员。复杂的乡村治理形式，对党组织和党员都提出了更高的要求。如何建强党组织并把党员组织起来支持村"两委"工作，是破解金海村信访不断难题的关键。2017年5月，在村党组织的推动下，该村成立了"夕阳红志愿服务队"，这支队伍由村里往届党总支书记、村里老党员、退休老干部、杰出乡贤等组成，这部分人关心村里发展大局，且在村里有一定的威望，由他们来协助村党组织处理或者调解棘手的矛盾，能起到关键的作用。当时金海村正处在征地拆迁的重要时期，涉及征地拆迁的矛盾纠纷多了起来，老党员们以"主人公"意识协助村党组织调处解决村里的大小矛盾纠纷，有些矛盾村干部没办法调解，在他们的协助下，许多治理难题得以解决。

据不完全统计，2017年以来，这支队伍已成功协助村干部调解农地、邻里等各类矛盾纠纷79起，所调解的事项都能够得到妥善的解决。通过这支志愿服务队伍的无偿付出，许多家庭矛盾、邻里口角、土地争议和劳资纠纷一一得到化解，效果非常显著，"小事不出村"在金海村已然成为村民的共识。"夕阳红"志愿服务队还发挥着一个重要作用，充当村"两委"的"顾问团"，一方面对于村里发展大计他们积极建言献策，另一方面也对村"两委"干部进行监督，杜绝了村"两委"干部、村民小组乱卖乱租土地的现象。

如今，这支"夕阳红"志愿服务队在村"两委"办公大楼有了固定的办公室（人民调解室）和办事规则制度。村"两委"也会组织这支队伍开展业务培训，在调解纠纷过程中，驻村法律顾问也参与其中，对"夕阳红"队员们的工作提供法律咨询和指导，使村的调解工作始终在法治框架下运行。金海村"夕阳红"党员志愿服务队伍的好经验好做法也得以总结并向全市推广。

2. 建设党群议事大厅

无职党员作用发挥无"舞台"，参与乡村治理形式渠道单一，很大一个原因也是党员阵地建设的缺位。党员个人党性意识的强弱，党员对所在党组织认同感的强弱，除了要用无形的组织力、号召力，还需要有形的组织活动阵地。金海村利用村小学的闲置校舍，投入150多万元，建设新的组织活动场所，按照"一厅五室"（办事大厅、"两委"干部办公室、班子会议室、党群会议室、综合服务室、便民服务活动室）的标准来改造升级党群服务中心。该村还结合实际，分别设置了综治中心、图书阅览室、农家书屋、人民调解室、志愿者服务驿站、文化服务中心、新时代文明实践站、综治中心等党组织活动阵地。其中投入70万元着重打造党群议事厅，制度上墙，在议事座席上设置6个板块，包括主持台、代表台、列席台、监督台、旁听台、发言台，为党员代表、群众代表民主协商议事落地见效提供有力的软硬件设施场所。这个场所作为召集党员代表、村民代表公开议事、表决的主阵地，进行全程监控，有效保障了议事决策过程依法依规、公开透明，为党员代表、村民代表民主协商、积极参与、协同治理提供了重要的平台。

3. 党群议事决策机制

金海村作为全区推广村（社区）党群议事制度的试点，率先实践了党群议事"四议两公开"工作法。如图7-2所示，凡是涉及村集体和村民利益的大事，都严格按照"四议两公开"工作法议事决策，即村支委会议、村"两委"干部、村党员会议、村民代表会议依次通过提议、商议、审议、决议，"两公开"就是"决议"和"执行结果"公开。

党群联席会议程序步骤

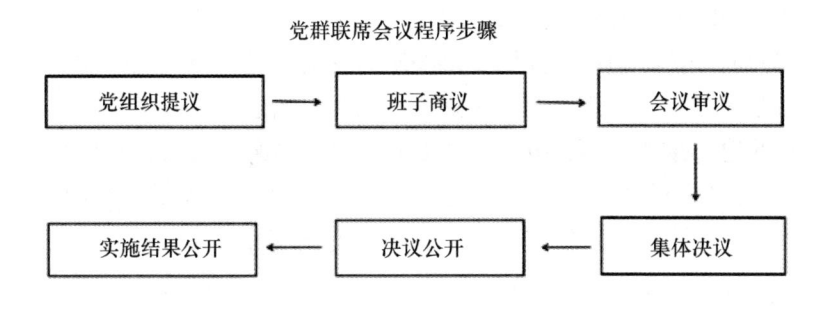

党组织提议 → 班子商议 → 会议审议 → 集体决议 → 决议公开 → 实施结果公开

图7-2　党群联席会议程序步骤

资料来源：作者自制。

2019年1月，金海村召开了第一次党群议事会议，根据"四议两公开"党群议事制度，就建设"长者饭堂"事项，进行协商决议。后来"四议两公开"党群议事制度还成功协商决议了金海村新的村规民约、农村集体经济组织产权改革、"长者饭堂"铺面管理方案、新设立金海保利社区等事项，党员代表、村民代表参与进来，真正实现了党组织领导下的村民自治，无职党员、群众参与村庄建设的共建共治共享局面。

可以说，通过党群议事制度规范议事决策行为，金海村干成了过去许多想干而没有干成的事，解决了许多过去想解决而没有解决的问题。后来，当地组织部门、民政部门联合印发《关于进一步完善社区党群议事制度的实施意见》，金海村党群议事经验做法得以在全区复制推广。

（三）金海村无职党员参与乡村治理体系的机制

金海村过去由于征地拆迁而上访不断，通过突出法治与德治建设，"夕阳红"志愿服务队在法治框架下参与化解纠纷的过程中也发挥了关键作用，征地工作得以顺利进行。未来，这支党员志愿服务队将会发挥更大的作用，成为党组织引领下的基层治理主体之一。2018年，金海村被评为全国"民主法治示范村"。

金海村党群服务中心的党员活动阵地、村民活动阵地得到保障和重视，"长者饭堂"在党群议事决策机制"四议两公开"的实践下，村"两委"、党员、村民代表共同参与下得以建成，老党员在筹措资金方面发挥了重要作用。"长者饭堂"投入使用，村里的孤寡老人、长者等群体享受到了实实在在的便利和优惠。

该村发挥"头雁"效应，无职党员志愿服务和党群议事决策，逐渐形成党组织核心领导、党员代表及村民代表带头、全体村民参与的多元治理局面，良好的社会环境使得村庄的营商环境不断优化，党员、群众参与意识提升，如今在金海村落户的保利地产旅游度假村开发，一座座美丽的建筑拔地而起，吸引了众多旅游度假的游客前来，营商环境、社会环境的优化带来了效益的外溢。过去的后进村变成了现在的先进村、幸福村，昔日的穷乡僻壤变成了今天的滨海新村、旅游宝地，成果共享效益正逐渐呈现出来。

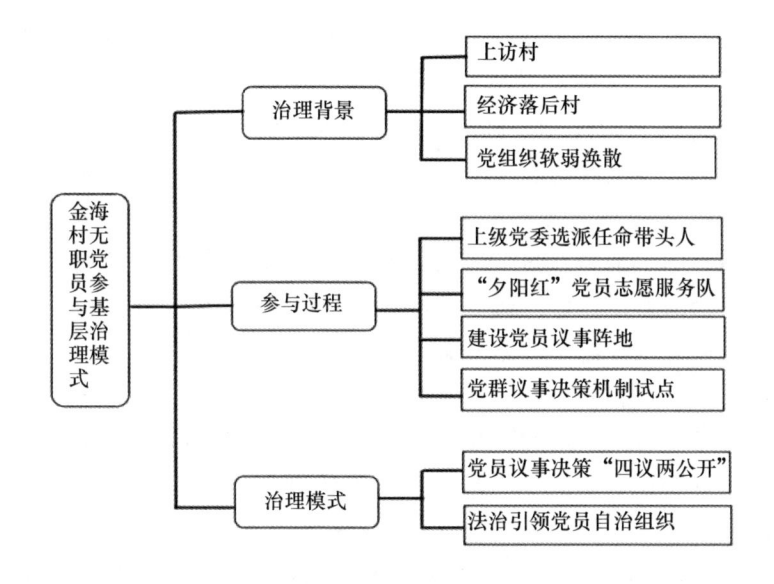

图 7-3 金海村无职党员参与乡村治理体系的模式
资料来源：作者自制。

三 山河村无职党员参与乡村治理的实践

（一）党组织的弱化虚化边缘化局面亟须改变

山河村位于滨海市鹿河县东侧，属于山区村，常住人口 3200 人，户籍人口 480 多户 2892 人，下辖 4 个自然村。2021 年换届后，"两委"干部 6 人，村党支部书记、村委会主任、经联社主任"一肩挑"，其中支委 3 人，村委干部 3 人，支委委员交叉任职率 100%。村民代表 31 人，党员 49 人，其中外出党员 20 人。

与岳鹿村、金海村相似的是，过去的山河村党组织软弱涣散，村集体经济薄弱，干群关系紧张，矛盾纠纷突出，严重制约了发展。不同的是，山河村的基础条件更薄弱，没有像岳鹿村那样有丰盛的政社资源注入，没有金海村优越的滨海资源和区位优势。因此，村集体经济薄弱、村"两委"领导力不足，留守村里的无职党员和村民对村里发展不抱希望，参与热情不高涨，越来越多的年轻人外出，村里土地丢荒，外出无职党员和村民更是极少关心家乡发展，长久以来，山河村党组织处于弱化虚化边缘化的局面。

（二）无职党员参与治理的过程

经济要发展，需要引进产业，需要大量的土地，让丢荒的土地流转起来,是乡村发展的基础性因素。推动玫瑰葡萄种植基地进驻山河村的时候并不容易。单靠村"两委"干部的力量是有限的,必须让广大的党员和党员代表、村民和村民代表、群众参与和支持。村"两委"意识到这一点后马上就动起来了。2018年,他们对29名留守无职党员和31名村民代表进行了分类,实行村党支部委员联系党员包片、党员联系群众包户的"双联双带",党员全部出动,每家每户走访群众,全部做通了群众的思想工作,第一时间完成土地良性流转150多亩,兴陆园科技生态阳光玫瑰葡萄种植基地得以落地实施。

(三)无职党员参与乡村治理体系的机制

山河村明确了多元主体参与的网格化治理模式,即"支部书记—支部委员—党小组长—党员—网格员"五级管理模式。其思路是从"建网—联网—上网"三个环节逐步实施,主要做法是把网格化管理细化到每一个党员,充分发挥基层党组织的凝聚力和党员的先锋模范作用。一是"建网"。依托自然村、原村民小组等,分类设置网格,全面实行网

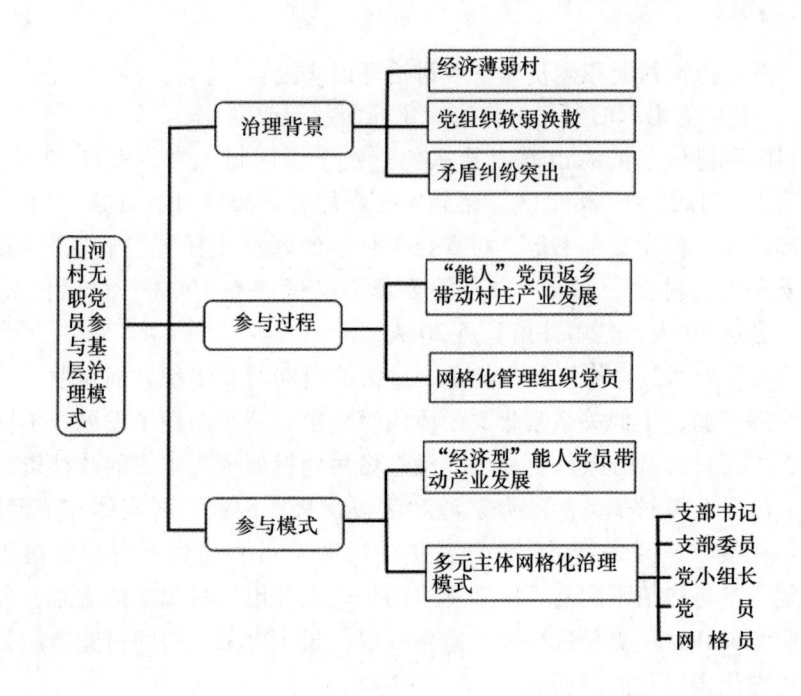

图7-4 山河村无职党员参与乡村治理体系的机制

资料来源:作者自制。

格化组织体制，然后该自然村、原村民小组的党员、村民代表、退休干部等作为网格员，协助村"两委"负责各项工作开展，分级落实。比如，在推动土地流转过程中，利用党员的带头作用，解读政策和宣传种植产业进驻后的种种好处，逐步消除村民的疑虑。二是"联网"。架起连心桥，每一名党员联系到户、具体到人，确保不遗漏。通过不同的社区、个人、群众推荐等不同形式，择优从网格党员中选出网格长和工作人员。网格长中退休老干部占21.2%，老党员占62.4%。三是"上网"。建立党群服务中心一站式便民服务制，成立了4个村民小组、党小组和1个外出党员临时党小组，配套党小组办公场所和设备，建强党的阵地，确保了农村无职党员、群众办事有地方、活动开展有场所。

第四节 广东无职党员参与乡村治理体系的路径启示

岳鹿村、金海村、山河村的无职党员在参与乡村治理过程中为什么能突破困境且有效发挥作用？这三个村既有相同之处，也有差异化的做法，不同村庄的治理基础条件和背景，包括经济资源、政治资源、治理人员的不同，村情不同所形成的治理模式或可以借鉴的治理模式也就有所差别。

一 党组织引领治理体系形成路径

从上述三个案例看，党组织核心引领乡村治理是岳鹿村、金海村、山河村的相同点。这三个村党组织的领导力、组织力都经历了由弱到强的过程，党组织软弱涣散，村"两委"干部战斗力不强，党员作用发挥不明显，村集体经济薄弱，经济发展落后，党群关系、干群关系紧张是这三个村的治理背景，最终都通过上级党委政府推动力、村"两委"内生动力、党员群众协作力，使党组织得以建强并发挥引领核心作用，推动村集体经济持续发展、村容村貌发生翻天覆地变化、党员群众参与意识增强等等。

（一）直接选任当地优秀无职党员担任党组织带头人

直接选派党员任村党支部书记，可以说与选派脱贫攻坚驻村第一书记、整顿弱化涣散党组织驻村第一书记有异曲同工之妙。但不同的是，驻村第一书记有一定的任务，负责专项工作，不负责全面工作，有一定的任期，完成任务就可以撤队。而担任党支部书记，则是主持村里全面工作，对其要求更高，属于村"两委"干部的一员，是对村负全面责任的。金海村原党支部书记推动工作不力，上级党委撤换了这名党支部书记，直接委派了街道一名职工陈姓同志担任临时党支部书记，他到金海村任职之前，并没有担任该村的任何职务，不存在利益交集情况。他自身对街道、村一级的工作都非常了解。实践证明，出于组织意图委派党员到村里任党支部书记，也是无职党员参与乡村治理的一个有效途径。有事业编制职工经过换届选举转正为党支部书记、村委会主任、经联社主任以后，确实带领村"两委"干部，把村里的无职党员组织起来，推动工作向前。

（二）吸纳外出无职党员反哺家乡

吸纳外出党员返乡担任"两委"干部也是无职党员参与乡村治理的一个有效方式。一般吸纳回来的外出党员、乡贤见多识广，拥有一定的政治资源、经济资源，头脑灵活变通，具备一定的群众号召力，尤其是有利于推动和发展壮大村集体经济。岳鹿村外出党员章书记是基于家乡情怀返乡建设的，他党性强、具有奉献精神，在他的带领下，党员、群众被组织起来，推动脱贫攻坚、新农村示范村建设、省定"红色村"建设等工作得以顺利开展并且成效显著。山河村外出党员李书记则具备商人的特质，他通过引进产业、提供就业，赢得党员、村民对他的信任和支持，最终通过产业振兴使得山河村的劣势转为优势，把土地资源转化为经济优势，村集体经济得以发展壮大，党员、群众的精神面貌得以改善，从而反过来积极支持村里的各项工作。

二 吸纳"行政型"无职党员搭建参与治理平台

（一）吸纳"行政型"无职党员返村任职

丰厚的政社资源是岳鹿村改变落后局面的基础条件。2017年8月被列入广东省首批"红色村"，带来了建设资金500万元；2018年底被列入新农村示范村建设名单，带来了建设资金1500万元；2015年以来除了省定贫困村的扶贫建设资金，还有大量的政治资源到位。如何把这些政社资源转化为落地见效的成果，外出返乡的党总支书记章书记发挥了关键作用。他善于开展调查研究，具备较强的政策执行力和制度制定能力。可以说，丰富的政社资源是他推动工作、打开局面的动力，通过调查研究，他对于村里发展规划有了明确的定位，并且善于发扬民主集中制，让广大党员尤其是村里德高望重的老党员和村民代表参与到村里的规划和建设中来，使得关键少数支持他的工作。同时他对于上级党委政府交办的任务、政策，又能准确落实到位，比如脱贫攻坚、"红色村"建设、新农村示范村建设的重大政治任务得以在岳鹿村开花结果。在这个过程中，他以制度的形式制定了"三明三定工作法"，明确了党支部、党支部书记、党员的职责和任务，这就使得开展工作有了制度的保障和抓手，顺势抓住丰厚政社资本注入的机会，来进一步推动村集体经济发展。

章书记是典型的"行政型"党员，他在上级党委政府、本级班子成员、党员群众这三者间游刃有余，能够很好地处理解决各种关系、善于调查研究，掌握大量一手资料，有利于更好地决策，组织党员、干部、群众的能力较强，贯彻落实执行力强，获得上级对他的肯定与信任，并且给予他更多的政策支持。

（二）搭建无职党员参与治理的平台

发挥无职党员作用是应该提供实实在在的平台让他们参与其中。首先是要激发无职党员对党组织的认同感、对党员身份的荣誉感。通过党员评星定级，建立党员联系对接关系，让每一位无职党员与群众联系起来，成为连接党组织与群众的纽带，利用无职党员的中间人身份，协助村"两委"解决基层治理的深层次矛盾。

其次是将流动党员组织起来。利用"节假日"把返乡外出党员组织起来，开展交流研讨，展示村庄建设发展成果，唤醒他们的家乡情怀。开展线上定期联系，利用微信群等互联网平台，搭建起联系沟通桥梁，使他们时刻感受组织的存在。

最后是提供平台让无职党员参与其中，以主人的身份参与乡村建设。岳鹿村抓住了上级部署实施重大建设项目的契机，以"三清三拆三整治"为抓手推进乡村振兴，这就必须在村容村貌整治中拆掉部分危房或者破旧的设施，单纯靠村干部的力量显然是不足的，因此通过党员联系对接机制，让无职党员主动与对接群众户联系，积极参与到政策宣传、拆迁工作中来。在推进"红色村"建设中，村里的老党员传承红色文化，主动让出自家革命文物和土地，年轻党员作为"红色文化讲解员"给前来参观的人讲解革命历史，让革命精神得以传承延续，这些都是实实在在的参与平台。农村作为乡村振兴战略实施的主战场，广大农村无职党员是参与主体之一，也是构建共建共治共享治理格局的协同主体之一。

三 吸纳"市场型"无职党员推动产业发展

（一）市场型无职党员引领产业振兴

农村经济发展落后是制约乡村振兴的最大瓶颈。因此，发展经济也成为村"两委"干部的政绩工程和首要任务。山河村的老党员说服外出经商的无职党员李某回来参与家乡建设，很重要的一点就是看中了他长期在外经商所积累的资源，而李某看中了家乡发展前景和基于个人价值的需要。李某通过吸引投资、引进产业，使村集体经济得以发展壮大，村庄经济得以延续和发展，提供就业机会让村民在家门口实现就业，可以说外出党员李某完成了这项政绩工程，取得了上级和本村党员、村民的信任和支持，一直困扰大家的干群关系紧张、矛盾纠纷突出的问题得以解决，村里各项工作得以开展。

（二）多元主体网格化治理模式

网格化多应用于基层综治维稳、禁毒走访、创文创卫、平安创建等方面，有些村（社区）推行网格化成效明显，有些只是虚化、空壳网格，起不到实际的作用。山河村抓住了网格化治理的关键少数，善于组织、利用党员代表、村民代表发挥关键作用，从党组织的层面理顺了党支部书记、支部委员、党员、党小组长、网格员的关系，明确各自的责任和任务。在发展经济、提供就业机会的利益驱动下，引进产业、种植基地需要大量的土地流转，网格结构下的关键少数党员、村民代表做好村民的思想宣传工作，打消了村民对于土地流转后利益分配的疑虑。这里可以看到，参与网格治理的除了村"两委"干部以外，还有党小组长以及没有担任职务的无职党员、村民代表，这就形成了多元主体参与治理的局面。

四 吸纳"法治型"无职党员助推党群议事

（一）"综合型"能人党员促发展解矛盾

"综合型"能人党员既有带领村"两委"干部加强自身建设和团结

班子成员的能力，也可以在推动村经济发展、规划等方面有所表现。在街道有事业编制而在村里没有担任任何职务的党员陈某被选派到金海村担任党总支书记和村主任，正是因为上级党委看中了他具有一定的领导能力和经济头脑。陈书记通过民主集中制，把村"两委"班子、村里留守无职党员、村民小组长团结起来，完成了上级交给他的政治任务，通过制度来管人管事，通过法治来化解矛盾，实现把软弱涣散党组织建设成为战斗堡垒的目标。可以说，陈书记完成了上级交办的任务，使上级政策落地见效。同时，金海村迎来保利地产进驻发展的大好机遇，在壮大村集体经济方面，针对村里的自留地，陈书记引进乡贤房地产开发商，在自留地上建房产、厂房，并且合理分配收益，使得村民既保留了产权也拥有了长久收益。因此，在经济建设方面，陈书记也是游刃有余。

（二）制度先行下的党群议事保障参与权、议事权

党群议事决策"四议两公开"是广大无职党员参与治理的重要制度和平台。金海村以党群议事"四议两公开"工作法为制度保障，村党组织、村"两委"班子、村党员大会、村民集体等不同治理主体分别进行提议、商议、审议、决议，形成的决议事项和实施结果全部公开的过程，也是广大无职党员、村民参与治理的过程，充分保障了党员的参与权、议事权和群众的决策权，把村里的集体决策向社会公开。透明公开的议事决策过程既让党员、村民对村"两委"党务村务进行监督，也实现了党员群众协同参与乡村建设和乡村治理、共享发展成果的治理格局。

（三）法治先行下的党员自治组织参与治理

群团组织、基层自治组织的成员逐渐成为乡村治理的主力军，他们可以发挥自我组织、自我管理、自我服务的功能，在关键领域还能发挥党委政府、村（社区）"两委"无法替代的作用。以往，上级党委政府担心基层的自治组织，比如乡贤理事会、老人会（在粤东尤其突出）等基层组织侵蚀基层政权，弱化党的执政能力。金海村党组织把历届村党支部老书记、老党员干部、乡贤、族头等心系村发展大局的人员组织起来，成立"夕阳红"志愿服务队和"夕阳红"顾问团。同时在法治框架下，加强志愿服务队的法治意识，以及法律顾问的作用，使得这支队伍同时在法治先行，德治、自治为辅的框架下，协助村党组织处理矛盾纠纷，为乡村建设发挥"余热"。

第八章 村党组织与自治组织融合对乡村治理体系塑造的作用[①]

第一节 村"两委"关系经典议题的学术史

一 村"两委"关系是乡村治理体系塑造的骨架

1951年，毛泽东同志在《中共中央政治局扩大会议决议要点》中指出：建党，应以三年时间实现之。乡村需在土改完毕始能吸收经过教育的党员有条件者建立党的支部，在头两年内乡村党支部一般不要超过十个党员。次年，中共中央发出《关于在"三反"运动的基础上进行整党建党工作的指示》，要求争取在今后一年内，在没有党组织的12万个新区乡村和2万个老区乡村建立党的组织，在农村要接收近100万名党员。党组织下乡极大地改变了乡村权力的结构。1958年，在农业合作化高潮中人民公社在全国全面落地。公社以计划经济为载体，实现了党组织的集中，统一领导，在公社层面主要以公社党委为领导主体，在村庄层面主要以大队党支部为领导主体。

1978年以后，家庭联产承包责任制的确立解决了乡村长期以来的温饱难题。农村经济体制的变革也影响到其政治领域的变革，承包责任制将经营权利还给农民，公社逐渐失去了控制经济资源的权力，基层党组织的运作受到转型的冲击。面对基层组织的软弱涣散，广西宜山地区农民自发形成村民委员会组织，以维持农村治安为基础，逐渐使农村生产生活回归正常。在得到国家法律认可后，村民委员会成为农村基层权力结构体系的重要组成部分。

依据国家统计数据，1985年全国已试行村委会组织达940617个，

[①] 本章应调研对象要求对部分地名、人名进行了匿名化处理。

"两委"关系在实践中已经逐渐形成，其法制化建设在加速。1987年11月，全国人大《中华人民共和国村民委员会组织法（试行）》审议通过，1988年6月1日开始推行。作为规制村民自治工作的第一个法律文本，它标志着村民自治组织在中国政治舞台上的华丽转身，从法理依据上形成了"两委"关系，我国农村新型二元权力结构基本形成并长期运作。1998年《村民委员会组织法》正式颁发，体现尊重村民政治权利的村民自治制度在全国开始统一。村委会在全国范围内确立，"四个民主"全面组织化、制度化和规范化。根据"四个民主"的标准，根据村民自治的本质，村委会的形成逐渐完善，其作为村民自治的主体和制度载体已经成为乡村治理的主体之一。在党和政府的支持下，村委会全面主持村内公共事务，维持村庄秩序。与此同时，村党组织作为乡镇级党委权力在村庄的派出者，也走上了党内法规化、制度化的道路。1999年2月，《中国共产党农村基层工作组织条例》颁布实施，对党支部的性质、地位、职能进行全面制度化，将党支部定位为党在农村工作的代表，实行对村委会的领导，确保党的方针、政策等各项工作有序开展。乡村基层权利体系的结构基本形成，二元权力主体结构确立，二者深层次的矛盾也开始暴露。

根据十八届三中全会提出实现国家治理体系和治理能力现代化目标的发展需求，新时代乡村治理体系会沿着党领导的一核多元趋势发展，这就使乡村治理过程中的组织力量出现多点分布的局面，进而影响村"两委"的相互关系。如何加强村"两委"班子建设，理顺农村"两委"关系，科学发挥党在基层农村的引领作用，构建自治、法治、德治相结合的现代乡村治理体系，将成为今后农村社会全面发展的重要关注点。

党的十九大之后，在基层党建引领基层治理要求下，对"两委"关系也有所要求，全国大面积推行村（社区）党组织书记、村（居）委会主任"一肩挑"和"两委"成员交叉任职，完善村级班子联席会议制度，探索村（社区）党组织重要事权清单管理，建立村（社区）党组织统筹实施惠民政策的机制，健全镇街领导干部驻点普遍直接联系群众制度，大力实施基层基础保障工程，保证基层党组织正常运作和为民服务资源，使基层有职有权。这些新研究点，值得研究者关注。

二 村"两委"关系的现行职责设计

从制度史看来，随着村民委员会制度的确立，农村基层政权中传统式的一元结构被打破，二元结构确定，农村基层政权权力结构发生巨大改变。农村党支部和村委会两个权力中心运作的巨大差异，表现在以下几个方面，如表8-1所示：

表8-1　　　　　　　　　　"两委"权力要素对比

权力要素	村党支部	村民委员会
权力来源	自上而下授权委任	村民直接选举产生
资源获得	集体经济	集体经济
扩张方式	发展党员、控制群团组织，强化领导能力	扩大村民政治参与，提供村民自治权威
合法化	党的章程、政策性文件、意识形态	政府法规、村规民约、自治章程
法律文件	《中国共产党农村基层工作条例》	《中华人民共和国村民委员会组织法》

资料来源：作者自制。

通过对比我们可以发现，二元权力结构下农村党支部和村委会的权力来源、合法性基础、权力运行范围等权力要素都有所不同。从权力来源上看，二者的制度供给渠道截然不同，村党支部主要通过上级乡镇党委自上而下的授权委任获得领导权力，并依照《中国共产党农村基层工作条例》，通过发展党员、控制群团组织等方式来强化对包括村委会在内的农村事务的领导；村民委员会由区域范围内的村民直接选举形成，在村党支部的领导下按照《村民委员会组织法》开展村民自治工作，其工作主要包括公共事务、公共事业、经济发展、调解群众纠纷以及社会治安等，合法性基础主要来源于区域内民众的认可和支持。

村"两委"是党的建设和村民自治法制要求的必然产物，二者的关系直接影响着农村基层民主政治建设和农村经济、社会的发展。因此，无论是从法理的角度、制度的角度还是实践的角度，都可以将"两委"关系理解为农村党支部委员会和村委员会各自利用法律制度所规定的权力，围绕本村公共资源和公共事务开展职能活动过程中形成的相互关系，可以分为自然关系和法定关系。笔者认为"两委"关系实际就是二元权力结构下村党支部权力和村委会权力的互动关系，核心就是权力和价值资源分配。如果两者的权力能够按照法律规定充分发挥积极作用，那么二者的关系必然是和谐有序的，但是如果二者中有一方不惜以损害集体利益为代价而对权力和资源进行争夺，那么"两委"关系必然是冲突的，一旦矛盾被激化，很可能造成严重的乡村治理问题。所以，和谐有序的"两委"关系不仅是"两委"班子健康发展的基础，也是乡村治理体系塑造的必然要求。

第二节 村党组织与村委会的实践衍生类型

乡村治理中，党支部和村委会扮演着不同的角色，村党组织书记由乡镇任命，而村长则是由村民选举产生，产生方式的不同导致了村党支部和村委会二者之间运作的不同，再加上经济利益和政治管理权的运行差异，二者之间的关系形成了多样化局面。主要可以分为以下几种关系：

一 相对和谐型

"两委"之间的相对和谐主要表现在彼此之间相互支持，相互帮助，共同进步；两者分工明确，很少产生矛盾或者冲突，彼此按照法律制度赋予的权力范围和职能范围进行工作；工作中紧密合作，可以一起讨论制定本村短期目标和长远发展规划，共同对有关本村经济建设和社会发展的重大问题做决策，为农村公共事务和事业的稳定发展不懈努力。这种相对和谐的"两委"关系可以实现良好的沟通，形成互补和制衡，相互监督，确保每个决策的准确性，在一定程度上防止了农村基层的腐败现象。

二 强弱分明型

这种农村"两委"关系属于一方主导另一方，那么被支配的一方就处于被动地位，虽然"两委"没有对立关系，但是也会使得支配方对被支配方职能进行干涉和牵制。若村委会强势则表现为村委会主持村内所有工作，集权力于一身，在进行村务工作的过程中不愿意接受党支部领导的安排，在重大的问题上不听从接纳党支部的意见；而若党支部强势则表现为以党代政，在工作中包揽所有，一切决定党说了算，包括村内财务支出。这种一方强势一方弱势的农村"两委"关系带来的不利影响主要是基层党组织建设落后，党内缺少民主，党员人数发展停滞不前（主要出现在村委会强势而党支部弱势的情况下）；公共基础建设分配不均；"两委"班子之间缺少相互有效的监督和制衡，导致强势的一方滥用权力；"两委"职能彼此交叉使得职能出现越位或者缺位的现象，村务工作无法开展下去，影响农村社会经济发展。

三 对抗均衡型

与一方强势一方弱势的"两委"关系不同，对抗均衡型的"两委"关系中"两委"都很强势，彼此相互抗衡，都希望掌控权力，获得对村内资源和村务工作的决定权。在村务工作的开展中，党支部和村委会各执一词，均能从《中国共产党农村基层工作条例》和《村民委员会组织法》中找到各自掌握决策权的合法依据，无法找出一个确切的答案来判定某一方应该拥有决策权。这种对抗均衡的"两委"关系很大程度上影响了农村的发展。一方面，"两委"之间的对抗争夺使乡村发展成为最大的受害者，在对抗争夺的过程中，群众的民主权力丧失；基层经济建设受到阻碍，公共基础设施建设停滞；村民之间的关系也会受"两委"关系的影响而变得松散，在面对公共问题时不能齐心协力。另一方面，在基层群众的眼里，"两委"班子是党和政府在基层的代表，两者之间的对抗均衡直接影响了党和政府在人民心中的形象；两者之间的对抗也会造成基层政权的对立，面对村里重大问题时二者分庭抗礼，使得村民无所适从，影响村内各项事务的积极开展，使得生活无法正常进行。

四 相互脱离型

相互脱离型的"两委"关系在实际工作中大体表现为弱村弱党的形式，"两委"之间的关系比较协调，但是无论哪一方都没有能力对重大问题作出决定，党支部对村委会的领导比较宽泛，"两委"在有村务工作时才进行管理，平时缺少沟通，双方均处于游离状态。这样的"两委"关系由于缺少二者的交流而无法制定一个可以落实的农村发展规划，农村经济发展主要还是依靠现有农村资源，无法持续发展，但是村内各项工作能基本完成，农村社会稳定。

五 两方缺位型

两方缺位型的"两委"关系主要表现在村党支部和村委会都没有按照相关制度实施自己的职能，党支部没有全面发挥对农村各项工作在方向性和政策性上的领导核心作用，村委会面对各类村民自治活动以及村内公共事务也很冷漠消极，"两委"班子整体处于涣散松懈、职能缺位的状态，基层政权被搁置。这种"两委"会使得村内的大小事情无人问津，村民的自治性和积极性受到抑制，村内经济、社会、环境长期得不到改善；国家政策在基层落实中受到阻碍，上级部门在基层的工作难以开展；村民在行使民主权力的过程中无所适从，进而导致基层群众的政治冷漠。

六 "一肩挑"型

最后一种就是"一肩挑"型。这种模式就是指主要负责人既出任村支书，又担任村主任，集乡村治理中数职于一身。这种类型的好处在于管理村中事务时遇到事情不会发生冲突对立，遇到困难时不能推卸责任，独自承担起村里的大小事务。而缺点则是缺少监督管理和协商，容易形成一人说了算的不良形势。党政一体的"一肩挑"模式，化解了二者之间的个人冲突矛盾，将村干部培养为二合一的政府执行者和"村民当家人"，这两种角色的融合彻底规避了组织间的个人冲突，是行之有效的；但对于"政务"和"村务"而言，党政一体可能造成国家的行政权与自治权的冲突，是权力间冲突的表现。这两者之间的矛盾和冲突也是乡村治理中的全局利益和局部利益之争，说明了村庄经济水平低下，资源可利用性不强，难以满足二者发展过程中的需求矛盾。而这种冲突矛盾在村庄内部的村务政务管理中是无法解决的。

村"两委"的"一肩挑"和多部门合并或者合署办公是有区别的，合并设立或者合署办公使得机构减少了，功能优化了，可以让百姓找政府办事时"一步到位"。村"两委"一肩挑的本质是党政合一，主要负责人既出任村支书，又担任村主任，集乡村数职于一身，以组织合一保证治理不发生冲突对立，其治理者在遇到困难时也无法推卸责任，独自承担起村里的大小事务。

第三节 村"两委"关系有机整合的困难

一 内部原因

（一）传统的二元权力结构

人民公社时期，农村实行的是党的领导一元化体制。村级组织负责人都是上面任命，对党负责，村中只有一个权力中心，就是村党支部。一元体制下，村级组织的矛盾较少，为非结构性矛盾。1988年实施村民自治之后，村党支部和村委会是乡村治理的共治主体，党组织在村级组织中占据重要地位，拥有对社区公共事务的决定权。村委会作为村民自我管理、自我教育和自我服务和民主选择、民主决策、民主管理、民主监督的群众性自治组织，拥有法律赋予的自治权，乡村治理事实上形成两个中心：村党支部和村委会。

同时由于"两委"班子各自的体制不同，村民对村"两委"的态度大不一样。村党支部由于是党内选举成立，对村民的影响范围有限，在运作上难以保证拥有较高的村民影响力。而村民委员会是由村民民主选举而成，村民对其信任度较高，村委会干部是由村民选取生成，因此村委会既要对上级负责，更要对村民负责，所以当上级的目标与村民的目标出现明显差异时，村委会往往更倾向于保护村民。而村党支部是由村里的党员选举生成，必要时乡镇党委甚至可以直接任命村党支部书记。所以村党支部的责任目标则被习惯性地理解为向上级负责，而乡镇党委和政府也习惯性地把完成上级任务的责任交给村党支部。

（二）村"两委"成员能力素质有待提升

1. 党支部原因

在日益复杂的乡村社会，村党支部能否发挥领导核心作用，取决于是否得到广大村民的信任和拥戴。由于村民自治的成熟规制实施，村党支部的民意基础和领导权威有了可比较的对象，不可避免地受到影响。造成这种现象有多方面的原因。从党组织的自身状况而言，农村干部和党员队伍普遍存在年龄老化、素质弱化、思想僵化、作风腐化的现象。形成这种状况的主要原因，一是市场化的影响，不少村庄政治气氛淡薄，经济意识主导，乡村青年缺少入党积极性。加之大部分乡村青壮年选择外出务工，导致农村党员老龄化严重，党员队伍更新速度赶不上其老化的速度。二是乡村老党员发展思维保守，在入党方面，按照党章，个人入党必须得到支部同意，常见部分村党支部老党员担心新人抢位置，长久不愿发展新党员，即使发展新党员，也倾向于在自己家人、族人或者亲朋好友等可控人选中发展。村党员发展滞后，甚至老龄化加之严重断档，党员家族化，导致党员队伍的生存与成长成了一个封闭循环系统，缺乏乡村社会的良好生态系统。三是乡村党内少数关键人物，特别是党支部书记的人选，难以落实党内民主原则和引人竞争机制，依靠少数人选人和在少数人中选人的选任方式依然普遍存在。乡村党支部的发展严重跟不上时代需求，发挥领导核心作用有心无人无力现象严重，在此情况下，强行要求村委会听从其指挥，往往导致"两委"矛盾的产生。从党组织的工作作风来看，一些地方党支部表现出工作作风不踏实，不深入群众，不关心村民疾苦，工作方式简单粗暴，自利倾向严重，习惯强迫命令，官僚主义严重，形式主义盛行，虚报政绩，好大喜功等等。

2. 村委会原因

同样，村委会的运作也存在相当的问题。依靠村民选举形成的新任村委会干部在处理村中事务时由于缺少国家政策法规素养，公共组织管理经验和工作能力不足，往往不按照法律等规章制度履行自己的职责，多单纯依靠自身主观意识去工作，在任职中走向为自己和亲友牟取利益的任职模式不在少数，从而影响村庄发展，引发村民派系内斗，成为反对派村民攻击的对象。实践中不少当选村干部不了解村"两委"干部与村民之间的关系及自身职责权限。不少村主任天然认为，村民民主自治制度下自己是村民选举出来的，大事小事都必须由自己包揽，一方面村民自治变为村干部治理；另一方面也代表村委员与党支部争权，认为村党支部无权干涉村内公共事务。有的靠选举形成的村委会干部属于村内的能人，他们或许是专业户、工商管理者，了解市场、运营，信息渠道宽、门路广，在村里能够一呼百应，有着富集的乡村社会生态和社会资本，凭借村民的支持，对村党支部依靠上级信任的优势嗤之以鼻，引发两大治理主体间的斗争。

二　外部原因

（一）多方利益角逐

家庭联产承包责任制的实行，彻底改变了农民生活和农村基层民主政治状态。村民自治条件下，基层民主制度的村组织权力要求村民及相关主体的利益表达机制的完善；而确保民主参政议政机制、路径，需要清晰的权责划分机制。由于村委会组成人员个人为了获得自身利益，使用非法手段或违法手段去谋取自身利益，这种获利方式在实践中成了村民民主参政议政的主要动机。

（二）农村宗族力量影响

实践中，村党支部和村委会之间的关系多少受宗族势力的影响支配，农民中人数少的家族无法与大家族抗衡。宗族力量依然影响着村干部的构成。在换届选举中，村干部的选举如果没有可靠的后台支撑，施政一定会有较多的掣肘。不少村庄中，宗族势力依然影响着党支部、村委会和村中权力资源的分配。

（三）现行乡村治理法规制度的操作性条款少

行之有效的法律法规是实现村"两委"领导法制化的前提和保障。从改革开放开始，党中央制定了一系列用来加强和改善农村基层组织领导的方针、政策和措施，国家立法机关也出台了相关的法律法规，为村"两委"的活动提供了法制依据。但是现在对村"两委"关系的制度供给依然不足。

《村民委员会组织法》第三条规定："中国共产党在农村的基层组织，按照中国共产党章程进行工作，发挥领导核心作用；依照宪法和法律，支持和保障村民开展自治活动、直接行使民主权利。"《中国共产党农村基层组织工作条例》第九条第三款也规定，村党支部"领导和推进村级民主选举、民主决策、民主管理、民主监督，支持和保障村民依法开展自治活动。领导村民委员会、村集体经济组织和共青团、妇代会、民兵等群众组织，支持和保证这些组织依照国家法律法规及各自章程充分行使职权"。这些规范都是原则性的，没有操作性指引。二者关系上，村党支部处在领导核心地位，领导村委会支持和保障村民开展自治活动。但是如何展开核心作用，怎样做才能发挥核心作用，应该如何领导，如何支持和保障等都没有明确规定。这就导致相关治理主体在认识上更加随意，所以在实际工作中便出现党支部要坚持党的领导，独揽村务大权；而村委会认为属于民主自治范围，要脱离党支部的制约。

《中国共产党农村基层组织工作条例》第九条规定，村党支部的一项主要职责就是"讨论决定本村经济建设和社会发展中的重要问题。需由村民委员会、村民会议或集体经济组织决定的事情，由村民委员会、村民会议或集体经济组织依照法律和有关规定做出决定"。但如何划分重要问题，哪些是需由村民委员会等组织决定的事情等等，都缺少明确的界定。在《村民委员会组织法》中，除了村级党组织发挥领导核心作用的原则规定外，没有其他条款说明村党支部可以决定什么是重要问题。相反，《村民委员会组织法》虽然明确规定了需要由村委会决定的事项，但是却没有从决策意义上明确说明村委会的权限。

第四节　乡村治理体系塑造中村两委的整合原则

一　明确职权划分

《村民委员会组织法》基本上对农村党组织的领导作用和村民自治组织的管理职能做了比较明确的划分，进而确立了我国农村民主政治的基本框架。党的领导主要体现在政治、思想和组织领导上，应该在方向性、政策性、全局性、重要性问题上发挥自己更好的领导水平，而对于事务性、职能性、技术性的经济、社会、民间的事务管理则应该让农村群众自治组织管理。一些法条中没有规定但实践中非常重要的问题，如印章掌管权、法人代表权、人事提名任免权、财务签字权、文档管理权等，需要有明确的权力归属划分，并对可能出现的特殊情况做相应的规定，而对于违反这些规定的则要制定相应的仲裁程序和处理规定。

加强村党组织对村民自治的正确领导。其一，党对村民自治的领导如仅限于路线、方针和政策的领导，是宏观意义上的，在基层社会没有操作性无法开展工作。其二，村党组织对村民自治的领导可以通过党员去发挥具体作用，发挥支持村委会工作的模范带头作用，发挥在参与本村经济社会发展活动中的具体的先进作用，真正具有先进性的党员必然受到人民群众爱戴，被选进村委会领导班子，作为村委会干部直接发挥作用。这样可以把党支部从纷繁复杂的具体村务活动中解放出来，党已经将自己的意志融合在《村民委员会组织法》里，广大村民积极响应党的号召，参加选举，村主任依法实行民主自治，村党支部支持村主任依法组织村委会班子，并监督村委会工作，这就是坚持了党的领导，将党的领导和村民自治结合起来。

二 提升"两委"成员的素质能力

村委会和村党支部换届之后,都要组织新上任的村委会主任和村党支部书记集中培训,让他们能够正确认识二者之间的关系,有效地规避日后工作中的冲突和矛盾。教育培训的方式不设限制。教育培训的内容需要包括政治理论和党在农村的方针政策、市场经济、农业科技、对外经贸、村务管理和农村社区工作等方面的知识教育,以及法规及农村伦理道德教育、领导方法和领导艺术、管理理念和农村热点等。通过教育培训,强化村干部的大局观念、民主观念、政策观念、法制观念,在村治中摆正自己的位置,处理好"两委"关系,一起推动政务和村务的顺利开展,学会用经济民主法制的方式和思想教育的方式来组织和团结广大农民,通过转变和改善领导方法来加强村党支部对村委会的领导;带头反对宗族派性势力,相互尊重,相互理解,树立责任意识和进取意识。总之,通过加强对农村干部的教育培训,提升他们的素质和认知,彼此配合,彼此帮助,把本村建设成为一个民主祥和、富裕昌盛的社会主义新农村。

三 平衡好农村各方利益主体

平衡好农村各方利益主体是确保农村经济建设和社会发展的基础和保障。村党支部和村委会作为农村地区提供公共服务的基层组织,也享受着农村地区的公共资源,"两委"对资源的争夺直接影响了农村经济的发展。在经济发展比较落后的农村地区,公共资源稀少,"两委"班子成员为了实现自身利益的最大化,很容易发生矛盾冲突。因此要切实平衡好农村各利益主体,即促进农村地区经济建设的有序发展和经济实力的快速提升,进而提升农村公共服务的水平和质量。因此加快农村地区的经济建设不再仅仅是基层民众的发展需求,也是平衡"两委"关系的必要措施。国家在各项利民惠民政策上要加大对农村地区,特别是贫困农村地区的关照力度,增加对农村地区经济建设的资金投放,实现"村村通"等项目的全面覆盖,确保农村地区在交通运输、信息传播等方面公共基础设施建设的完备,从而从根本上平衡好农村各方利益主体。加快"一村一品"打造进程,发展农村地区特色产业,因地制宜地推进农村经济快速发展;推动以城带乡健康发展,使农村和城市地区的各类资源合理流动、互相补充，加快农村地区城镇化步伐，提升农村地区的经济建设，从根本上解决各方主体的利益争夺。通过农村地区经济的发展，为"两委"班子在实施基层公共事务时夯实物质基础。随着农村公共资源的增加，基层群众的自身利益诉求也得到获得和满足，逐渐对"两委"班子抱以信任和支持的态度，基层民众的民主意识也会随着经济负担的减轻而增强，对自身权力的认识和"两委"班子的理解逐渐加深，主动参与到自治活动之中，降低"两委"班子在农村的社会成本，提升"两委"班子的工作效率，农村各项事务工作得以顺利地进行下去。

四 加强对家族势力的引导

聚族而居，是中国大部分村庄的特点。如何合理运用这种基于血缘关系的天然凝聚力是改善"两委"关系的关键环节。所以，要对这类村庄内的村民进行积极引导，在管理过程中做到公私分明，合理地将家族认同应用到维持村内安定团结上去，而不是将家族认同作为拉帮结派的手段。同时，让处于这种环境下的村"两委"班子认清自己的职能作用并不仅仅是实现家族的利益，而是要为全体村民的共同利益发挥作用，确保所有人都能够公平公正地参与到村民自治活动的全过程，共同享受村民自治带来的丰硕成果。在治理中，要动用一切手段，全力避免村"两委"班子因为宗族因素而导致的对立，工作上相互拆台。要阻止村内成员利用亲属关系结党营私对基层政权进行渗透，更要抵制外部黑恶势力和村"两委"班子一方形成特定利益关系，对另一方的工作进行干涉来获取非法利益。

五 加快乡村法律制度体系的完善

（一）完善村级民主议事决策机制

将村党支部和村委会的权力与职责制度化，结合实际并细化。在议事方面把"两委"班子各自的职责量化和细化，根据《村民委员会组织法》把"两委"班子的职责、权力、议事范围和程序明确化。在议事过程中，把"两委"班子各自的职责量化和细化，特别是党支部和村委会的联席会议，村民民主议事程序和决策路径，详细而规范地界定党的政治领导权和村民自治权之间的权力边界，使其有法可依，有制可循。对于健全和完善文本的具体化、规范化，侧重点在于县级以上政府对村级事务的管理和监督，如村民大会制度和财务管理制度，应放在地方出台的法规和制度建设中，从而使村级事务和政务决策更民主和规范。

（二）完善村务管理制度

确保村级财务村务公开制度化，建立完善的村级财务制度，管理规定村级财务的每一笔开支，在乡镇主管领导、村党支部书记、村委会主任、村监委主任四笔汇签后才能实现报销，杜绝村级财务管理中的不规范、不透明和不民主等现象。

六　促进乡村直接民主的发展

村民是村民自治的主体。村民的民主意识、民主参与是村民自治运作的基本条件。基层政权在乡村治理中注意发挥村民的作用是促进村民自治的首要方法。第一，由村民严格遵循"三公"原则直接投票选举自己满意的村委会干部。在村党支部的领导下，村民选举委员会的详细规则要公开，由村民组织或村民代表大会讨论并通过才能发布。选举委员会应该如实向村民介绍候选人的具体情况。候选人应该重点概述自己当选后的计划和打算并接受村民的询问。第二，确保村民能够参与村内重大事项并作出决策。村务重大事项或者涉及村民利益的重大事项应该由村民会议和村民代表会议决定。成立村民委员会，并向村民会议和村民代表大会汇报工作制度。村民代表会议人员杜绝由村委会任意指定，要由真正为村民着想并和村"两委"没有利益牵扯的村民担任。第三，完善村政务、财务和村务公开化。落实好公开的内容、形式、程序、时间、阵地，把村民关心的问题和涉及村民自身利益的问题，定期在村务公开栏张榜公布，并随时接受村民的询问。第四，建立完善的罢免卸任机制，解决"两委"干部能上能下的问题。把权力交给民众，让广大群众决定干部的去留。对不称职的干部，特别是以私废公、相互扯皮的干部要适时启动罢免卸任程序。

第九章　乡村治理体系在全面小康社会的生发逻辑

乡村治理体系可看作一个由治理主体、治理资源、治理制度、治理文化等多元要素构成的治理系统。关于乡村治理系统的构建，政策话语已将其高度概括为"自治、法治、德治相结合"，然而如何具体实现治理主体、治理组织、治理制度、治理资源等要素的有机结合，以及体系运作的标准，还需要从广大乡村治理创新实践中总结答案。广东省作为改革开放的前沿阵地，其所受到的市场化、城镇化和工业化冲击更为剧烈，在此种形势下实现了治理有效并实施乡村振兴的广东省村庄，绝大部分都是成功整合了村庄内的多元治理要素、构建了运行有效的村庄治理系统。①

富景社区与下围村是广东省乡村治理创新的两个典型代表：两个村庄具有相似的区位特征、行政级别与经济特征。在相近的时间进行乡村治理体系构建并均取得了良好的治理成效，但两个村庄治理系统的具体要素构成与运行逻辑却不尽相同，展现出广东乡村在构建推动乡村振兴的治理体系中存在不同逻辑与模式。因此，本章作为结论性章节，基于结构功能主义视角，研究两个案例村庄如何从治理主体、治理组织、治理制度、治理资源等方面整合村庄治理系统，实现村庄治理系统的有效运转，并在此基础上总结和比较两个村庄治理系统的运作逻辑。

第一节　乡村治理体系构建的学术史

一　结构功能主义的研究状况

结构功能主义是第二次世界大战之后在美国兴起的最重要的社会学

---

① 本章应调研对象的要求对部分地名、人名进行了匿名化处理。

流派，从战后至20世纪60年代在美国社会学界一直居于主要地位，其思想渊源可以追溯至孔德和斯宾塞。孔德（A. Comte）认为，社会是一种由各种要素组成的类似于生物有机体的整体，这个整体同它的部分之间具有一种"普遍的和谐"[1]；斯宾塞（H. Spencer）比较了生命有机体和社会有机体之间的共同点与差别，引入了结构、功能、分化、同质性和异质性等概念[2]；涂尔干（E. Durkheim）进一步发展了关于社会结构的理论，他将社会结构分为两种类型，一种是以低度分工为基础、以强烈集体意识为纽带结成的社会关系整合形式，即"机械团结"，一种是以高度分工和广泛的相互依赖为基础构成的社会关系整合形式，即"有机团结"[3]。这些早期的经典研究虽然没有以"社会结构"为研究重点和中心概念，但它们已经具有了结构功能分析的意识：将社会看作由多种要素构成的系统，其内部需要整合和协调以维系社会秩序。[4]

帕森斯（T. Parsons）是现代结构功能主义的创始人，他认为任何社会系统的存在和发展都必须满足以下四种功能：（1）适应（Adaption），指系统为了生存下去，必然要同环境发生一定关系，必须从外部环境中获取所需资源或操纵某些手段来控制外部环境；（2）目标达成（Goal Gratification），指系统必须有能力确定自己的目标，并能调动系统的内部力量以集中实现系统目标；（3）整合（Integration），指任何系统都由各个部分组成，为了使系统作为一个整体有效地发挥功能，必须将各个部分整合在一起，使各部分间协调一致，不出现游离、脱节和断裂的情况；（4）模式维持（Latency Pattern Maintenance）[5]，指在系统运行暂时中断的时期，原有的运行模式必须完整地保存下来，以保证系统恢复运行时能正常运作[6]。这一理论也被称为AGIL框架。

在后帕森斯时代，学者们对结构功能主义的研究视角和研究内容进行了拓展：洛克伍德（D. Lockwood）区分了"系统整合"和"社会整合"，系统整合是组成社会系统的各部分间的整合，而社会整合是指行动者整合

---

[1] A Comte, *System of Positive Polity*, London: Longmans Green, 1875: 241-242.
[2] H Spencer, *The Principles of Sociology*, New York: Appleton and Company, 1925: 505.
[3] E Durkheim, *The Division of Labor in Society*, New York: Free Press, 1964.
[4] 周怡：《社会结构：由"形构"到"解构"——结构功能主义、结构主义和后结构主义理论之走向》，《社会学研究》2000年第3期。
[5] T Parsons, *Social System*, New York: Free Press, 1951.
[6] T Parsons, Smelser N-J., *Economy and Society*, London: Routledge, 1956.

进社会。① 洛克伍德认为，帕森斯显然采用的是系统视角，从而可能忽略了行动者对社会变迁的能动作用。默顿（R. K. Merton）丰富了社会系统的功能需求的内涵，引入了"潜功能""负功能"的概念：潜功能即潜在的功能，往往导致意料之外的客观结果；负功能又称反功能，即负面的、对系统有效运行起反作用的功能。② 默顿认为并非所有功能都是外显的、正面的，这在一定程度上回应了学界对于结构功能主义的保守倾向的批评。吉登斯（A. Giddens）认为，结构是社会系统动态变动过程中的规则和资源，这一定义引申出了两个新的观点：（1）由于规则和资源并非具体的事物，没有时空的界限，结构具有了"在场"或"不在场"的二象特征，这一特征使得吉登斯的结构化理论在当下信息时代仍有较强解释力；（2）规则和资源只有在实践中才能够运作，因此结构具有"二重性"：社会结构制约了人们的行动，人们的行动也建构着社会结构。③ 吉登斯试图在宏观和微观、社会和个人中寻找中间道路，延伸了结构功能主义的理论视角，如表9-1所示：

表9-1　　　　　　　　结构功能主义学者的主要观点

提出者	观点或贡献
Auguste Comte	社会是由各种要素组成的有机整体
Herbert Spencer	引入结构、功能、分化、同质性、异质性的概念
Émile Durkheim	社会结构的两种类型：机械团结、有机团结
Talcott Parsons	任何社会系统必须满足适应、目标达成、整合、模式维持四种功能
David Lockwood	区分了"系统整合"与"社会整合"
Robert K. Merton	引入负功能、潜功能的概念
Anthony Giddens	结构具有"在场""不在场"二象特征；行动对于结构具有能动性

资料来源：作者自制。

---

① D Lockwood, "Social Integration and System Integration", in G. K. Zollschan and W. Hirsh (eds), *Explorations in Social Change*, London: Routledge, 1964.
② R Merton, *Social Theory an d Social Structure*, New York: Free Press, 1968.
③ A Giddens, *The Constitution of Society: Outline of the Theory of Structuration*, Oxford: Policy Press, 1984.

二 乡村治理系统成体系运作的研究现状

自古以来，中国乡村就是一个复杂的场域，国家力量、乡村内生秩序、宗族、血缘亲族、乡村社会组织等多元要素在这一场域里产生交互，而乡村治理系统就是将乡村社会看作一个有机的、开放的、由多种要素构成的复杂自组织社会系统。[1]"乡村治理系统"不仅仅是一个研究主题，更内含了一种全观性、系统性的研究视角，若按其实质内涵而非文字表述，相近的概念还有"乡村治理体系"，2017年中央提出"健全自治、法治、德治相结合的乡村治理体系"，将其提升到了国家战略性高度，但对乡村治理系统的研究可追溯至更早时期，其研究维度和取向亦随着时代变迁不断更新，具体可分为以下几类：

（一）乡村治理系统整体运行的研究

1. 乡村治理系统整体运行的共性研究

我国幅员辽阔、地大物博，各地乡村具体情况往往千差万别，不同的治理基础将导向不同的治理系统运行逻辑，故而这一类型研究往往采用较为宏观的视角，构建中国乡村治理基础共性的理想型普适化治理系统。如俞可平、徐秀丽从治理环境、治理主体、治理权威、治理过程、治理内容、治理方式六个要素分析中国乡村治理系统，总结出中国乡村治理的政府主导、多元治理、精英治理特征[2]；程波以系统论为分析框架，将村民自治看作一个社会系统，提出构建治理型的村庄治理模式，反映了在系统观的整体视角下，基层民主只是村庄治理的一部分，村民日常生产生活也是村庄治理题中应有之义，故而在进行研究时不可将村庄治理系统各要素割裂[3]；郎友兴认为当下中国乡村治理的基本问题是多元化带来的碎片化，主张应用整体性治理理论构建乡村治理系统[4]；雷明借鉴生态学的概念，认为乡村治理体系是一个有机的、开放的、由各种要素交互构成的、

---

[1] 雷明：《论农村社会治理生态之构建》，《中国农业大学学报》（社会科学版）2016年第6期。

[2] 俞可平、徐秀丽：《中国农村治理的历史与现状——以定县、邹平和江宁为例的比较分析》，《经济社会体制比较》2004年第2期。

[3] 程波：《系统治理视阈下的村民自治研究》，博士学位论文，江南大学，2010年。

[4] 郎友兴：《走向总体性治理：村政的现状与乡村治理的走向》，《华中师范大学学报》（人文社会科学版）2015年第2期。

类似生态系统的自组织复杂系统①;谢小芹研究了在人口流动、互联网时代下的乡村治理,从治理主体、治理客体和治理手段三方面论述了当下中国乡村治理超脱时空限制的"脱域性"特征。②

2. 乡村治理系统整体运行的比较研究

这一类型研究基于前期扎实的田野调查,以乡村治理中的关键要素为划分维度,试图构建具有典型意义的乡村理想类型。如贺雪峰等学者以村庄经济社会分化程度、村庄社区记忆、村庄自主生产秩序能力、村干部角色、乡镇与村庄关系等要素为维度,将中国乡村治理结构划分为原生秩序型、次生秩序型、乡村合谋型、无序型四种类型③;根据农民行动单位,将村庄划分为宗族主导型、小亲族或户族主导型、家庭联合主导型、原子型四种类型④。徐勇以农民生产生活基本单位为标准,将中国乡村社会划分为古代农业时期、人民公社时期、农村改革时期、乡村社会整合时期。⑤ 王向阳则基于国家—社会的视角,根据村庄社会结构、村庄利益密度、村庄社会整合能力、国家行政力量四要素,将村庄治理类型分为村社自主型、耦合共治型、行政统合型和维持型。⑥

3. 乡村振兴战略语境下的乡村治理系统研究

2017年,中央发布了乡村振兴战略,其中根据浙江桐乡的乡村治理经验提出了构建"自治、法治、德治相结合的乡村治理体系",此后学者们在"三治结合"的政策导向下对乡村治理系统进行了研究。如叶兴庆认为,随着农村人口情况、公共事务、利益主体和组织资源的日趋复杂化和多元化,中国乡村治理体系的目标经历了从"管理民主"到"治理有效"的转变,亟须建立自治、法治、德治相结合的乡村治理体系⑦;王文

---

① 雷明:《论农村社会治理生态之构建》,《中国农业大学学报》(社会科学版) 2016 年第 6 期。

② 谢小芹:《"脱域性治理":迈向经验解释的乡村治理新范式》,《南京农业大学学报》(社会科学版) 2019 年第 3 期。

③ 贺雪峰、仝志辉:《论村庄社会关联——兼论村庄秩序的社会基础》,《中国社会科学》2002 年第 3 期;贺雪峰、董磊明:《中国乡村治理:结构与类型》,《经济社会体制比较》2005 年第 3 期。

④ 贺雪峰:《乡村治理区域差异的研究视角与进路》,《社会科学辑刊》2006 年第 1 期。

⑤ 徐勇:《县政、乡派、村治:乡村治理的结构性转换》,《江苏社会科学》2002 年第 2 期。

⑥ 王向阳:《新双轨治理:中国乡村治理的旧制度与新常态——基于四地乡村治理实践的考察》,《甘肃行政学院学报》2017 年第 2 期。

⑦ 叶兴庆:《新时代中国乡村振兴战略论纲》,《改革》2018 年第 1 期。

彬界定了自治、法治、德治的元问题，认为应该从行动主体、现代规则、乡村文化三方面构建乡村治理体系①。此外，许多学者对乡村振兴背景下的乡村治理系统构成要素进行了研究②，普遍认为新时代乡村治理系统应以乡村现代化为治理目标③，吸纳作为个人和组织的多元治理主体④，将基层民主和村民生产生活作为治理内容⑤，以自治、法治、德治作为治理路径。⑥

（二）乡村治理系统构成要素的研究

1. 对乡村治理系统的外生性要素的研究

首先，正如学者应星所说，虽然"村民自治"这一形式起源于个别村庄的治理实践，但村民自治制度在全国范围村庄的推广是由国家自上而下完成的，因此村民自治可视为国家建构的乡土社会的外生变量。⑦ 吴思红则认为，正因为村民自治既是国家建构的结果，也是村庄自我创造的结晶，所以其具有国家行政力量和乡村内生性力量互动的特征。⑧ 但无论村民自治的性质何如，Daniel Kelliher 通过回顾关于村民自治的争论，发现学者们的共识是，村民自治毫无疑问地促进了农村基层民主的发展。⑨ 陈洪江、吴素雄将村民自治在乡村治理系统中的作用机制总结为利益表达、价值导向和组织协调。⑩ 除此之外，学者们还就村民自治的组织载体和治理过程进行了深入的研究：组织载体包括

---

① 王文彬：《自觉、规则与文化：构建"三治融合"的乡村治理体系》，《社会主义研究》2019 年第 1 期。

② 李亚冬：《新时代"三治结合"乡村治理体系研究回顾与期待》，《学术交流》2018 年第 12 期。

③ 汪杰贵：《基于村庄治理系统困境突破的村庄治理现代化路径：一个分析框架》，《农业经济问题》2018 年第 9 期。

④ 尹广文：《新时代乡村振兴战略背景下乡村社会治理体系建构研究》，《兰州学刊》2019 年第 5 期。

⑤ 丁志刚、王杰：《中国乡村治理 70 年：历史演进与逻辑理路》，《中国农村观察》2019 年第 4 期。

⑥ 孙迪亮：《论乡村社会治理的系统性》，《齐鲁学刊》2019 年第 4 期。

⑦ 应星：《评村民自治研究的新取向——以〈选举事件与村庄政治〉为例》，《社会学研究》2005 年第 1 期。

⑧ 吴思红：《乡村秩序的基本逻辑》，《中国农村观察》2005 年第 4 期。

⑨ Daniel Kelliher, "The Chinese Debate Over Village Self-Government", *The China Journal*, 1997, (37): 63–86.

⑩ 陈洪江、吴素雄：《村民自治社会整合功能的两重分析》，《社会主义研究》2003 年第 6 期。

第九章　乡村治理体系在全面小康社会的生发逻辑　◇　199

村民委员会、村民代表会议、村务监督委员会等[1]，但近年来在中央"探索村民自治新形式"的号召下，新型村级组织不断涌现[2]；治理过程包括民主选举[3]、民主决策、民主管理、民主监督，且近年来越来越多的学者尝试跳出"四个民主"[4] 的窠臼，以期重新发现村民自治的内在价值和力量。[5]

　　国家行政力量也是乡村治理系统的外生性要素。黄宗智认为，新中国成立初期的土地制度改革和人民公社化运动使国家行政权力渗透到了每个村庄，甚至是每个农村家庭[6]；狄金华、钟涨宝认为这一时期的治理力量建立在破坏血缘、地缘等内生性治理因素的基础上[7]；王晓荣、李斌则将这一时期的乡村治理系统运行逻辑总结为，依靠强有力的行政命令和持续的政治动员以实现农村社会的高度一体化[8]。在实行家庭联产承包责任制和村民自治制度后，国家行政力量在乡村社会中整体呈上收态势，行动取向为避免对乡村治理的直接粗暴干预，转而以乡镇政府和村党组织作为其在村庄治理中的代表：AL Ahlers, G. Schubert 认为乡镇政府在国家乡村政策有效执行中发挥了重要的作用，是连接国家与乡土社会的桥梁[9]；但乡镇政府也不会完全执行国家政策，Kevin O'Brien 关于中国农村的研究表明，乡镇政府基层干部的行动倾向往往为"选择性政策实行"[10]。乡镇政府与村委会是指导关系，但乡镇党委与村党组织是领导关系，且村党组织

---

　　[1]　肖滨、方木欢：《以扩充民主实现乡村"善治"——基于广东省下围村实施村民代表议事制度的研究》，《中共浙江省委党校学报》2016 年第 5 期。

　　[2]　张树旺、卢倩婷：《论治理有效的新时代乡村治理体系的塑造——基于广州南村治理创新模式的考察》，《华南理工大学学报》（社会科学版）2018 年第 4 期。

　　[3]　Scott-Rozelle Jean C. Oi., "Elections and Power: The Locus of Decision-Making in Chinese", *The China Quarterly*, 2000, (162): 513 – 539.

　　[4]　卢福营：《村民自治的发展走向》，《政治学研究》2008 年第 1 期。

　　[5]　徐勇、赵德健：《找回自治：对村民自治有效实现形式的探索》，《华中师范大学学报》（人文社会科学版）2014 年第 4 期。

　　[6]　黄宗智：《长江三角洲小农家庭与乡村发展》，中华书局 1992 年版。

　　[7]　狄金华、钟涨宝：《中国农村社会管理机制的嬗变——基于整合视角的分析》，《吉林大学社会科学学报》2012 年第 3 期。

　　[8]　王晓荣、李斌：《建国以来农村社会整合模式的历史变迁及经验启示》，《东南学术》2010 年第 1 期。

　　[9]　Anna-L Ahlers, "Schubert Gunter. Effective Policy Implementation in China's Local State", *Modern China*, 2015, 41 (4): 372 – 405.

　　[10]　Kevin O'Brien, "Li Lianjiang. Selective Policy Implementation in Rural China", *Comparative Politics*, 1999, 31 (2): 167 – 186.

领导村委会行使职权，因此国家实际上通过农村基层党组织实现了对村庄的领导，村党组织在村庄中作为国家力量而在场。张卫海认为村党组织的政治地位决定了它必然是乡村治理系统中的重要力量[1]；牛余庆则将村党组织在乡村治理系统中的作用机制总结为利益表达、利益综合、政治录用、政治社会化等。[2]

2. 对乡村治理系统的内生性要素的研究

宗族和乡贤自古以来就是乡村治理系统中的重要内生性资源。马克斯·韦伯认为，中国古代乡村事实上并不在皇家正式行政区域之内，而是属于没有正式官员管辖的地区[3]；因此古代乡村治理的力量并不来自国家政权，而是来自基于血缘以及地缘的宗族势力和乡绅阶层；袁祖社将这一时期的乡村治理系统运行机制总结为依靠血缘、地缘等先赋性因素[4]。改革开放以来，随着乡村社会空间得以释放，乡村治理的先赋性因素也在逐渐复苏：杨建华、赵佳维观察到村规民约是乡村治理中的一种重要资源[5]；Melanie Manion 认为宗族是在村庄共同体中建立信任的关键要素[6]；杨小柳认为基于村落共同体的集体意识对乡村治理有重要意义[7]；王文龙发现新乡贤能够有效填补基层政府权威下降留下的权力真空，调解乡村社会矛盾，促进社会和谐。[8]

村级社会组织也是乡村治理系统中的内生性要素。黄辉祥、刘宁发现，随着改革的不断深入和农村社会的生长，在我国村庄涌现出大量代

---

[1] 张卫海：《社会管理创新视域中农村基层党组织社会整合功能研究》，《甘肃理论学刊》2012 年第 5 期。

[2] 牛余庆：《利益分化背景下农村基层党组织社会整合方式转型研究》，《社会主义研究》2007 年第 1 期。

[3] [德] 马克斯·韦伯：《儒教与道教》，江苏人民出版社 2008 年版。

[4] 袁祖社：《社会生活契约化与中国特色公民社会整合机制创新》，《天津社会科学》2002 年第 6 期。

[5] 杨建华、赵佳维：《村规民约：农村社会整合的一种重要机制》，《宁夏社会科学》2005 年第 5 期。

[6] Melanie Manion, "Democracy, Community, Trust", *Comparative Political Studies*, 2006, 39 (3): 301 – 324.

[7] 杨小柳：《村落视野中的乡村社会整合——广东梅县书坑村的个案研究》，《中南民族大学学报》（人文社会科学版）2010 年第 4 期。

[8] 王文龙：《新乡贤与乡村治理：地区差异、治理模式选择与目标耦合》，《农业经济问题》2018 年第 10 期。

表、服务和维护农民利益的社会组织。[1] 学者们对各地新型村级社会组织进行了详尽的考察：张树旺、李伟等发现广东的乡贤慈善会和家乡建设委员会在村庄治理中发挥了重要作用[2]；贺海波、包雅钧观察到湖北出现了村务理事会和各类专项协会参与村庄治理[3]；原超基于福建某村案例研究，认为该村的乡贤理事会实现了法理型权力和传统型权威的复合[4]。这些村级社会组织作为村民政治、经济、社会生活的重要载体，有效地实现了村民的自我管理、自我教育、自我服务，已成为中国村庄治理重要的内源性组织资源以及乡村治理的重要力量。

村集体经济也是乡村治理系统中的重要内生性要素。贺雪峰、何包钢认为，村集体经济是村庄治理系统中的重要因素和内生性资源，其多寡将决定乡村治理系统是采用分配型还是动员型运行逻辑[5]；仝志辉认为村集体经济组织能为村庄治理系统运转提供经济资源，是乡村治理系统中的重要治理主体[6]；纪晓岚、朱逸发现有些富有的村庄甚至会将村集体企业的管理方式与手段嫁接到村庄治理之中，将企业经营的理念与营运方式运用于村庄经营，使得村庄治理系统运行更为高效。[7]

第二节 富景社区治理体系的生发逻辑

一 富景社区治理环境

（一）工商发达：村庄社会异质性强

随着改革开放、工业化和城镇化进程，富景社区经济发展实现了多元

---

[1] 黄辉祥、刘宁：《农村社会组织：生长逻辑、治理功能和发展路径》，《江汉论坛》2016年第11期。

[2] 张树旺、李伟、王玬强：《论中国情境下基层社会多元协同治理的实现路径——基于广东佛山市三水区白坭案例的研究》，《公共管理学报》2016年第2期。

[3] 贺海波、包雅钧：《社会组织进入村庄权力结构后的政治博弈分析——以湖北G市"1+X"自治模式为例》，《新视野》2016年第3期。

[4] 原超：《新"经纪机制"：中国乡村治理结构的新变化——基于泉州市A村乡贤理事会的运作实践》，《公共管理学报》2019年第2期。

[5] 贺雪峰、何包钢：《民主化村级治理的两种类型——村集体经济状况对村民自治的影响》，《中国农村观察》2002年第6期。

[6] 仝志辉：《村委会和村集体经济组织应否分设——基于健全乡村治理体系的分析》，《华南师范大学学报》（社会科学版）2018年第6期。

[7] 纪晓岚、朱逸：《经营性治理：新集体化时代的村庄治理模式及其自在逻辑》，《西北师大学报》（社会科学版）2013年第2期。

化经营，经济分化程度较高，主要体现在以下三个方面：（1）产业结构：村庄经济总收入以工业为主，辖区内拥有200多家企业，主要从事五金、建材、化工、家具、纺织、印染行业；农业年生产值仅占生产总值约5%，以种植、畜牧、水产为主，且富景社区近年来专注于实现传统农业向现代农业的转变，采用"现代农业+电商+旅游"模式，推进一二三产业融合。（2）所有制结构：2018年，村民人均收入22632元，其中1600元来自村集体经济分红，主要来源为土地出租、鱼塘承包以及物业出租收入，仅占个人收入的7%。（3）村民就业结构：因产业结构中非农占比高、所有制结构中非集体所有收入占比高，村民中从事非农工作的也比较多，主要为务工及个人经营。富景社区的经济基础对村庄治理主要有如下影响：

在传统乡村社会中，村庄经济结构以小农经济为主，村民收入主要来源为传统种养业，同一村庄里的村民职业趋同、收入相近，乡村社会同质性较强；而改革开放以来，由于工业化、城镇化和市场经济的冲击，富景社区等发达地区村庄经济发展实现了多元化经营，村民收入也实现了多种渠道来源，村民职业结构变化和收入来源多元化促进了农村阶层分化，增强了乡村社会异质性，使得村庄治理越发呈现出需求复杂化、议题碎片化特征。

由于富景社区工商业发达，村内企业数量较多，吸引了较多外来务工人员。富景社区常住人口3.9万人，其中户籍人口1.2万人，外来人口2.7万人，呈现出本地与外来人口数量倒挂的特征。外来人口的大量涌入在给富景社区的经济发展注入活力的同时，也给治安维护、环境治理、社区认同等村庄治理方面带来了负担，提高了富景社区利益主体的多元化程度。管理好大量外来人口，帮助外来人口融入村庄，保护外来人口在村庄治理中的合法权益，避免外来人口成为富景社区村庄治理中"在场的缺席者"，是富景社区实现治理有效的必经之路。

（二）人文秀区：村庄社会资本丰富

治理系统不单单受到当前环境的影响，过去历史文化也潜移默化地塑造了系统。在传统乡村社会中，"皇权不下县"，乡村基层治理主要依靠乡绅能人和宗法礼教，而这些历史文化因素积累绵延至今，对当今村庄治理仍有深刻影响。

富景社区所处的白坭镇是历史上有名的人文秀区，地理位置上与南海西樵接壤，深受西樵理学浸染，底蕴深厚，文人辈出，从南宋至今七百多年间曾有多位祖先担任过朝廷的七品或以上官员；近代以来，随着改革开放，白坭镇有不少村民下海经商，远渡重洋，这些村民在积累了物质财富后往往会饮水思源，反哺故土，回报桑梓，是以白坭镇被称为珠江三角洲的著名侨乡。总而言之，富景社区有着深厚的文化经济底蕴，村庄中有较为丰富的乡贤资源，其中尤以乡村经济精英和乡村文化精英为主，这些"新乡贤"在富景社区治理中发挥着关键作用。

虽然乡村精英是富景社区治理的重要社会资本，但这些社会资本并不会自发运转，还需要动因将他们动员、联结起来。在富景社区，联结乡村精英社会资本的"黏合剂"就是宗族文化。祠堂是以血缘为联结的宗族文化的具象，而富景社区作为历史人文秀区，宗族较为活跃，村内有邓、陈等大姓，还有不少祠堂，其中以陈氏大宗祠为最。陈氏大宗祠始建于1511年，是目前佛山市规模最大的传统祠堂之一，每逢红白喜事、传统节日，村民都会在陈氏大宗祠举行聚会或节庆。在陈氏大宗祠这一空间内，村庄宗族文化得以传续，村民情感共识也再次联结。人文秀区、著名侨乡先天地赋予了富景社区丰富的社会资本——乡村精英，而宗族文化又给了富景社区天然的治理共同愿景与公共话语——建设家乡。

二 富景社区治理制度建设

富景社区利益主体结构多元，利益诉求组成复杂，要实现村庄公共利益的最大化，一是要实现多元人口需求的最大公约数，即满足村庄生产生活的基本共同的需求，即公共服务；二是要在满足公共服务需求的基础上，深入村民生活，维护村民的合理合法权益。

（一）村公共服务站制度

经历了"合村并组""村改居"之后，富景社区管辖面积和人口规模骤增，公共服务供给范围也相应扩大，且村庄人口的异质性带来了服务需求的多样化，给富景社区公共服务供给带来了挑战。因此，为提高公共服务供给质量、实现公共服务均等化，富景社区2012年在上级政府的支持下于行政村一级建立了村公共服务站，负责承担村级公共服务职能和上级政府下放的部分行政管理职能。

从组织结构来看，村公共服务站的建立改变了富景社区的治理组织架构（见图9-1）。改革前，富景社区的治理体系是由村党委领导的，且由于村委会的 7 名干部皆为村党委成员，村党委与村委会交叉任职率达 100%，故实质上富景社区治理体系实现了村"两委"的共同领导；改革后，村公共服务站与村党委、村委会近似于"一套班子，三块牌子"：村公共服务站的站长由富景社区党委书记兼任，两名副站长由两名党委副书记兼任，其余 8 名党委委员皆兼任村公共服务站办事员，即富景社区 11 名党委委员均为富景社区公共服务站成员，交叉任职率同样达 100%。由于人员结构的交叉任职，村公共服务站进入富景社区治理体系的核心架构中：村党委处于统领富景社区治理的核心地位，全面领导村委会和村公共服务站；村公共服务站专门负责为村民提供公共服务与部分行政服务；而村委会剥离了繁杂的公共服务职责，专门负责村民自治、村务管理工作。

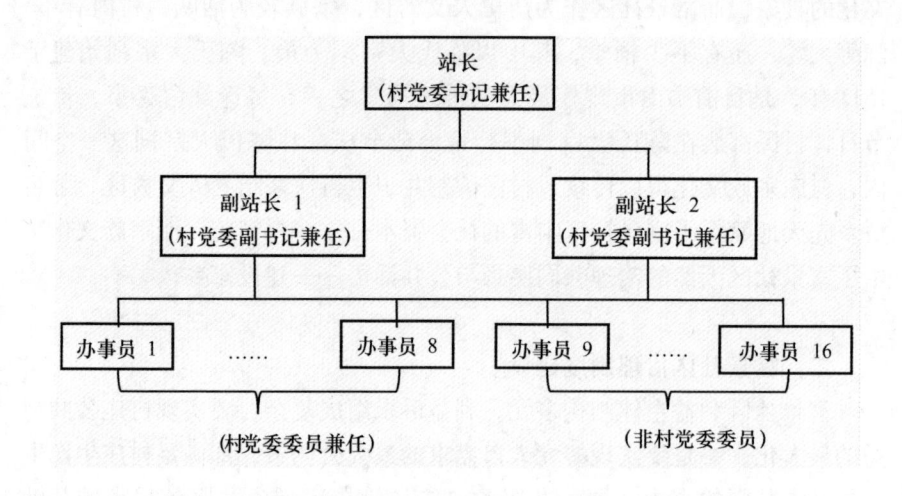

图 9-1 富景社区公共服务站组织架构

资料来源：作者自制。

从组织职能来看，村公共服务站的服务范围既包括农业生产、社会治安、教科文卫、党群工作、计划生育等村级公共服务内容，也包括国土城建等上级政府下放的 89 项行政管理事项，共设置了十多个对外服务窗口，解决了联系服务村民的"最后一公里"问题。而《中华人民共和国村民委员会组织法》规定："村民委员会是村民自我管理、自我教育、自我服务的基层群众性自治组织，办理本村的公共事务和公益事业。"可见，村委会在法定内涵中原本包括村庄公共服务职能，富景社区公共服务站的组织职能与村委会有部分重叠，如表9-2所示：

表9-2　　　　　　　　富景社区公共服务站服务范围统计

农业生产	农业生产、农业技术、水利、动植物防疫……
社会治安	三防宣传、信访、人民调解、消防、安全生产、治安保卫、民兵武装、交通监督、社区流动人口管理……
教科文卫	文化教育、精神文明建设、公共卫生、环境保护……
行政审批	国土城建、城区管理、国土管理、农村建房用地审批、乡村建设规划……
党群工作	党务组织、党风廉政、共青团、工会……
……	计划生育、残疾人工作、户籍档案、农村财务、农村医保、供水供电……

资料来源：作者自制。

综上，如上一节所述，富景社区在经历了"合村并组""村改居"后，一直面临着行政管辖区域过大、村民利益需求复杂化、村干部基层治理工作负担重、社区一级缺乏村委会日常运作资金、事权与财权分离的困境。如今，村公共服务站承担了村委会的公共服务职能，其实质上分担了村委会的部分"事权"；同时，村公共服务站由于同样承担了部分上级政府下放的行政管理职能，成为上级政府在村庄的派出机构，故上级政府也会因此承担村公共服务的部分开支，由此也完成了"财权"的转移。事权的分担和财权的转移，解决了事权与财权分离的困境，首先减轻了富景社区村委会的治理负担，使村委会回归自治职能，更有效地治理村庄1.2万余名户籍人口和2万多名外来人口。

（二）村民议事会制度

在进行了"合村并组""村改居"后，富景社区行政管辖范围扩大，村内人口众多，村民代表人数增加，更加难以召开村民大会、村民代表会议，即使召开也往往因为利益诉求复杂而难以达成共识，缺乏村民参与议事决策的有效平台。为了适应这一治理基础，在村民代表会议授权的基础上，富景社区分别在社区一级、村民小组一级组建了村民议事会。村民议事会良好地适应了富景社区的治理基础，主要体现为以下几点：

1. 村民议事会将富景社区多元利益主体纳入了村庄治理进程

富景社区利益主体构成复杂，涉及村庄公共利益的事务必然牵涉到各方利益主体，如果不让这些利益主体参与到村务决策中来，一则村务决策结果会因缺少合法性基础而难以推行，二则"村民自治"难免落入"村官自治"的窠臼，正如富景社区村民议事会成员D在访谈中所说："最重要的是要代表村民各方面的意愿，而不是你一两个人决定去把这件事推开。"（富景社区村民议事会成员访谈，20161012）为了解决这一问题，富景社区村民议事会的制度安排主要有：（1）从成员选举上，社区一级的村民议事会成员由富景社区村民代表会议选举产生，主要包括村"两委"干部、部分村民代表、党员代表、本村户籍的各级人大代表、党代表、政协委员，由25人组成，这一成员结构覆盖了村干部代表、普通村民代表，以及村庄精英代表。（2）实施议事约请制度，即除了议事会成员外，还可邀请相关职能部门和企事业单位相关人员现场协商交流，提高了议事充分性。（3）鉴于富景社区外来人口众多的特性，村民议事会在25人之外专门新增2名外来务工人员作为议事会成员参与村务决策，充分尊重了外来务工人员的意见与权益，使得村务决策更具有代表性和合法性。

2. 村民议事会提高了富景社区村务决策的公开度与透明度

在成立村民议事会以前，富景社区公共事务往往由村里几位村干部决策，决策过程不公开，决策规则不规范，决策讨论不充分："以前可能是村长说了算，很多事情没有摆上桌子来谈。村长说搞这里、搞这里，或者有时候讨论不彻底，或者不是很全面。"（富景社区村民议事会成员访谈，20161012）实施村民议事会制度后，富景社区村务决策严格遵循"动议—讨论—表决—公示"的流程：在议题收集阶段，议事会成员可专门就会议议题广泛征集村民意见，也可将平日与村民交流中收集到的社情民意作为会议议题提出；在议事进行阶段，议事会议每月至少召开一次，召开时需有至少三分之二的议事会成员出席方为有效；在议题表决阶段，采用无记名投票方式进行表决，表决过程公开计票，二分之一以上到会人员投票赞成方为通过，表决结果当场公布，并及时在村公告栏上向全村公开；在决议公示阶段，若对议事结果有异议，可由三分之一以上村民代表联名要求将议题提交村民代表会议进行重新讨论。在严格遵守了以上议事流程后，村庄里一些利益牵涉复杂、久议不决的公共事务得到了公平、公开、公正的处置，如村里90多亩集体经济留用地得到盘活，为村集体经济每年增加收益100多万元："成立议事会之前，很多事情都是村长或一两个人说了算，村里面那些鱼塘、耕地都是价钱被降得很低，村里面那几个人多得一点。成立议事会之后，整个村里面的工作，如每次承包之前，每个村都是召集议事会成员回来，专门为土地承包开一次会议，专门研究鱼塘、农田怎么发包。很多村今年的土地承包都是这么决定的。"（富景社区村民议事会成员访谈，20161012）

3. 村民议事会通过建立信任机制整合了村庄内的社会资本

如前所述，富景社区实际上是"半熟人社会"而非"熟人社会"，在熟人社会中，村民之间彼此熟悉，容易建立信任；但在半熟人社会中，富景社区想要重新构建信任，必须依靠公开、透明、民主的议事机制。富景社区工商业发达，有不少村民弃农从商并获得了丰富的物质财富。这些乡村经济精英有能力、也有意愿支持村庄建设发展，但由于对过去村务决策与执行机制存疑，村庄社会资本未能得到有效盘活。村民议事会在将多元利益主体纳入议事进程、规范公开议事过程后，提高了村务决策的公开性、合法性、民主性，保证了决议的公益性，从而在村务决策和村庄精英之间建立起了信任机制，使得村庄社会资本能够被动员起来，正如富景社区村民议事会成员 D 所说的，"让老板放心"："包括提出一些方案，更加规范，有说服力，方案的制定比较公开公正公平。所以很多老板都愿意把钱捐献给自己的家乡。有时候不用村里的钱，老板自己掏钱去建的话，你怎么让老板放心、怎么让乡贤放心？我们通过议事把这个方案制定好，怎么去筹钱、怎么去议事、怎么去规划，发挥每一个议事会成员的作用。"（富景社区村民议事会成员访谈，20161012）包括富景社区陈氏大宗祠，也是通过村民议事会决议，获得了村庄精英的支持，整合了村庄社会资本，最终得以建成。

最后，村民议事会通过民主议事化解了村内矛盾，维护了村庄稳定，促进了村庄和谐。负责记录考核富景社区议事会的镇政府工作人员 L 认为："我们刚开始考核的时候感觉，考核出来的结果，村民的矛盾、上访，还是有的，（议事会成立后）第一年还是有上访的，第二年开始就没有了。到现在感觉上村民的这些矛盾、基层的这种矛盾，有所降低、有所减弱，这个应该是跟村民议事范围的扩大有关。"（白坭镇社会工作局干部访谈，20190715）

三 富景社区治理资源整合

治理资源来自治理基础,从"治理基础为村庄提供了何种治理资源"出发分析"村庄如何整合这些治理资源"。

(一) 乡贤慈善会与家乡建设委员会:整合村庄精英

如前文所述,人文秀区、著名侨乡先天地赋予了富景社区丰富的社会资本——乡村精英,而宗族文化又给了富景社区天然的治理共同愿景与公共话语——建设家乡。为了将这些乡村精英及他们背后的社会资本动员起来,富景社区通过成立村民议事会重建了信任机制,让新乡贤可以将资源放心地投入村庄治理体系中运作。但仅仅依靠村民议事会是不够的,因为一方面村民议事会的议题范围较广,并未聚焦于建设家乡这一主体,对乡贤的吸引力还不够;另一方面,村民议事会主要还是依靠村"两委"干部、村民代表进行运作,并未真正地将乡贤组织起来,且其权力基础来自村民自治框架下的村民代表大会,却并未给予乡贤政治身份与政治地位。因此,为了充分地调动社会资源注入村庄治理体系,必须诉诸培育新型农村社会组织。

农村社会组织是基于共同利益或价值诉求而结成的自组织,是村庄治理的重要内源性组织资源。[①] 2012 年,富景社区决定修缮村内最大的祠堂——陈氏大宗祠,但建设祠堂是一件大工程,需要大量的资金和人力。因此,为了修缮祠堂这一共同利益与价值诉求,富景社区成立了以乡贤慈善会与家乡建设委员会为代表的新型农村社会组织:乡贤慈善会主要负责解决资金缺口,通过动员村内外各界善心人士,接受社会各界资源捐赠;家乡建设委员会主要针对人力不足,围绕祠堂修缮充分发挥议事、决策等功能,自发地对整个工程进度实施管理、监督。最终,富景社区成功筹得村民募捐善款 617 万元,加上上级政府补贴 307 万元,共计 900 多万元,将陈氏大宗祠修葺得焕然一新,并在后续成为白坭镇最大的村级文化活动中心。"修缮祠堂"是一个契机,此后乡贤慈善会、家乡建设委员会保留了下来,并进行了制度化、常态化建设:

在组织定位上,乡贤慈善会、家乡建设委员会建立在自然村一级,且

[①] 龚志伟:《农村社会组织的发展与村治功能的提升:基于合村并组的思考》,《社会主义研究》2012 年第 5 期。

拓宽了组织目标，不只着眼于以血缘为纽带的宗族、祠堂等相关事务，而是以村庄治理有效为宗旨，解决村庄建设仅靠上级财政补助和村集体经济支撑的被动局面，解决农村建设基本由村"两委"干部"一言堂"决定的问题。具体而言，乡贤慈善会定位于"实现村庄治理中有钱做事"，主要负责动员并接收村内外各界人士资金捐助，并利用筹得善款组织开展各类慈善公益、扶贫济困及村庄建设活动；家乡建设委员会则定位于"实现村庄治理中有人做事"，主要负责组织村庄精英协助村庄公共事务决策、执行与监督，统筹人脉、资金、信息等资源。2017年至2019年，富景社区乡贤慈善会和家乡建设委员会累计筹集村庄建设资金约3000万元，主要用于村内环境升级、设施建设、敬老助学，举办了龙舟赛、千叟宴、新年晚会等各类文体活动，推动了村庄各项公共事业的发展。

在组织成员上，乡贤慈善会、家乡建设委员会吸纳成员主要有以下几点要求：（1）有能力，是乡村精英，在自己的领域内有一定成就，包括村庄经济精英、文化精英、政治精英等；（2）有意愿，愿意建设家乡、回报桑梓；（3）最后一个要求，正如镇政府工作人员H在访谈中谈到的："他（乡贤）不干涉村里面的事，但有事叫他回来他第一时间掏钱来支持。他什么事情都干涉村里面的话，村民不认可的。"（白坭镇社会工作局干部访谈，20190715）即乡贤慈善会、家乡建设委员会成员在村庄公共事务参与度上要保有"分寸感"：既要关心村庄公共事务，但又不利用自己的资源与影响力随意干涉村务，以免从村干部"一言堂"又滑向乡贤"一言堂"，保持村庄治理的高度村民自治性。

在组织运作上，乡贤慈善会、家乡建设委员会主要依靠声誉机制。（1）在组织成员管理上，除了外部监督以外，主要依靠乡贤通过声誉机制进行自我管理。负责管理陈氏大宗祠的富景社区文化精英R表示："我们都60多岁了，平均寿命就75岁，我们在村里怎么为人，如果我在祠堂里拿一个杯，或者拿一分钱，我把我几十年的清誉都毁了，划不划算？不划算。我也不缺钱，说实在的。"（富景社区陈氏大宗祠管理人员访谈，20190716）乡贤慈善会、家乡建设委员会成员并无物质报酬，甚至他们还要投入大量的个人精力、金钱到村务之中，他们获得的回馈主要是"精神报酬"，即个人声誉与名望。（2）在维持组织整体运转上，乡贤慈善会、家乡建设委员会实行三年一届，先向村民征求候选人名单，后提交到村民议事会进行表决。"换届"实质上也是一种考核，乡贤H表示：

"今年我是会员，我不做事，什么也不管的话，人家村民是有目共睹的嘛，明年就不推我了，对于我自己来说，我也有压力。"（富景社区乡贤慈善会、家乡建设委员会成员访谈，20190716）即村民以选票来打分，若不再支持某成员继续任职，则实质上表示对该成员的工作不认可，在村庄里也会对乡贤造成舆论与声誉压力，以此来维持乡贤个人工作热情与组织长期运作。

综上，富景社区通过成立乡贤慈善会与家乡建设委员会，实现了村庄精英的组织化，他们成为村庄治理中"缺席的在场者"：许多乡贤虽然已经不在村里常住，但仍然参与了村庄公共事务，依然将个人物质财富资源投入村庄发展中。正如镇政府工作人员 H 所说："以前很多老板在外面，他不是在村里面住，或者是在外面打工挣钱、做生意的，以前基本上都没有参与村里面的事务。但是把这个机构成立起来，他们回村就有一个平台。"（白坭镇社会工作局干部访谈，20190715）

（二）外来人口融入社区建设：整合外来人口

如第一部分所述，由于地处白坭镇产业聚集区，富景社区拥有大量外来务工人员，本地人口与外来人口数量倒挂。外来人口虽然户籍不在富景社区，但仍然处于富景社区这一治理场域之内，是富景社区重要的利益群体与治理主体。为了保障外来人口利益、促进外来人口参与村庄治理，富景社区主要采取了以下措施：

1. 富景社区在白坭镇政府支持下建立了外来人口联络站

2014 年底，富景社区探索实施"外来人口融入社区"项目，建立起 12 人的外来人口联络员队伍，充当外来人口与村庄之间沟通联系的桥梁：（1）从选任方式来看，外来人口联络员实行三年一届，2014 年第一届联络员由白坭镇政府社会工作局从富景社区外来人口中挑选出 12 人，从 2017 年第二届开始，不再由社工局推选，而是由富景社区外来务工人员进行推荐、选举、考核，考核合格后进行公示，获村党组织等批准，最终由富景社区进行公开聘任，聘任期间若离开白坭镇 3 个月以上的，则由富景社区对其本人进行解聘。（2）从成员结构来看，富景社区 12 名外来人口联络员分别来自不同领域，代表不同的利益群体，包括企业高管、企业人力资源经理、医生、教师等。（3）从组织职能来看，联络员需每月通过意见收集表收集辖区内外来人口的意见和建议，将收集到的意见拿到联络员会议上讨论整理形成议题，后提交到村民议事会或村党委进行协商与解决；组织外来人口群体积极参与村内活动，如适婚青年联谊会、社区融合篮球赛、新年晚会等；协调解决外来人口产生的矛盾纠纷，如协调外来务工人员与企业的劳资纠纷；传达上级政府、村庄的各项政策和工作，并引导他们积极配合，如组织外来人口参与富景社区"三清三拆"任务。（4）从运作成效来看，2014年成立以来，富景社区外来人口联络站共接待群众736人，收集意见和建议160条，解决了128个问题，包括教育、医疗、交通出行等方面。如针对外来务工人员子女上学难问题，由外来人口联络员提出后，镇政府迅速反应，在次年小学一年级秋季招生中扩招了两个班，增加了约100个公办学位，促进了外来工家庭扎根富景社区。

2. 选举外来人口加入村民议事会

这2名代表就是由富景社区村民代表大会从12名外来人口联络员中选举产生。村民议事会每月召开一次，联络员会议上讨论形成的议题，由外来人口议事会成员提交到富景社区村民议事会上进行协商与解决。外来人口议事会成员重点关注外来人口的意见诉求、解决本地人口与外来人口的利益矛盾，为外来人口表达诉求、参与村庄治理打开了一个窗口。

3. 村"两委"实行"非户籍委员"试点

2017年，富景社区成功通过换届选举一名外来人员担任村党委委员和村委会委员，使外来人口进入了富景社区治理系统的核心架构，赋予了外来人口对于村庄公共事务的执行权，这代表着外来人员更深入地参与到村庄治理中。

表9-3　　　　富景社区"外来人口融入社区"项目实施进程

时间	事件
2014年	选举外来人口联络员，成立外来人口联络站
2014年底	选举2名外来人员加入村民议事会
2017年	选举1名外来人员加入村"两委"

资料来源：作者自制。

如表9-3所示，富景社区通过实施一系列制度，使外来人口循序渐进地融入村庄：选举外来人口联络员，成立外来人口联络站，主要解决外来人口融入村庄最基础的民生问题，保障了外来人口在村庄中的生存权；增加外来人口议事会成员的名额，将外来人口纳入多元利益主体结构中，保障了外来人口在村庄治理中的发言权、建议权；最终，选举外来人口作为村两委委员，外来人口在村庄治理中有了自己的"代言人"，赋予外来人口在村庄公共事务决策中的更大话语权——从民生到民主，从生存权到发展权，富景社区突破了血缘隔离、地域隔离、身份隔离的限制，有效促进了村庄人口融合与治理主体整合。

四 富景社区治理体系所体现的文化

村庄治理文化生成于一定的历史基础和现实环境，包括活动载体、价值规范及精神意义三个层面：一是活动载体是最浅层、最直观的层面。治理文化必定要通过一定的文化活动表现出来，这些活动既包括个体的文化福利享受，也包括集体的公共文化活动；而文化活动又必须通过实体的活动载体加以实现，包括文化设施、文化场地等。二是价值规范属于中观的层面。村庄治理文化的价值规范是指一个村庄积淀的、具有伦理性、本土性、共识性的价值观念、风俗习惯、村规民约等，主要通过惩恶扬善、声誉机制来影响村民个体的行为。三是精神意义是最高级、最抽象的层面。村庄治理文化的精神意义具有超越个体、超越日常的超越性特征，主要指村庄共同体的整体精神形象和村庄治理的终极意义。[①]

（一）活动载体

富景社区宗族观念浓厚，祠堂是家乡情怀的寄托点，是治理文化的活动载体，也是村庄精神文明与价值文化的具象化。以陈氏大宗祠为例，该祠堂是富景社区最大的祠堂，也是佛山市规模最大的传统岭南祠堂之一，始建于1511年，占地约4000平方米。2012年，富景社区成立白坭镇首个乡贤慈善会与家乡建设委员会，整合村庄社会资源，筹得资金900多万元，用于陈氏大宗祠的重建与修葺。2013年，陈氏大宗祠修缮完毕后投入使用，承接了村内各种红白喜事与节庆活动的举办，如重阳敬老千叟晚宴等。2013年，在上级政府支持下，多个本地协会成立并进驻陈氏大宗祠，完全依靠社会资本运作，如龙舟协会、醒狮协会等。2015年，白坭

---

① 韩鹏云、张钟杰：《乡村文化发展的治理困局及破解之道》，《长白学刊》2017年第4期。

镇将专业中介服务引入陈氏大宗祠运作，将陈氏大宗祠进一步打造成为社区学校、乡村文化活动中心。总之，以陈氏大宗祠为代表的富景社区祠堂是集宗族祭祀、节庆活动、文体娱乐、村民教化等功能为一体的治理活动载体和治理文化中心。

（二）价值规范

基于浓厚的宗族观念和丰富的社会资本，富景社区治理文化主要形成了如下价值规范：

尊老爱幼。富景社区敬老爱老、关爱幼小蔚然成风，村内连续多年举办敬老活动，已形成本村风俗习惯，如重阳敬老千叟宴、奖励学业优秀的本村孩童、春节为老人和小孩分发礼物等等；同时，富景社区还将每一位以人力或财力支持尊老爱幼的村民编写入"芳名录"，如"重阳敬老芳名录""助学芳名录"等等，起到信息公开、宣扬良善的作用，利用声誉机制和舆论机制引导村民采取类似行动。家风文明。家庭是社会最小的一个单位，家庭和睦是社会和谐的基础。富景社区倡导家风文明的价值理念，在祠堂中专门开辟"家风家训馆"，展示世代相传的孝德理念和行为准则，鼓励文明家风的传承发扬；同时，富景社区还为金婚夫妇颁发证书及慰问金，为"五好家庭""孝文家庭""十大好媳妇"等颁奖。互帮互助。富景社区鼓励邻里互帮互助，如帮助村内困难家庭，帮助失学儿童重返课堂等，并将村民善举实名公开形成"慈善马拉松龙虎榜"，以激励村民在奉献爱心这件事上你追我赶。回报桑梓。富景社区选任热爱祠堂工作、热心祠堂公益的人，成立陈氏大宗祠管理委员会，义务承担宗祠日常管理工作；推荐、选拔有一定经济实力的青年族人和企业家组建青年商会，入会费每人5000元，归商会专款专用，为管理、维护、建设、开拓宗祠提供经济基础。

（三）精神价值

通过祠堂等治理文化活动载体的建设，尊老爱幼、家风文明、互帮互助、回报桑梓等价值规范的倡导，富景社区治理文化在精神层面上体现出以下意义：培养家国情怀。富景社区治理文化虽然生成于特定的治理基础与地域范围，但具有超脱狭隘地域的普世价值。根据富景社区"慈善马拉松龙虎榜"公示，富景社区不仅关注本村的事，甚至组织村民为2014年四川雅安地震捐款，并且得到了村民的积极响应，实现了从"小家"到"大家"的扩展。培养民族荣辱观。中国人常讲"光宗耀祖"，宗族是民族认同和集体荣誉感的基本单元。① 富景社区依托浓厚的宗族观念和丰富的社会资本，引导乡贤返乡回报桑梓，并对乡贤事迹进行总结宣扬，起到了教化和鼓励作用，有利于培养宗族认同、村庄认同，并进一步培养民族认同。传承优秀传统文化。乡贤文化、宗祠文化都是具有深厚内涵的中国传统文化。富景社区通过搭建治理平台，发扬了乡贤文化和宗祠文化中的优秀部分，有利于传统文化在新时代的传承。

综上，富景社区治理系统要素构成如图9-2所示：

```
                        ┌─ 合村并组 ─┬─ 有利于村庄发展统一规划
                        │           └─ 导致村庄事权与财权分离
             ┌─ 治理环境 ─┼─ 工商发达 ─┬─ 村庄经济社会分化程度高
             │           │           └─ 本地与外来人口数量倒挂
             │           └─ 人文秀区 ─┬─ 村庄社会资本丰富
             │                       └─ 村庄原生秩序较强
富景         │           ┌─ 村公共服务站制度 ─┬─ 实现村庄公共服务均等化
社区         │           │                   └─ 解决事权与财权分离
治理 ────────┼─ 治理制度 ─┤
系统         │  建设     └─ 村民议事会制度 ─┬─ 将多元利益主体纳入治理进程
             │                             └─ 提高村务决策民主度与透明度
             ├─ 治理资源 ─┬─ 乡贤慈善会、家乡建设委员会：村庄精英组织化
             │  整合     └─ 外来人口融入社区项目：外来人口组织化
             │           ┌─ 活动载体：陈氏大宗祠
             └─ 治理文化 ─┼─ 价值规范：尊老爱幼等
                         └─ 精神意义：培养家国情怀等
```

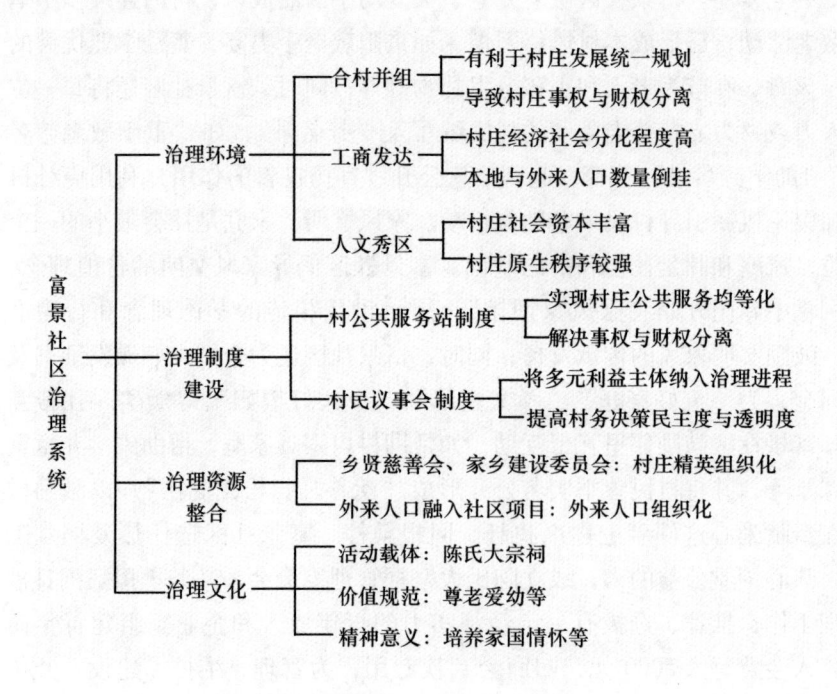

图9-2 富景社区治理系统要素构成

资料来源：作者自制。

五 富景社区治理系统的协同运行

本节详细剖析了富景社区治理系统的要素构成，但根据帕森斯AGIL框架理论，系统中各要素并非独立存在，而是与构成治理系统的其他要素耦合，从而推进治理系统整体的协同运行。本节将尝试联结富景社区治理

---

① 周博、何涛见：《宗祠文化的当代价值分析》，《艺苑》2018年第6期。

环境、治理制度建设、治理资源整合与治理文化，构建富景社区治理系统的协同运行过程。

首先，富景社区治理环境的主要特征呈现为"合村并组"、工商发达、人文秀区，对构成治理系统的其他三要素的影响具体体现为：（1）治理环境向治理制度建设提出了要求。"合村并组""村改居"导致富景社区事权与财权、治权与产权的分离，而村公共服务站的成立通过制度化安排实现了事权的分担与财权的转移。此外，治理环境框定了治理主体，"合村并组"使得富景社区管辖范围扩大、村民人数大大增加，工商发达导致富景社区外来人口众多，人文秀区则为富景社区留下了大量村庄精英。普通村民、外来人口、村庄精英构成了富景社区治理主体的主要部分，而村民议事会制度通过扩大议事主体范围将治理主体尽数纳入其中。（2）治理环境为整合提供了资源与议题。人文秀区为富景社区提供了社会资本与建设家乡的议题，使得乡贤慈善会与家乡建设委员会得以成立与运转；工商发达为富景社区提供了外来人力资源与社区融合的议题，使得外来人口融入社区项目得以立项和推行。而"合村并组"则在提高富景社区行政地位的同时，为富景社区提供了行政资源，使得富景社区多项举措得到政府支持甚至推广。（3）治理环境塑造了治理文化。"一方水土养一方人"，富景社区作为历史上的人文秀区、近代以来的著名侨乡，其独特的历史与社会环境塑造了尊老爱幼、家风文明、回报桑梓的传统宗族文化。

富景社区治理制度建设主要包括村公共服务站制度、村民议事会制度，对其他三要素的作用体现为：治理制度维持了环境的稳定。村公共服务站制度、村民议事会制度的施行增进了村民的福利，促进了村庄公共利益最大化，留住了村庄精英与外来人口。治理制度为资源整合提供了制度化的正式渠道。村民议事会吸纳了村庄精英与外来人口作为成员，为他们提供了表达诉求的正式渠道。治理制度同样也塑造了治理文化。传统宗族文化的利益共同体范围仅限于同一宗族，而现代农村基层民主制度的建设与实施将利益共同体范围扩大为全村，促进了"小家"向"大家"的转变，使得富景社区治理文化以村庄公共利益为价值取向。

富景社区治理资源整合包括村庄精英的整合与外来人口的整合，对其他三要素的作用体现为：（1）资源整合优化了环境。乡贤慈善会、家乡建设委员会的成立与外来人口融入社区项目的实施，使得村庄精英与外来人口得以被组织化、治理资源得以被统筹优化配置，这些整合完毕的资源重新输入环境，实现了环境的优化。（2）资源整合提升了制度运行效率。乡贤会、家建会供给了村庄治理所需的人力与物质资源，客观上提高了治理制度的实施效率。（3）资源整合为治理文化提供了物质载体。乡贤会、家建会的成立与陈氏大宗祠的修缮为富景社区尊老爱幼、家风文明、回报桑梓的传统宗族文化提供了组织载体与活动载体。

富景社区治理文化与其他三要素的耦合表现在：（1）治理文化潜移默化地影响着治理环境。治理文化的传承有利于村民素质的提升，从长远来看最终会改善治理环境。（2）治理文化影响了制度建设的目标设定。富景社区治理文化以尊老爱幼、互帮互助、回报桑梓为价值规范，以家国情怀、民族荣辱为精神意义，这种以"公"为价值取向的治理文化一定程度上促进了以村庄公共利益最大化为治理目标的设定。（3）治理文化影响了资源整合的作用路径。基于宗族文化的富景社区治理文化，一定程度上决定了富景社区资源整合要通过情感共鸣与动员来实现。

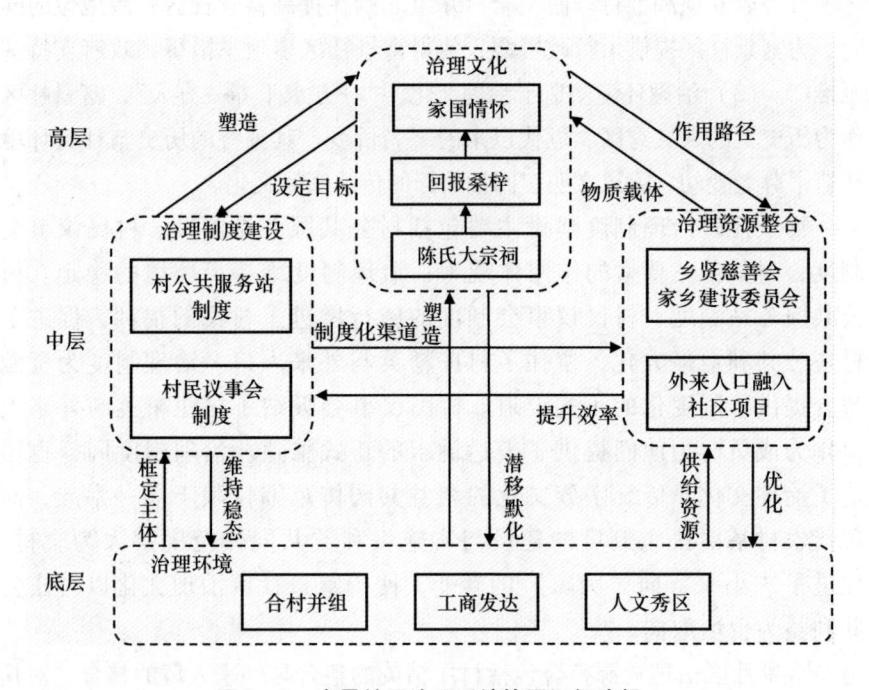

图 9-3 富景社区治理系统协同运行路径

资料来源：作者自制。

综上，富景社区治理系统的协同运行如图9-3所示。治理环境是整个治理系统的基础，为系统的其他组成部分提供资源，处于治理系统的最底层；治理制度建设与治理资源整合处于治理系统的中层，根据环境提出的要求并应用环境供给的资源来进行制度建设和资源整合；治理文化则属于治理系统中的高层，所有其他要素都在塑造着治理文化，而治理文化亦以其价值取向指导着系统的运行，最终将潜移默化地改变底层环境，形成一个循环往复的多层级治理闭环。

第三节　下围村治理体系的生发逻辑

一　下围村治理环境

（一）集体经济：资源的福利与诅咒

下围村紧邻东莞市和惠州市，是Z区改革开放前沿和经济技术开发区所在地，拥有优越的地理位置和区位优势。村内共有15家企业，类型主要为私营企业和外商投资企业。村民大多弃农从商，村内人均耕地面积仅为0.3亩，其余大部分耕地均出租给非本地人口，村民收入来源主要为打工、经商以及村集体经济分红。2016年，村集体经济收入超过1200万元，来源主要为农地出租、厂房出租以及村集体企业收入。

鉴于上述条件，下围村属于集体经济资源丰富的资源型村庄[①]，也有学者称之为"利益密集型村庄"[②]。村集体经济是村庄治理的重要经济基础，其经济功能是实现村民的共同富裕和增进村庄的公共福利，其政治功能是实现村民的权利平等和促进村庄的公共利益。[③] 然而，村集体经济在给村庄治理带来资源的同时，也可能会使村庄陷入"资源诅咒"：丰富的集体经济资源意味着巨大的物质利益，要求透明公开的集体经济运作与公平公正的集体利益分配。如果对村集体资源的利用和分配脱离了民主决策、民主管理和民主监督，集体资源就极有可能成为村干部中饱私囊的工具，加剧村庄贫富分化，阻碍村庄经济发展，激化村内干群矛盾，最终造

[①] 周亚平、付建：《"富饶的贫困"与"东部主义"——甘肃省资源型村庄与居民收入研究》，《晋阳学刊》2014年第1期。

[②] 贺雪峰：《论利益密集型农村地区的治理——以河南周口市郊农村调研为讨论基础》，《政治学研究》2011年第6期。

[③] 周博、何涛见：《宗祠文化的当代价值分析》，《艺苑》2018年第6期。

成村庄共同体的分裂。

（二）派系斗争：村庄公共利益分裂

按理来说，下围村拥有较为丰富的集体经济资源，属于资源型村庄，应该利用村庄资源禀赋实现村庄飞跃发展，然而下围村却一度陷入了"资源诅咒"。1992年，随着南方大开发、大建设的热潮，下围村因其毗邻东莞、惠州两市的优越地理位置，被Z区政府设为经济开发区。由于经济开发区建设的需要，下围村有1277亩土地被征用，约占村集体土地的一半，政府为此赔付了下围村一大笔征地补偿款。土地征收补偿制度本是协调、平衡和解决土地征收中的权益冲突、保护村庄公共利益的一项重要法律制度[1]，但下围村在执行此项制度时却出现了严重问题，时任下围村村干部并未按照法律要求分配征地补偿款，反而利用职权挪用、私吞、侵占征地补偿款，引发了下围村村民强烈不满。1994年，下围村进行宅基地分配，村干部同样利用职权，为自己和亲友优先分配地段好的宅基地，由此彻底激化了下围村的干群矛盾，成为下围村二十多年来派系斗争的导火索。1999年，全国开始第一届以自由提名和民主竞选方式进行的村委会换届直选，而下围村由于村内矛盾积重难返，选举过程十分胶着，甚至需要上级政府派出400名警力维持选举秩序，最终成为Z区当年最后一个完成选举的行政村。然而，选举出的村委会和村党支部各成一派，当地人称之为"反清复明派"和"老支书派"，形成了下围村两派长期对峙的局面。此后近十五年间，下围村两派人物轮流担任村长，但无论哪一派"当政"，另一派必然反对其村务决策，导致下围村逢会必吵、议而难决、决而难行，甚至成为远近闻名的"上访村""问题村"，村庄发展停滞不前，远远落后于其邻近的东莞（见图9-4）。时任Z区政府工作人员曾说："他们这个村约2000人，1000人对1000人，正好势均力敌。"[2] 2005—2008年出任下围村村委会主任的老村长R提到的现象也可证明下围村派系斗争之严重："都吵架，路上碰头都不会打招呼，村民都这样。因为派别问题，两公婆都分开，整天吵架。"（下围村派系斗争主要人员访谈，20160720）

---

[1] 王兴运：《土地征收补偿制度研究》，《中国法学》2005年第3期。

[2] 资料来源：新闻报道。遵守案例匿名性原则，此处隐去可能暴露案例对象的新闻报道的具体标题。

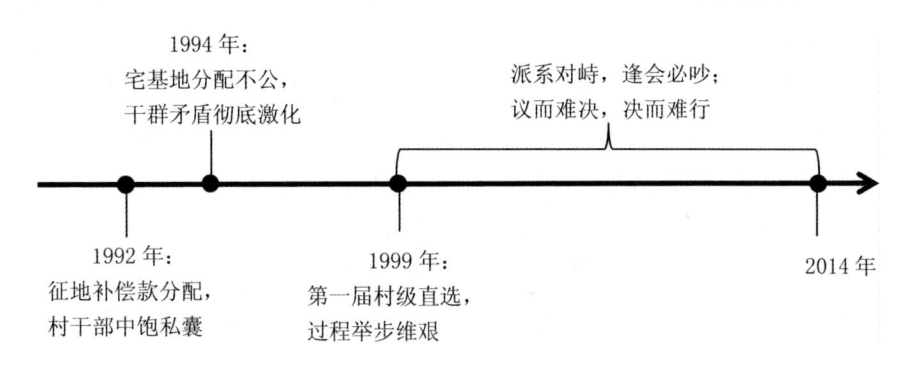

第九章　乡村治理体系在全面小康社会的生发逻辑　219

```
1994年：                    派系对峙，逢会必吵；
宅基地分配不公，            议而难决，决而难行
干群矛盾彻底激化
────●───●──────────●──────────────────●──→
  1992年：           1999年：                    2014年
  征地补偿款分配，    第一届村级直选，
  村干部中饱私囊      过程举步维艰
```

图 9-4　下围村派系斗争历史

资料来源：作者自制。

派系是指以血缘、地缘、业缘、利益、文化等因素联结起来，拥有共同利益，具备现实行动能力的非正式组织。[①] 派系在乡村政治生活中，往往将村庄分裂为几个部分；每一个部分通过共同利益集结起来，以获取压倒敌对部分的政治优势；且派系斗争往往是零和博弈，各方行动逻辑缺乏经济理性与政治原则性。[②] 下围村的派系由利益为主、血缘为辅的混合性因素联结起来，将下围村分裂为"反清复明派""老支书派"两个部分，两大派系以村委会换届选举为演绎空间，竞争村庄公共权力资源；以村民代表会议为竞争场所，村务决策中以派系为界唯利是图。派系斗争给下围村治理带来的影响有：（1）村务决策违背了村庄公共意志取向，脱离了村庄公共利益语境，割裂了村干部与普通村民的良性互动，造成村庄公共利益的分裂与村民集体认同的削弱，使村庄治理陷入派系斗争的零和博弈和村民的集体行动困境。（2）但同时，无休止的派系斗争已让村民产生了厌倦，停滞不前的村庄经济社会发展让村民心生恐慌，这意味着村庄内生性整合冲动强烈，具有迫切的议事需求及广泛的议题空间。

（三）宗族弱化：村庄原生秩序淡化

下围村为 S 镇下辖的行政村，村域面积约 4 平方公里，村内共有 9 个合作社，约 610 户，户籍人口 2175 人，外来人口 1200 人，村域面积与人

[①] 孙琼欢、卢福营：《中国农村基层政治生活中的派系竞争》，《中国农村观察》2000 年第 3 期。
[②] 贺雪峰：《乡村选举中的派系与派性》，《中国农村观察》2001 年第 4 期。

口规模都相对较小。全村约有90%村民姓郭，历史上同宗同源：郭氏先祖始于福建莆田，元末明初迁至S镇，其人有两个儿子，大儿子择上溪而居，则为如今S镇另一村庄；二儿子择下溪而居，则为如今的下围村。整个下围村共有一个宗祠，但在1959年时被洪水冲毁，此后并未重建祠堂，宗族活动在村庄中逐渐消失，宗族文化与宗族认同淡化。

由此可见，下围村虽然是行政村，但它建立在血缘、地缘共同体的自然村基础之上，村民先天地拥有共同的历史渊源与深厚的族群认同，这为村庄治理提供了社会基础。然而，在市场经济和城镇化进程冲击下，下围村宗族意识与宗族认同逐渐淡化，现代社会本利主义在村庄抬头，传统差序格局趋于理性化。下围村宗族弱化对村庄治理产生的影响有：（1）村庄公共利益产生了裂痕，而村民委员会换届选举的实施使得这种利益冲突得以显现，为派系竞争公共资源提供了新的演绎规则与公共空间，基于血脉的宗族认同逐渐附庸于基于利益的派系斗争之下。（2）同时，传统宗族文化式微实质上也为现代公民意识培养提供了基础：联结村民的传统血缘纽带弱化，更有利于在村民之间建立基于现代民主法治的新型村庄社会网络，有利于下围村在村民自治的框架之下实施民主选举、民主决策、民主管理与民主监督。

二　下围村治理制度构建

下围村集体经济资源丰富、派系斗争严重、宗族影响逐渐弱化且依附于派系斗争之下，村庄公共利益产生了分裂。为了实现村庄公共利益的最大化，下围村必须一方面统筹村庄集体经济资源，公开公平公正民主地运作村庄集体经济，实现村民共同富裕；另一方面，必须重塑村庄权力结构，整合村庄各派利益，让"村官自治"回归到村民自治。

（一）村民代表会议制度

村民代表会议是广大农村在村民自治实践中创造出的一种民主议事制度，有利于村庄的稳定与发展，实现农村基层民主；然而，村民代表会议制度如果在村庄实际推行中流于形式，就会成为村干部操纵村务、谋取私利的工具。[①] 在下围村派系斗争时期，村民代表会议制度就沦为

[①] 董江爱：《村民代表会议的制度化：直接民主理念的实现》，《马克思主义与现实》2005年第1期。

"当权派"为自己派系谋利的工具，忽视了广大普通村民的意愿，下围村村民D在访谈中抱怨过去的村民代表会议是"通知会"："以前的不是叫议事会而是叫'通知会'。你都已经定好了才告诉我一声，你告诉我一声你根本不会理睬我的意见是怎么样，我是反对也好赞同也好，你根本不理睬我的意见。"（下围村普通村民访谈，20160722）因此，为了落实农村基层民主、发挥村民代表会议应有之义，下围村根据《中华人民共和国村民委员会组织法》（以下简称《村民委员会组织法》）的精神、结合下围村实际治理基础，对村民代表会议制度进行了精细化、本土化设计，主要包括以下几点：

1. 参会主体的设计

《村民委员会组织法》第二十五条规定："村民代表由村民按每五户至十五户推选一人，或者由各村民小组推选若干人。"而下围村基于血缘与地域，按合作社分配村民代表名额，实际上从确定的七户、约三十人中选出一名村民代表，全村共计八十五名村民代表。这样选出的村民代表具有三个特点：（1）任一村民代表与其代表的七户人家之间生产生活空间重叠、共同利益一致、看法观点相近，属于同一利益共同体，具有稳固的联系纽带，故每一村民代表都会认真征集其共同体中其他村民的诉求，一定程度上保障了其议事意见的民主性；（2）这样选出的村民代表一般为家族中享有传统型权威的成员，在家族中拥有较高的话语权，其议事意见自带深厚的村民基础，将他们选为村民代表，纳入村民自治的法制框架中，实现传统型权威与法理型权威的统一，更有利于村务决策的统一制定与执行；（3）这些村民代表往往为村庄精英，熟悉市场或政府的运作逻辑，在具备参与议事和决策的基本素质的同时，自带丰富的社会资本，有利于为村庄治理整合资源。除了村民代表之外，下围村还将合作社社长、村"两委"干部、驻村干部纳入村民代表会议，行使议事权；村务监督委员会成员同样需列席会议，行使监督权；关心村务的村民可旁听，具有旁听权。虽然以上人员均不具有决策权、仅有村民代表行使决策权，但是广泛的参会人员保证了议事的充分性和决策的民主性，代表了村庄公共利益。

2. 议事程序的设计

由于《村民委员会组织法》并未就村民代表会议过程作出详细指导，故下围村因地制宜地对村民代表会议的会前、会中、会后进行了精细化和可操作化的规定：(1) 在会前阶段，村"两委"干部通过实地走访加线上微信群聊，从村民、村民代表、驻村干部等处收集议题，经村"两委"联席会议充分讨论后，由村务监督委员会审查并公示三天，最终形成正式议题提交村民代表会议。(2) 在会中阶段，下围村实施"红黄牌"警告规则、议事厅功能分区、议事过程全程录像，提升议事的庄严感，保证议事的有序进行。在表决方面，《村民委员会组织法》第二十六条规定："村民代表会议所作决定应当经到会人员的过半数同意。"而下围村在实际操作中将这一标准提高至经到会代表总数的三分之二以上通过方为有效，表决结果应当场宣布。(3) 在会后阶段，会议结果经村务公开栏、微信群等方式予以公开和公告，由专人纸质记录后给村民代表签名并按手印确认，及时做好会议资料的收集归档工作。

综上，下围村集体经济资源丰富，昔日村干部却利用集体资产谋取私利，导致了严重的派系斗争，分裂了村庄的公共利益。而如今，下围村通过制定精细化、可操作的村民代表制度，提高了村务决策效率与效力，盘活了村内商贸城、清水湖等集体资产，实现了村民的共同富裕；通过还权于村民代表，实现了还权于普通村民，将权力关进了制度的笼子，重构了村庄的权力结构，增进了村民的权利平等。

(二) 经济联社制度

经济联社全称为经济联合社，属于农村集体经济组织。根据《广东省农村集体经济组织管理规定》，农村集体经济组织是指原人民公社、生产大队、生产队经过改革、改造、改组形成的合作经济组织[1]，承担农村统分结合双层经营体制中"统"的功能，一是拥有农民集体土地所有权，二是行使管理村级集体资产、发展集体经济的经营权[2]。

下围村经济联社由9个合作社组成，级别上位于行政村一级；合作社的前身是人民公社时期的生产队，级别上位于自然村一级。经济联社在下围村治理中发挥的作用主要有以下几个方面：

---

[1] 广东省人民政府：《广东省人民政府关于修改〈广东省农村集体经济组织管理规定〉的决定》，2013年。

[2] 李静：《我国农村集体经济组织法律地位分析》，《山西农业大学学报》（社会科学版）2009年第5期。

1. 有利于村庄治理统筹规划

与其他村庄拥有自然村和行政村两级集体经济，甚至集体经济主要集中在自然村一级不同，下围村所有集体经济都集中在行政村一级，由经济联社统一管理，包括村庄公共资产的租赁、村集体企业的管理，经济联社社长由下围村村委会主任"一肩挑"。这样的一级集体经济架构，从经济上来看，能够最大限度地统筹村庄集体经济资源，规划村庄集体经济发展方向，实现村庄经济利益最大化；从政治上来看，经济职能统一上收到行政村一级，有利于村庄发展的统一决策和统筹规划，实现了产权和治权的统一，为村庄治理提供了资源。

2. 有利于充分动员村民参与治理

下围村集体经济均集中在经济联社一级，合作社一级基本上没有集体经济，仅保留着少部分自留地、鱼塘的出租，即合作社只保留了组织形式，并没有实质上的经济功能。在剥离了经济职能后，下围村合作社主要负责日常的事务性工作，合作社社长主要负责联系本社内的村民，包括组织参与村庄活动、通知重要会议、收集村民资料、传达村庄重要政策等。合作社是基于血缘、地缘划分的自然村共同体，属于熟人社会；而合作社社长可视为熟人社会中基于血缘的传统型权威的代表人物，可实现最小成本、最大限度地动员本社内村民。下围村村民 D 在提到他所在的合作社时认为："按照我们村（自然村）来说，比如说社保关乎每户的村民资料的收集、通知，包括一些保险需要他们个人来签字，我们都是通过合作社的社长来挨家挨户去通知，挨家挨户去解释，挨家挨户去动员。"（下围村普通村民访谈，2016）三个"挨家挨户"体现了合作社作为熟人社会的自然村一级的动员机制。

综上，下围村过去派系斗争严重，村干部为了维护己方派系利益，实际上将村集体经济资产据为己有，严重阻碍了村庄经济的发展，破坏了下围村村庄治理的经济基础。而经济联社将集体经济产权上收到行政村集体一级，有利于村庄治理的统筹规划，实现了治权和产权的统一，为村庄治理提供了经济资源。

三　下围村治理资源整合

在下围村治理系统中，以利益和血缘为纽带的派系是基本行动单位与内生性治理变量。要实现下围村治理资源的整合，就必须整合下围村各派系，维持各派系之间的有机团结，维护各派系互动的协调性，使村庄派系运作回归公共理性，实现村庄公共利益的最大化。除此之外，外来人口、年轻村民作为原本村庄权力结构中的边缘化人物，也应该被重新整合进入村庄治理系统。

（一）新媒体平台：整合在外人口

随着信息技术的推广和农村经济水平的提高，网页、微博、微信等新媒体平台日益在村民生活中发挥着重要作用，具有脱域性、开放性、透明化、去中心化的独特优势。[1][2] 下围村治理的新媒体阵地以微信为主，包括：（1）下围村村委会微信号，主要功能为发布重要通知、公示财务信息、宣传村务动态；（2）下围村村民代表、下围村党员等微信群，主要功能为实时沟通、交流讨论，有时会进行线上决策。利用以微信为主的新媒体平台，下围村拓宽了村民参政渠道，整合了村庄治理资源，发挥了新媒体平台的如下优势：

1. 脱域性

"脱域"（disembeding）是英国社会学家吉登斯提出的概念，用于描述社会关系从地域、时间中脱离出来的状态。[3] 人口流动已成为当代农村基层治理中重要的背景，而以流出为主的人口流动在一定程度上造成村庄治理行动主体缺失，使村庄治理系统由于缺少人力资源而运作效率低下。下围村户籍人口2175人，属本村户籍而在外务工的有230人，过去这些人因为工作繁忙而难以回村参与村务，时间与空间的错位导致他们逐渐在村庄治理系统中被边缘化。在开通了下围村村委会微信号以后，由于新媒体平台具有不受时空限制的脱域性特征，下围村在外人口能够及时得知村庄动态，随时就村务决策发表个人意见，重新被整合进村庄治理系统，成为下围村村庄治理中"缺席的在场"。

2. 开放性

由于公共交通不完善、经济发展滞后和村民思想的保守性，传统农村社会是一个相对封闭的共同体。而新媒体平台基于信息技术所创造的网络社会是一个开放共享的社会，下围村利用微信平台提高了村庄治理的开放

---

[1] 侯志阳：《新媒体赋权与农村绿色社区建设》，《学术研究》2016年第4期。
[2] 王燕：《新媒体如何有效"嵌入"农村社会治理》，《人民论坛》2017年第31期。
[3] ［英］安东尼·吉登斯：《现代性的后果》，译林出版社2011年版。

性，任何村民或者关心下围村的外界人士都可随意添加下围村村委会微信号，无须通过身份验证，无形中也整合了外界的治理资源。

3. 透明化

村务不公开透明、议事会变"通知会"是过去下围村派系斗争不止、干群矛盾尖锐的主要原因。而下围村村委会微信号通过发布重要通知、公示财务信息、宣传村务动态，实现了村务公开透明，保障了下围村村民的知情权、监督权；下围村村民代表在微信群公开交流讨论，保障了每一位村民代表的决策权，即使暂时外出不在村庄的村民代表也可通过微信群发表自己的意见。

4. 去中心化

由于村民代表选举是以户为单位的，所以选举出的人物一般为家族中年纪较长、威望较高的长辈，年轻人作为村庄治理中的新生力量却缺失了话语权。而新媒体平台作为年轻人偏好的媒介，为他们提供了发声的平台，让参政议政的单位由以户为单位转变为以个人为单位，从"我爸说好就好"到"我有自己的判断决策"。年轻的下围村村民 S 在访谈中提到："现在我们村里面搞了个微信群嘛，年轻人基本上都知道村里面发生了什么事，这个微信群有什么人来过啊，或者做了什么事，都会发出来的。"（下围村普通村民访谈，20181108）

综上，通过新媒体平台的使用，下围村完成了对在外人口、年轻村民等过去在下围村治理系统中的边缘化人物的组织化，实现了村民对于村庄公共事务的即时接收和个人利益诉求的有效传达，保障了村民的知情权、监督权与话语权，整合了下围村治理资源。

（二）治理吸纳派系：整合村民群体

在派系斗争背景下，下围村过去无论哪一派人物出任村干部，都会立即对上一任村干部进行清算、查账，并将村务组织人员都更换为自己一派的人，即排除异己，尤其是在村庄财务人员的任命上有着浓厚的派系观念，往往是自己的"心腹"出任村庄财务管理人员："以前村委会如果不是自己一派上来的，另外一派上来的，所有的都要换，都要'炒鱿鱼'，包括财务人员，都要换新，因为危及他们认为的'国家机密'。"（下围村现任村主任访谈，20160721）这种基于派系的任命标准造成了封闭的村庄权力结构，而被排除在权力结构以外的村民必然会对村庄治理公信力产生怀疑。但自 2014 年新一届村委会上任以来，下围村在村庄财务人员任命上摒弃了过去使用的清算机制，而是改用沿用机制和整合机制：财务总监由上一届村主任担任，会计由此次村主任换届选举中另一位候选人，即选举失败者的堂弟担任，出纳由过去下围村老支书的亲信担任（见表9-4）。由此，下围村财务管理人员中吸纳了往届村干部、选举失败者，整合了村庄两大派系的利益。正如下围村现任村主任Q所说："村民如果对财务有怀疑的话，你那一派的人员就可以问了。最核心的位置我都摆出来了，村民最关心的财务。"（下围村现任村主任访谈，20160721）

表9-4　　　　　　　　　　下围村财务管理人员结构

职位	负责人员	所属派别
财务总监	上一届村主任	反清复明派
会计	本届选举失败者的堂弟	反清复明派
出纳	老支书的亲信	老支书派

资料来源：作者自制。

"行政吸纳政治"是由学者金耀基提出的概念，它是指政府把社会精英、精英集团背后所代表的政治力量吸纳进行政结构，从而实现一定程度上的精英整合，获得自身统治权力的合法性。[1] 行政吸纳也是行政理性对各种非行政、非理性治理资源的规制和整合。[2] 如果把下围村看作一个小型的治理系统，由村民授权产生的村民委员会等村务机构就是村庄中的公权力组织，代表行政；而由村庄精英引领的两大派系就是村庄中的政治力量。过去下围村的派系斗争呈现出非理性的特征：无论哪一派当权，另一派必然在村庄公共事务决策上唱反调，导致下围村村务议而难决、决而难行，村庄发展停滞不前。因此，为了促进村庄派系的理性运作，下围村将村庄精英及其背后的派系政治力量吸纳进村庄财务管理组织，以派系平衡保障了村庄财务管理的形式正当

---

[1]　金耀基：《行政吸纳政治——香港的政治模式》，香港：牛津大学出版社1997年版。
[2]　钟杨、韩舒立：《行政吸纳与治理资源的生成：基于人民调解专业化的研究》，《行政论坛》2020年第1期。

性、村庄治理权力结构的稳定性、村主任村庄治理权力的合法性，实现了村庄派系整合和治理资源整合。

（三）边缘化治理精英：重建信任机制

"边缘化"（marginality）是美国社会学家帕克提出的概念，在社会科学研究中一般是指偏离于社会规范或标准的人格特性、行为方式、社会情境[1]，而在本研究中主要指价值无涉的、系统结构中的相对边缘位置。[2]如果把下围村治理系统与权力结构看作一个以利益、血缘为纽带的差序格局，那么下围村的两大派系领导人物及其背后的家族就是差序格局中的中心，而那些出身下围村小家族、涉入派系斗争不深的村民就是下围村治理差序格局中的边缘化人物。与前几任村主任不同，2014年通过换届选举上任的下围村村主任Q正是这样的边缘化人物，他在下围村治理系统中所扮演的角色主要有以下特征：

1. 政治无涉性

该村主任出身于下围村的小家族，与斗争的两大派系无甚瓜葛，个人也因在外经商鲜少回村，可以说是一个"无派别人士"，在2014年回村参选即以80%的高得票率当选新一届村委会主任。该村主任当选的主要原因之一，在于其身份在村庄中的政治无涉性，没有参与过村庄中的派系政治，而厌倦了村庄多年来派系斗争的村民们正需要这样一位人物，2005—2008年出任村主任的R在采访中提到："好多人叫他（现任村主任Q）回来参选，因为他做生意做得好，做冷鲜肉做得好。两派人整天斗又烦死，所以大部分人都支持他。第一届老村长也跟他一起选，结果票数差得厉害。"（下围村派系斗争主要人员访谈，20160720）

2. 经济无涉性

一方面，该村主任上任前在东莞市做冷鲜肉生意，靠个人能力经商致富，属于下围村的经济精英，在物质财富方面并无短缺，回村任职主要是出于桑梓情怀；另一方面，该村主任上任后也并未以个人或其亲友名义参与过村庄集体资产经营，在村庄集体经济中并无私利，体现了经济无涉性。

---

[1] 徐晓军：《社会边缘化及其应对——"社会互构论"的视角》，《西北师大学报》（社会科学版）2018年第6期。

[2] 吴思红、吴素红：《农村派系成长及其影响》，《中共浙江省委党校学报》2004年第2期。

3. 权力回避

所谓回避是指"为避嫌而不参与其事",我国公务员任职中也存在回避制度,即为了防止公务员利用职权徇私,影响公正执法或者逃避法制监督而对其任职和公务行为作出一定限制。[①] 虽然村民委员会属于群众自治组织,村民委员会主任也不具有公务员身份,但村主任作为在村庄中行使村民授予的公共权力的治理精英,其权力也应该注意回避。为此,2014年该村主任上任后,下围村在上级政府的指导下重新细化了议事制度,新制度规定了村"两委"干部、包括村主任,不能兼任村民代表,村主任参与村民代表会议仅行使主持权、议事权,并不享有投票表决的决策权。村民代表会议是村庄治理体系和权力结构的中心,对村庄公共事务的决策权是村民自治中的核心权力。通过权力回避机制,村主任成为下围村治理权力结构中的边缘化人物,回归其村务决策执行者的角色,从而重建了村民对治理精英的信任。

综上,由于过去下围村派系斗争聚焦于派别关系、经济利益与公共权力,因此,重构下围村权力结构需要转移,进而消解这些焦点。作为村庄中的边缘化治理精英,下围村新任村主任本身不具有派别偏好、不缺乏物质财富,具有结构性边缘化特征;上任后,他不担任村民代表、不具有决策权,实现了能动性边缘化;在村庄治理权力场域中"在场而不入场",实现了政治无涉性、经济无涉性与权力回避的结合,平衡了村庄各派系利益,整合了村庄治理资源。

四 下围村治理文化

(一) 活动载体

下围村治理的转折点发生在2014年,村民委员会换届给下围村村庄发展带来了转变的契机。然而,村庄治理的有效运行不能仅仅依靠特定的村庄治理精英。为了维持村庄治理模式的稳定有效运行,使其不受村庄公共权力正常更迭的影响,下围村应该通过培育治理文化,潜移默化地改变下围村派系恶性斗争观念,将外在的民主议事规则内化为村民内心的民主法治观念。因此,下围村的村民议事厅可视为以民主、法治为主要内容的治理文化的活动载体。与农村一般散漫的开会场景不同,下围村村民议事

[①] 周佑勇、余睿:《国家公务员任职回避制度初探》,《法学评论》2004年第6期。

厅设置了严格的功能分区：议事厅最前端是发言席，发言者需走到发言席才能发表言论；中间是主持席，村主任处于这一席位，负责掌控会议进程；主持席的左右两边是监督席、列席席和旁听席；最后段则是代表席，只有村民代表才可以入座。可见，下围村村民议事厅作为治理文化的活动载体，具有庄严的民主氛围。

(二) 价值规范

通过下围村村民议事制度的制定和实施，下围村培育了以下价值规范：

1. 民主意识

在S镇政府的法律指导下，下围村村"两委"和村民代表对议事制度草案进行了公开民主的讨论，现任下围村村主任Q描述道："一条一条地讨论，同意的就通过，不同意的就当场划掉。"（下围村现任村主任访谈，20170721）在条款表决的过程中，锻炼村民在处理村庄公共事务时，在表达个人意见后，懂得倾听和尊重他人意见，并根据少数服从多数原则认同集体最终决定，即使这一最终决定与个人选择不一致。

2. 参与意识

议事制度的制定是下围村村庄治理的重要公共事务，通过使村民代表参与制度制定，让村民代表意识到自己作为村庄共同体的成员，必须拥有积极参与村庄公权力运行和村庄公共事务决策的主人翁意识。

3. 规则意识

由于派系恶性斗争，以往下围村召开村民代表会议时，时常有村民在会场上随意讲话、讨论演变为吵架，甚至一度导致会议中断进行的情况。为了改变这一局面，下围村议事制度包括以下具体规则：（1）入座规则。会场设主持席、代表席、列席席、旁听席、监督席及发言席六个分区，与会人员按身份佩戴牌证和对号入座，营造庄严神圣的会议氛围。（2）发言规则。参会人员均可申请五分钟的发言时间和三分钟的补充发言时间，避免因讨论不充分而在会后再生是非。（3）公开规则。会议实时录像，起到现场监督和会后作证作用。（4）处罚规则。对违反会议纪律的与会人员施以"红黄牌"警告，累计收到两次黄牌警告或一次红牌警告，暂停一次其权力的行使，如表9-5所示：

表9-5 　　　　　　　　下围村村民议事"红黄牌"规则

发生下列情形之一的，黄牌警告一次：	发生下列情形之一的，红牌警告一次：
①在会场大声喧哗吵闹的；	①在会场殴打他人的；
②在会场恶意辱骂与会人员的；	②向与会人员投掷物品或泼洒液体的；
③抢夺会议麦克风阻止与会人员正常发言的；	③阻止与会人员进入会场的；
④故意损坏会议设施的；	④故意损坏会议设施情节严重的；
⑤其他影响会议秩序的。	⑤其他严重影响会议秩序的。

资料来源：作者自制。

（三）精神意义

"公民意识"是指个人作为现代社会的一员，应该具有维护自身和他人基本权利的心理认同、依法承担社会责任义务的理性自觉，主要内容包括规则意识、参与意识、民主意识、权利意识、义务意识等。[①] 而学者们认为，正是公民意识在中国农村社会中的发育不良，导致农民权责观念的欠缺、政治参与的工具化、法律意识的缺乏以及集体行动中的"善分不善合"。[②][③] 由于公民意识发育不良，中国农村社会往往很难进行公民行动，甚至导致集体行动困境与村庄治理失效。下围村过去的村庄治理困境在精神文明层面上正是归因于村民的现代公民意识的欠缺：不按法律处置征地补偿款和分配宅基地，将村委会选举和村民代表会议当作派系斗争的工具，村庄公共决策难以达成，村庄集体行动难以成行。因此，为了打破村庄治理困境，培养村民的公民意识，下围村以村民议事厅为活动载体，以村民议事制度为抓手，进行了包括民主意识、参与意识、规则意识的治理文化培育。

综上，下围村治理系统的要素构成如图9-5所示：

---

① 包先康、朱士群：《论农民公民意识的培养：一种社会政策的视角》，《学术界》2012年第6期。

② 陈方南：《影响农民公民意识形成的障碍及其解决途径》，《山东社会科学》2010年第9期。

③ 王国胜：《农民的公民意识问题及其增强》，《理论探索》2010年第1期。

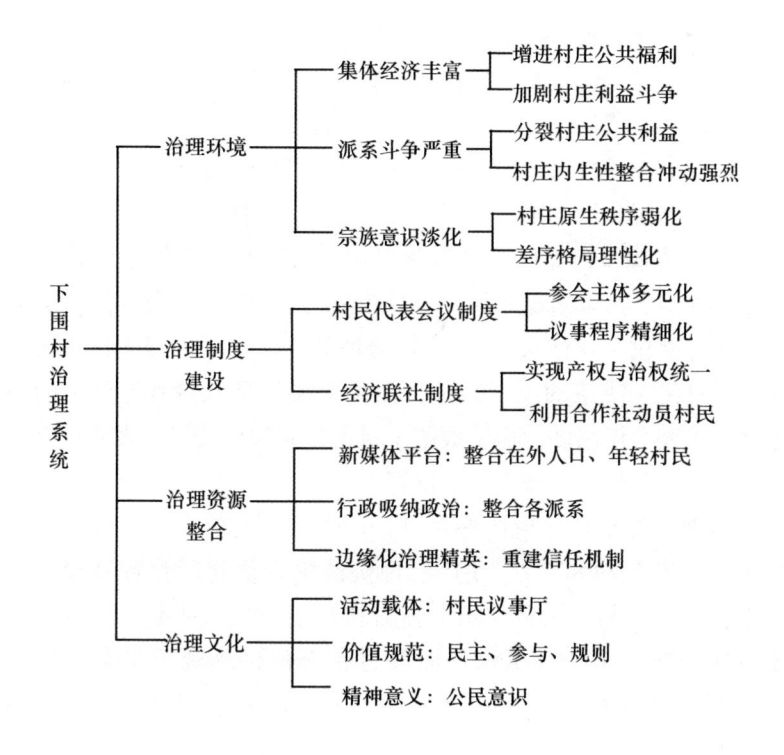

```
                          ┌─ 集体经济丰富 ─┬─ 增进村庄公共福利
                          │              └─ 加剧村庄利益斗争
              ┌─ 治理环境 ─┼─ 派系斗争严重 ─┬─ 分裂村庄公共利益
              │           │              └─ 村庄内生性整合冲动强烈
              │           └─ 宗族意识淡化 ─┬─ 村庄原生秩序弱化
              │                          └─ 差序格局理性化
下            │           ┌─ 村民代表会议制度 ─┬─ 参会主体多元化
围            │           │                  └─ 议事程序精细化
村 ───────────┼─ 治理制度 ─┤
治            │   建设    └─ 经济联社制度 ─┬─ 实现产权与治权统一
理            │                         └─ 利用合作社动员村民
系            │           ┌─ 新媒体平台：整合在外人口、年轻村民
统            ├─ 治理资源 ─┼─ 行政吸纳政治：整合各派系
              │   整合    └─ 边缘化治理精英：重建信任机制
              │           ┌─ 活动载体：村民议事厅
              └─ 治理文化 ─┼─ 价值规范：民主、参与、规则
                          └─ 精神意义：公民意识
```

图 9-5　下围村治理系统要素构成

资料来源：作者自制。

五　下围村治理系统的协同运行

首先，下围村治理环境的主要特征为集体经济资源丰富、派系斗争严重和宗族意识淡化，对构成治理系统的其他三要素的作用表现在：（1）治理环境框定了制度建设内容。下围村治理环境的整体特征突出表现为村庄原生秩序的衰弱，而通过村民代表会议制度和经济联社制度的细化落实，下围村借助制度化渠道建立了以民主、法治为内核的村庄次生秩序。（2）治理环境为资源整合提供了议题。由于村庄原生秩序的衰弱，下围村治理环境并未为治理系统提供太多资源，而是遗留了派系斗争的矛盾，但这也意味着下围村可以权力制衡为议题实现派系整合，从而实现资源整合。（3）治理环境塑造了治理文化。下围村位于改革开放前沿和经济技术开发区的物理环境，决定了其遭受的市场化、城镇化和工业化冲击比其他村庄更为严重，因此下围村难以维系基于血缘、地缘等先赋性因素的传

统宗族文化，势必建立起以民主、法治为内核的现代社会文化。

下围村治理制度建设主要包括村民代表会议、经济联社制度，与构成治理系统的其他三要素互动如下：（1）治理制度改善了治理环境。村民代表制度重构了下围村权力结构，经济联社制度则统筹了下围村集体经济资源的使用，从而缓和了下围村派系斗争，促进了村庄经济社会的发展。（2）治理制度为资源整合提供了制度化渠道。村民自治框架下的村民代表会议制度的落实，为以新媒体平台、行政吸纳政治和边缘化治理精英为手段的资源整合提供了正式渠道。（3）治理制度培育了治理文化。村民代表会议是农村民主决策的组织载体，而民主决策是农村基层民主的核心，因此村民代表会议制度的实施锻炼了村民作为现代公民的素质，有利于以民主、法治为内核的治理文化的培育。

下围村治理资源整合包括在外人口、村内派系的整合，与构成治理系统的其他三要素互动如下：（1）治理资源整合优化了治理环境。通过新媒体平台建设、村务监督委员会任命和村主任权力回避，下围村将原有的矛盾冲突转化为治理资源，而经过整合的治理资源将会反哺环境，推动治理环境的优化。（2）治理资源整合保障了制度推行。过去下围村因为派系斗争严重，村务决策往往议而难决、决而难行，而在整合了村内各派系后，村庄矛盾冲突得到了缓解，村庄公共利益取得了共识，从而保障了村民代表会议等制度的推行。（3）治理资源整合塑造了治理文化。通过新媒体平台的参政训练、村务监督委员会的权力制衡以及村干部自觉回避权力，民主意识、参与意识、规则意识逐渐内化为村民集体的基本共识。

下围村治理文化与其他三要素的耦合表现在：（1）治理文化潜移默化改变着治理环境。以民主、参与、规则为内核的治理文化将在长期内逐渐改善村庄政治、社会环境，进一步促进村庄经济的发展。（2）治理文化影响制度建设的价值取向。以民主、参与、规则为内核的下围村治理文化一定程度上决定了制度建设以村庄公共利益为价值取向。（3）治理文化决定资源整合的作用路径。基于民主法治的现代治理文化，一定程度上决定了下围村资源整合要通过权力制衡来实现。

综上，下围村治理系统的协同运行如图9-6所示：

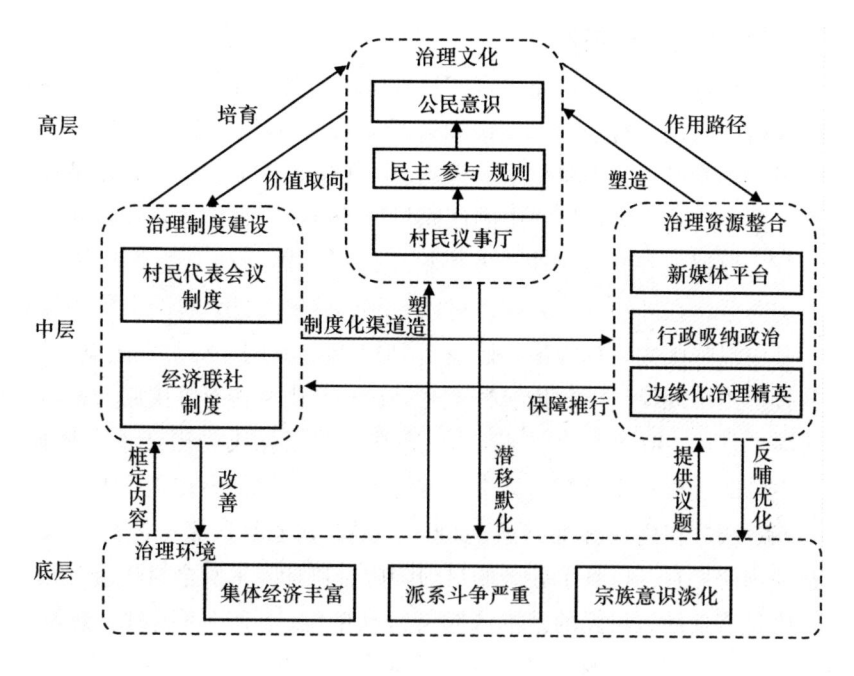

图 9-6　下围村治理系统协同运行路径

资料来源：作者自制。

第四节　富景社区与下围村治理体系生发逻辑的比较

一　治理环境比较

（一）村庄社会关联比较

村庄社会关联是村庄内村民与村民之间具体关系的总称，是村民应对和处理事件时能够调用社会关系的能力，也是村民集体行动能力的重要体现；经济分化水平和社区记忆是影响村庄社会关联的两个因素，其中社区记忆既是指宗族传承等村庄历史，更是指村庄历史对当下村民生活的影响程度。[1] 如前所述，富景社区与下围村在村庄治理过程中均展现出良好的集体行动能力，但奠定其集体行动能力的村庄社会关联却展现出不同的特征，而两村均为经济社会分化程度较高的村庄，因此关键在于其以宗族传

---

[1] 贺雪峰、仝志辉：《论村庄社会关联——兼论村庄秩序的社会基础》，《中国社会科学》2002年第3期。

承为主的社区记忆强弱不同。

贺雪峰曾提出判断村庄中宗族是否活跃的两个标准：一为外在物质标准，即村庄内是否有宗祠、族谱和活跃的宗族活动；二为内在精神标准，即村民是否愿以宗族为单位采取行动。① 只有当宗族在村庄中既保有外在物质具象，又内化为村民心中的认同与行动单位，村庄才具有强社区记忆的特征。根据这一标准对两个案例村庄进行考察：（1）富景社区作为历史人文秀区，在外在标准方面，村内有邓、陈等大姓，各个大姓均保有祠堂，其中以陈氏大宗祠为最，始建于1511年，其间经历过六次重大修缮，目前是佛山市规模最大的传统祠堂之一；祠堂内装裱有陈氏族人精心修撰的族谱，长达140米、合计17册，完整记载了陈氏先祖迁于富景社区、繁衍生息的过程；每逢红白喜事、传统节日，村民都会在陈氏大宗祠举行聚会或节庆。在内在标准方面，2008年底，富景社区某一陈氏族人发起重建宗祠的号召，得到了族人的热烈响应，累计筹得资金600余万元，可见宗族是富景社区村民的基本认同与行动单位。（2）下围村虽然属于单姓村、历史上同宗同源，但从外在标准来看，下围村郭氏宗祠在1959年被洪水冲毁后并未重建；宗族活动在村庄中逐渐消逝；村民对于族谱并不重视，下围村村民D在访谈中提到的自身经历可佐证这一点："我们家的族谱我还是从我一个伯母手里拿到一个复印件。因为也是选举的关系，我跟我的亲伯父关系不怎么好，他手上拿着族谱，我从我伯母手里拿过来的时候，我的名字还是我自己加上去的。正常我们是男丁，一出生就应该加上族谱的。"（下围村普通村民访谈，20160722）从内在标准来看，下围村村民并不愿意为了宗族而采取行动，派系才是村民行动与认同的基本单位，在下围村时常发生夫妻、叔侄隶属不同派系而产生矛盾，甚至陷入集体行动困境的情况。

综上，富景社区属于强社区记忆型村庄，下围村属于弱社区记忆型村庄，由此导致两村社会关联类型的不同：强社区记忆、经济分化程度高的富景社区呈现出传统型社会关联，强社区记忆提供了基于血缘、地缘等先赋性因素的社会联结，而较高的经济分化程度带来的丰富经济资源赋予了传统联结以新的活力，从而建立起村民之间基于宗族的认同与行动单位，如乡贤慈善会、家乡建设委员会；弱社区记忆、经济分化程度高的下围村

---

① 贺雪峰：《乡村治理区域差异的研究视角与进路》，《社会科学辑刊》2006年第1期。

呈现出现代型社会关联,弱社区记忆更有利于建立基于民主法治的现代社会联结,同时较高的经济分化程度培育了市场经济理性与市场规则意识,以上都为下围村落实村民自治法律框架下的村民代表会议、村民监督委员会提供了有利条件。

(二) 村庄集体经济比较

富景社区与下围村皆为集体经济资源丰富的村庄:首先,富景社区与下围村分别位于佛山与广州,均属广东省经济发达地区,村庄拥有良好的经济基础环境与区位优势;其次,富景社区与下围村皆为工商业发达村庄,农业所占村集体经济比例较小;最后,富景社区与下围村村集体经济收入在2018年均超过3000万元,根据广东省统计局公布的一项报告显示[①],2013年广东省行政村集体经济收入平均为102.96万元,而集体经济收入在1000万元以上的仅占全省行政村的2.3%,虽无近年的数据,但仍可估计富景社区与下围村的集体经济处于广东省上游水平。然而,村集体经济不仅在其数量维度上会影响村庄治理,其产权归属也会影响村庄治理系统的运行:(1)富景社区集体经济产权分散在自然村一级,具体表现为集体土地所有权集中于自然村一级,行政村一级无集体土地,因此富景社区行政村一级实际上并无集体经济收入抑或只有少量收入;(2)而下围村集体经济产权集中于行政村一级,由经济联社统一管理。因此,从行政村一级来看,下围村属于集体经济资源丰富型村庄,而富景社区实际上为集体经济匮乏型村庄。下一节将继续论述村集体经济对村庄治理制度建设的影响。

二 治理制度建设比较

(一) 制度建设层级比较

在我国,"村"有行政村、自然村两种不同的含义:自然村是在农村地区自然形成的、基于血缘或地缘的自然聚落;而行政村是国家法律规制的、行政区划层级中的最低一级;二者可能重叠,但在我国南方往往是多个自然村组成一个行政村。[②] 同一治理制度建设在不同的层级上,其组织载体往往有不同的称谓,如表9-6所示:

[①] 广东省统计局:《广东农村集体经济收入现状分析》,2014年。
[②] 沈延生:《村政的兴衰与重建》,《战略与管理》1998年第6期。

表9-6　　　　　　行政村、自然村制度建设的组织载体对比

	人民公社制度	村民自治制度	集体经济制度
行政村一级	生产大队	村委会	经济联社
自然村一级	生产队	村民小组	合作社

资料来源：作者自制。

富景社区与下围村在治理制度建设层级上呈现出如下差异：

1. 富景社区治理制度建设层级包括行政村、自然村两级

行政村一级主要负责供给村庄基本公共服务、协助上级政府部分事务，主要通过村公共服务站、外来人口联络站制度完成；自然村一级主要负责动员村庄精英、整合治理资源，主要通过乡贤慈善会、家乡建设委员会、集体经济制度实现；而村民议事会制度作为实行民主决策的重要载体，在两级层级上均有建立，发挥了统筹村内两级决策、实现村庄公共利益的重要作用（见表9-7）。富景社区两级制度建设层级的形成原因主要有以下两点：第一，适宜治理规模的需要。治理制度建设层级实质上是划定了治理单位，而治理单位是一定地域范围内人的集合，人口数量越多、地域范围越大，村庄治理规模就越大。但治理规模过大会造成治理成本的上升和治理难度的增加，只有适宜的治理规模才能使村庄治理发挥最大的效能。富景社区人口约3.9万人，下辖34个自然村。有学者研究估算，2014年全国行政村平均人口约为1490人[①]，按此前增速估计，2019年这一数据约为1590人，而富景社区人口规模远超这一数据，导致行政村一级的治理规模过大。因此，富景社区通过增设治理制度建设的自然村层级，将治理单位下沉到村民小组，即自然村一级，平均每个村民小组仅需管理1147人，建立了适宜的治理规模。第二，动员社会资本的需要。自然村与行政村之中蕴藏着不同存量的社会资本：自然村是基于血缘、地缘在长期过程中自然形成的，费孝通称之为"熟人社会"，村民信任、社会网络、风俗规范等社会资本存量丰富；相对而言，行政村依靠国家规制力量"人为"划分而

[①] 唐鸣、谭荧：《关于建制村数量和规模的几个问题》，《当代世界社会主义问题》2016年第1期。

成,贺雪峰称之为"半熟人社会",村庄社会资本相对匮乏。① 富景社区作为历史人文秀区、珠三角著名侨乡,自然村一级本身拥有丰富的社会资本。通过将村民议事会、乡贤慈善会和家乡建设委员会设立在自然村一级,富景社区得以动员村庄精英参与村庄治理,整合村庄治理资源。

表9-7　　　　　　　　富景社区治理制度建设层级

	村民议事会	乡贤慈善会	家乡建设委员会	村公共服务站	外来人口联络站	集体经济组织
行政村一级	√			√	√	
自然村一级	√	√	√			√

资料来源:作者自制。

2. 下围村治理制度建设层级则以行政村一级为主

以民主决策为主要功能的村民代表会议设立在行政村一级,自然村一级无民主议事、决策机构;以民主监督为主要功能的村务监督委员会也设立在行政村一级,主要负责监督行政村这一级别上的村庄公共事务;建立在行政村级别上的经济联社拥有村庄集体经济所有权及经营权,合作社作为自然村级别上的集体经济组织基本上无经济职能,只负责处理村庄日常杂务。下围村一级治理制度建设层级的形成原因有:第一,行政村本身规模适宜。与富景社区上万的人口相比,下围村人口仅为2175人,人口规模较小,村庄治理规模适度,无需再进行分割。第二,村民血缘相近。与富景社区拥有邓、陈、何等几个大姓相比,下围村作为"单姓村",全村约有90%的村民姓郭,历史上同宗同源,村内共用同一祠堂。因此,下围村虽然是行政村,但它建立在基于血缘、地缘共同体的自然村之上,村民先天地拥有共同的历史渊源与深厚的族群认同,为村庄社会资本动员提供了良好的基础。第三,由于派系恶性斗争,下围村本身村庄分裂已很严重,若再以自然村为基础划分二级制度建设层级,则极有可能加剧村庄分裂。第四,产权与治权统一的需要。与大多数村庄把集体经济组织建在自然村一级不同,下围村集体经济产

---

① 郑传贵、卢晓慧:《社会资本与社区治理——兼论以自然村为新农村建设基本单位的合理性》,《求实》2007年第10期。

权全部上收到了行政村一级（见表9-8），因此需要将治权也集中在行政村一级，实现治权和产权的统一，提高村庄治理效能。

表9-8　　　　　　　　　下围村治理制度建设层级

	村民代表会议	集体经济组织	村务监督委员会
行政村一级	√	√	√
自然村一级			

资料来源：作者自制。

（二）制度建设类型比较

已有研究认为，村集体经济资源的多寡会对村民自治制度实践产生影响[①]，而本研究对比富景社区与下围村发现，村集体经济的产权归属也将影响村庄治理制度建设：（1）如前所述，富景社区集体经济产权分散在行政村下的各个自然村，因此行政村一级实际上可利用的集体经济资源相对匮乏，因此富景社区治理制度建设的重点首先是资源的动员，如乡贤慈善会、家乡建设委员会、村民议事会制度的建设，都是为了村庄社会资本的动员。（2）而下围村集体经济产权集中于行政村，丰富的集体经济资源导致治理制度建设的重点聚焦于资源的分配，而非资源的动员。过去下围村派系恶性竞争、陷入村庄集体行动困境，正是由于征地补偿款和宅基地等集体资源的分配不公，因此下围村治理制度建设的主要目的在于促进公开、公正、透明、民主的分配。这一建设标的使得下围村治理制度建设更强调程序、形式，如下围村在细化村民代表会议制度时，详细规定了会前的公示流程、会中的座次安排和发言顺序以及会后的记录归档，以求通过程序民主来达成实质民主，同时也最大程度地压缩村干部的寻租空间与治理裁量权，避免村民自治陷入"村官自治"。综上，村集体经济产权归属层级的不同，导致了村庄治理建设制度的标的不同，构成了富景社区动员型治理制度建设与下围村分配型治理制度建设。

---

① 贺雪峰、何包钢：《民主化村级治理的两种类型——村集体经济状况对村民自治的影响》，《中国农村观察》2002年第6期。

三 治理资源整合比较

（一）资源整合议题比较

富景社区与下围村的治理资源整合呈现出明显的差异：（1）富景社区以情感共鸣为整合议题。情感往往是人们行动的内在动机，是个体行为的内部动力和定向系统。情感整合就是通过培养情感共鸣，增加个体对社会主导价值体系的认同，使个体融入该社会中并化为其中一员，从而唤起行动者的集体行动。[1]乡贤慈善会和家乡建设委员会以"慈善""家乡建设"为议题，外来人口融入社区项目以"融入社区""新富景社区人"为议题，旨在通过培养基于血缘、地缘的情感共鸣，增加村民对村庄的认同，从而唤起村民促进村庄公共利益的行动。（2）下围村以权力制衡为整合议题。村庄派系以村委会换届选举为演绎空间，竞争村庄公共权力资源，产生了村内矛盾与冲突。然而整合并非要消灭派系、泯灭冲突，而是实现村庄权力的平衡。下围村通过村庄财务管理机构的人事安排、治理精英在权力机构中的边缘化，实现了村庄权力的平衡。综上，富景社区通过情感共鸣的感性议题、下围村通过权力制衡的理性议题，实现了村庄治理资源的整合。

（二）资源整合路径比较

富景社区与下围村的治理资源整合路径的分歧在于：（1）富景社区以身份交叉为整合路径。虽然富景社区治理系统中有村委会、村党委、村民代表大会、村议事会、乡贤慈善会、家乡建设委员会、村内企业等分工明确的组织，但乡贤、村庄精英往往拥有多种身份，许多乡贤慈善会、家乡建设委员会成员身兼多职，如同时兼任乡贤慈善会成员、村民议事会成员与村企老板。根据默顿的结构功能理论，在村庄治理系统中，一个行动者不只有一种身份，而是拥有一组身份，这些身份的集合便构成了一组"角色丛"[2]，村庄里所有角色丛的总和便构成了一个由不同层次、不同角色期望联结起来的村庄治理网络。富景社区利用这种由身份交叉联结起来的治理网络，实现了横向和纵向的治理资源整合。（2）下围村则以身份回避为整合路径。与富景社区采用身份交叉机制不同，下围村主要采用身份回避机制，村"两委"干部、合作社社长不能兼任村民代表，防止了

---

[1] 颜文姣：《和谐社会视野下多元价值观的整合机制研究》，《学术论坛》2009年第11期。
[2] 傅铿：《默顿的社会学中层理论》，《社会》1984年第6期。

以村干部少数人意志代替村民大多数人的意志,重建了村民对治理精英的信任,从而实现了村庄治理资源的整合。

四 治理文化比较

(一) 文化价值取向比较

帕森斯提出了用于社会系统制度化的价值分析的四对范畴,称为"模式变量":涉及资格方面的普遍性(universalism)与特殊性(particularism),涉及功能方面的专一性(functional specificity)与扩散性(functional diffuseness),涉及情感方面的情感性(affectivity)与中立性(affectivity neutrality),涉及利益方面的无私性(disinterestedness)与自利性(self-interest)。[①] 如表9-9所示,若是更多符合左边四种特性,则村庄治理的价值取向更具有传统性特征;更多符合右边四种则更具有现代性特征。如前文所述,治理文化具有活动载体、价值规范、精神意义三个层次。本小节将从富景社区和下围村治理文化的最浅层次——活动载体出发,比较分析两个村庄治理文化的价值取向差异。

表9-9　　　　　　　　帕森斯用于价值分析的四对范畴

涉及资格	特殊性	普遍性
涉及功能	扩散性	专一性
涉及情感	情感性	中立性
涉及利益	无私性	自利性

资料来源:作者自制。

1. 富景社区

富景社区宗族观念浓厚,以陈氏大宗祠为代表的祠堂既是家乡情怀的寄托点,也是富景社区的典型治理场域,是村庄治理价值的具象化,具有以下特征:(1)祠堂准入资格的普遍性。祠堂原本是族人供奉与祭祀先祖的场所,也是同一宗族的人们举办红白喜事、商议族内大事的场所,而陈氏大宗祠在上级政府的资源注入下,打破了血缘与地缘的限制,不仅对陈

---

① [美] 塔尔科特·帕森斯、尼尔·斯梅尔瑟:《经济与社会》,华夏出版社1989年版。

氏族人开放,而且向全社会包括外来工开放,其活动范围已覆盖了半个白坭镇,成为白坭镇规模最大的村级文化活动中心,其准入具有普遍性。陈氏大宗祠管理人员 R 表示:"如果你来抽查,在这里(陈氏大宗祠)活动的,十个人里没有两个人是我们村的,平时来活动的人都是外人。"(富景社区陈氏大宗祠管理人员访谈,20190716)(2)祠堂功能的扩散性。传统祠堂主要具有族内祭祀、族内议事、族内教育的功能①,而富景社区陈氏大宗祠除了以上功能外,还在上级政府扶持、社会中介介入下,将功能扩展为白坭镇居民文体活动中心、龙舟协会等社会组织孵化基地以及整合社会资本的富景社区治理新平台。(3)祠堂运作机制的情感性。虽然富景社区陈氏大宗祠对外开放,但祠堂的日常管理、资金筹措主要还是依靠陈氏族人:"我们不可能向外地人筹钱的,这个政府还是管的。宗祠乱筹款是违法的,我们也不敢。所以我们只在族人内筹。"(富景社区陈氏大宗祠管理人员访谈,20190716)因此,其运作仍然基于血缘,带有情感性。(4)祠堂利益的无私性。传统祠堂是某一宗族的场所,主要为某一宗族的利益服务,而陈氏大宗祠突破了宗族的桎梏,不是服务于单一宗族的利益,而是服务于富景社区村庄公共利益,宗族只在"建设家乡"这类公共议题中发挥作用,而不会对村民代表选举等议题施加影响以谋取私利。笔者整理访谈记录时也发现,多位富景社区乡贤在谈到宗族时都强调了这种无私性:"阶级斗争的历史痕迹深刻,政府对相关的活动会比较敏感,但是实际上我们都不希望对政府造成困扰,更不会介入选举、夺权争利……姓氏什么的对选举的影响都没有啦,都是你干得好就上……我们不会说用宗族的力量来搞什么事啊。"(富景社区乡贤慈善会、家乡建设委员会成员访谈,20190716)综上,富景社区治理价值取向具有资格普遍性、功能扩散性、情感性、利益无私性,更多地具有传统价值取向。

2. 下围村

下围村集体经济资源丰富、派系斗争严重,而宗族活动弱化,无法依靠基于血缘和地缘的传统乡村内生性秩序实现治理有效。因此,为了平衡派系利益、重构村庄权力结构,下围村主要依靠议事制度的制定和严格实施,其治理价值取向具有以下特征:(1)议事资格的普遍性。过去下围村规定参加

---

① 欧阳宗书、符永莉:《祠联与中国古代祠堂文化》,《南昌大学学报》(人文社会科学版)1993 年第 2 期。

村民代表会议的成员只有村民代表与村"两委"干部，而现在还加上了村党支部委员、合作社社长、村务监督委员会成员、驻村干部、利益相关村民或企业，甚至关心村务的村民也可旁听，用参会人员的普遍性确保了议事结果的代表性，有助于村民逐渐养成民主参与议事和村民自治的主人翁意识。(2) 议事功能的专一性。过去下围村的村民代表会议是派系斗争的工具之一，曾发生过"在野派"专门派人破坏会议现场，导致时任村主任不得不找来一辆大巴，将全体村民代表载到隔壁市里一家酒店开会的事，而如今通过议事规则的细化制定和严格执行，下围村村民代表会议回归了民主决策的专一功能，培养了村民的规则意识与民主意识。(3) 议事逻辑的中立性。过去下围村村民以派系为界相互倾轧，村务决策以"是否是我所属派系提出的"而不是以是非对错为标准决策，缺乏经济理性和政治原则性，而现在通过村务决策的透明化和多元议事主体的纳入，村庄派系在村民自治框架下良性运作，议事逻辑回归不带派系色彩的中立性。(4) 议事价值取向的无私性。过去下围村一些村干部为了个人或派系利益，将本该由村民代表共同讨论的议事会变为村干部自己做好决策后再通知村民代表的"通知会"，以村干部个人利益或派系少数人利益代替了村庄公共利益，现在下围村村民代表会议不再是派系斗争的工具，而是回归为进行村务决策的机构，其价值取向为实现村庄公共利益。综上，下围村治理价值取向具有资格普遍性、功能专一性、中立性、利益无私性，更多地具有现代价值取向。

(二) 村庄秩序类型比较

培育治理文化的最终目的在于建构村庄日常秩序，以维持村庄治理系统的运行。下围村与富景社区的村庄秩序类型差异如下：

1. 基于传统价值取向的治理文化，富景社区构建了原生型村庄秩序

原生型村庄秩序是指村庄主要依靠血缘、地缘等先赋性因素，借助村庄内的非正式组织、村庄舆论等来实现村民集体行动，获取村庄秩序。[①] 富景社区治理文化的活动载体为村内各式祠堂，而借助修建祠堂的契机建立了乡贤慈善会、家乡建设委员会等新型农村社会组织，而这些组织并无严格的组织规章制度、无上级考核要求，日常运作维持主要依靠声誉制度与村庄舆论，这种依靠村庄原生性因素联结而成的村庄秩序维持着富景社区治理系统的有效运转。

---

① 贺雪峰、董磊明：《中国乡村治理：结构与类型》，《经济社会体制比较》2005年第3期。

2. 基于现代价值取向的治理文化，下围村构建了次生型秩序

次生型秩序是指依靠原本外生于村庄的因素而联结起来的秩序，如村民自治制度对于村庄来说就是一种外生因素，是国家自上而下的制度安排。[①] 但次生型秩序的生成依然是外生性因素与村庄治理环境的结合，否则沦落为村庄表面所披的一层"皮"，而难以转化为村庄可持续发展的肌骨。下围村借助村民自治制度的框架，结合村庄派系斗争严重的治理环境，对村庄民主决策、民主监督进行了细化，从而实现了村庄权力结构的重塑，平衡了村庄派系斗争，维持了村庄正常生产生活秩序。

综上，富景社区与下围村的跨案例分析结果如表9-10所示：

表9-10　　　　村庄治理系统跨案例分析一览表

项目		案例1	案例2
村庄名称		富景社区	下围村
治理环境	村庄社会关联	强社区记忆—传统型社会关联	弱社区记忆—现代型社会关联
	村庄集体经济	集体经济分散于自然村	集体经济集中于行政村
治理制度建设	制度建设层级	行政村、自然村两级	行政村一级
	制度建设类型	动员型制度建设	分配型制度建设
治理资源整合	资源整合议题	情感共鸣的感性议题	权力制衡的理性议题
	资源整合路径	身份交叉	身份回避
治理文化	文化价值取向	传统型价值取向	现代型价值取向
	村庄秩序类型	原生型秩序	次生型秩序

资料来源：作者自制。

[①] 贺雪峰、董磊明：《中国乡村治理：结构与类型》，《经济社会体制比较》2005年第3期。

参考文献

一 中文文献

包先康、朱士群：《论农民公民意识的培养：一种社会政策的视角》，《学术界》2012年第6期。

边燕杰、丘海雄：《企业的社会资本及其功效》，《中国社会科学》2000年第2期。

卜璟：《农村精英流动研究综述》，《商》2013年第18期。

陈方南：《影响农民公民意识形成的障碍及其解决途径》，《山东社会科学》2010年第9期。

陈洪江、吴素雄：《村民自治社会整合功能的两重分析》，《社会主义研究》2003年第6期。

陈剩勇：《村民自治何去何从——对中国农村基层民主发展现状的观察与思考》，《学术界》2009年第1期。

程波：《系统治理视阈下的村民自治研究》，博士学位论文，江南大学，2010年。

程为敏：《关于村民自治主体性的若干思考》，《中国社会科学》2005年第3期。

狄金华、钟涨宝：《中国农村社会管理机制的嬗变——基于整合视角的分析》，《吉林大学社会科学学报》2012年第3期。

丁志刚、王杰：《中国乡村治理70年：历史演进与逻辑理路》，《中国农村观察》2019年第4期。

董江爱：《村民代表会议的制度化：直接民主理念的实现》，《马克思主义与现实》2005年第1期。

董志强、魏下海、汤灿晴：《制度软环境与经济发展——基于30个大城市营商环境的经验研究》，《管理世界》2012年第4期。

杜鹏:《精英结构视角下的村治逻辑与类型》,《探索》2016 年第 5 期。

费孝通:《乡土中国》,北京大学出版社 2004 年版。

冯仕政:《西方社会运动理论研究》,中国人民大学出版社 2013 年版。

傅铿:《默顿的社会学中层理论》,《社会》1984 年第 6 期。

高顺伟:《论村书记及其领导力生成——基于对象山县四位"惠民好书记"的调查研究》,博士学位论文,华东师范大学,2011 年。

龚志伟:《农村社会组织的发展与村治功能的提升:基于合村并组的思考》,《社会主义研究》2012 年第 5 期。

苟天来、左停:《从熟人社会到弱熟人社会——来自皖西山区村落人际交往关系的社会网络分析》,《社会》2009 年第 1 期。

广东省人民政府:《广东省人民政府关于修改〈广东省农村集体经济组织管理规定〉的决定》,2013 年。

广东省统计局:《广东农村集体经济收入现状分析》,2014 年。

郭小安:《网络抗争中谣言的情感动员:策略与剧目》,《国际新闻界》2013 年第 12 期。

哈正利、马威:《简评拉德克利夫—布朗的社会结构观——兼论结构和能动性关系》,《福建论坛》(社科教育版) 2009 年第 8 期。

韩鹏云、张钟杰:《乡村文化发展的治理困局及破解之道》,《长白学刊》2017 年第 4 期。

贺海波、包雅钧:《社会组织进入村庄权力结构后的政治博弈分析——以湖北 G 市"1+X"自治模式为例》,《新视野》2016 年第 3 期。

贺雪峰:《半熟人社会》,《开放时代》2002 年第 1 期。

贺雪峰:《论村级治理中的复杂制度》,《学海》2017 年第 4 期。

贺雪峰:《论利益密集型农村地区的治理——以河南周口市郊农村调研为讨论基础》,《政治学研究》2011 年第 6 期。

贺雪峰:《论乡村治理内卷化——以河南省 K 镇调查为例》,《开放时代》2011 年第 2 期。

贺雪峰:《论中国农村的区域差异——村庄社会结构的视角》,《开放时代》2012 年第 10 期。

贺雪峰:《农民组织化与再造村社集体》,《开放时代》2019 年第 3 期。

贺雪峰:《乡村选举中的派系与派性》,《中国农村观察》2001 年第 4 期。

贺雪峰:《乡村治理的制度选择》,《武汉大学学报》(人文科学版) 2016

年第 2 期。

贺雪峰：《乡村治理区域差异的研究视角与进路》，《社会科学辑刊》2006 年第 1 期。

贺雪峰、董磊明：《中国乡村治理：结构与类型》，《经济社会体制比较》2005 年第 3 期。

贺雪峰、何包钢：《民主化村级治理的两种类型——村集体经济状况对村民自治的影响》，《中国农村观察》2002 年第 6 期。

贺雪峰、苏明华：《乡村关系研究的视角与进路》，《社会科学研究》2006 年第 1 期。

贺雪峰、仝志辉：《论村庄社会关联——兼论村庄秩序的社会基础》，《中国社会科学》2002 年第 3 期。

侯志阳：《新媒体赋权与农村绿色社区建设》，《学术研究》2016 年第 4 期。

黄辉祥、刘宁：《农村社会组织：生长逻辑、治理功能和发展路径》，《江汉论坛》2016 年第 11 期。

黄小钫：《实质代表制与实际代表制——美国制宪时期的代表理念之争》，《浙江学刊》2009 年第 1 期。

黄宗智：《长江三角洲小农家庭与乡村发展》，中华书局 1992 年版。

黄宗智：《集权的简约治理——中国以准官员和纠纷解决为主的半正式基层行政》，《开放时代》2008 年第 2 期。

纪晓岚、朱逸：《经营性治理：新集体化时代的村庄治理模式及其自在逻辑》，《西北师大学报》（社会科学版）2013 年第 2 期。

贾先文、李周：《农村社区建设中宗族社会资本作用及其机理分析》，《湘潭大学学报》（哲学社会科学版）2015 年第 3 期。

解玉喜：《布迪厄的实践理论及其对社会学研究的启示》，《山东大学学报》（哲学社会科学版）2007 年第 1 期。

金耀基：《行政吸纳政治——香港的政治模式》，香港：牛津大学出版社 1997 年版。

郎友兴：《走向总体性治理：村政的现状与乡村治理的走向》，《华中师范大学学报》（人文社会科学版）2015 年第 2 期。

雷明：《论农村社会治理生态之构建》，《中国农业大学学报》（社会科学版）2016 年第 6 期。

李静:《我国农村集体经济组织法律地位分析》,《山西农业大学学报》(社会科学版) 2009 年第 5 期。

李松玉:《乡村治理中的制度权威建设》,《中国行政管理》2015 年第 3 期。

李馨宇,肖欢恬:《浅析马克思视域下"人"之概念的演进及其当代意义》,《浙江工商职业技术学院学报》2020 年第 2 期。

李亚冬:《新时代"三治结合"乡村治理体系研究回顾与期待》,《学术交流》2018 年第 12 期。

李义中:《全球治理理论的基本取向问题析探》,《安庆师范学院学报》(社会科学版) 2005 年第 2 期。

李志刚:《扎根理论在科学研究中的应用分析》,《东方论坛》2007 年第 4 期。

李祖佩:《"资源消解自治"——项目下乡背景下的村治困境及其逻辑》,《学习与实践》2012 年第 11 期。

李祖佩:《项目制基层实践困境及其解释——国家自主性的视角》,《政治学研究》2015 年第 5 期。

林绮雯:《江门市农村基层党组织领导力研究》,硕士学位论文,华南理工大学,2018 年。

林仕川:《乡村振兴背景下农村党支部书记队伍建设研究——以浙江省 Y 市为例》,《中共南京市委党校学报》2019 年第 4 期。

刘济亮:《拉图尔行动者网络理论研究》,硕士学位论文,哈尔滨工业大学,2006 年。

卢福营:《村民自治的发展走向》,《政治学研究》2008 年第 1 期。

吕德文:《村庄传统:理解中国乡村社会性质的一个视角》,《人文杂志》2008 年第 1 期。

罗彬:《超越代表与选民关系的二元模式》,《国外理论动态》2017 年第 8 期。

罗家德,王竞:《圈子理论——以社会网的视角分析中国人的组织行为》,《战略管理》2010 年第 1 期。

罗家德:《自组织——市场与层级之外的第三种治理模式》,《比较管理》2010 年第 2 期。

罗家德、李智超:《乡村社区自组织治理的信任机制初探——以一个村民经济合作组织为例》,《管理世界》2012 年第 10 期。

罗家德、孙瑜、谢朝霞等:《自组织运作过程中的能人现象》,《中国社会科学》2013 年第 10 期。

马超、李晓广:《乡村多元主体协同治理的发展逻辑与实现路径》,《山西农业大学学报》(社会科学版) 2015 年第 7 期。

茅亚平:《基于 ANT 的新型集体经济发展与乡村空间重构——以苏州为例》,硕士学位论文,苏州科技大学,2017 年。

蒙昭平:《"中国村民自治第一村" 25 年选举回顾》,载《全国村委会选举情况分析会论文集》,民政部基层政权和社区建设司编,2005 年。

牛余庆:《利益分化背景下农村基层党组织社会整合方式转型研究》,《社会主义研究》2007 年第 1 期。

欧三任:《农村舆情的生成机理分析》,《华南农业大学学报》(社会科学版) 2010 年第 4 期。

欧阳静:《乡镇驻村制与基层治理方式变迁》,《中国农业大学学报》(社会科学版) 2012 年第 1 期。

欧阳宗书、符永莉:《祠联与中国古代祠堂文化》,《南昌大学学报》(人文社会科学版) 1993 年第 2 期。

渠敬东:《项目制:一种新的国家治理体制》,《中国社会科学》2012 年第 5 期。

戎建波:《发挥"无职"党员先锋模范作用的几点思考》,《现代妇女》2014 年第 4 期(下旬)。

沈延生:《村政的兴衰与重建》,《战略与管理》1998 年第 6 期。

施雪华、林畅:《社会资本视角下的中国乡村治理研究》,《北京行政学院学报》2008 年第 2 期。

石大建、李向平:《资源动员理论及其研究维度》,《广西师范大学学报》(哲学社会科学版) 2009 年第 6 期。

孙迪亮:《论乡村社会治理的系统性》,《齐鲁学刊》2019 年第 4 期。

孙立平、晋军等:《动员与参与》,浙江人民出版社 1999 年版。

孙琼欢、卢福营:《中国农村基层政治生活中的派系竞争》,《中国农村观察》2000 年第 3 期。

孙秋红:《发挥农村无职党员作用的机制探索——以许昌市前宋村为例》,《党史博采》2019 年第 1 期(下)。

唐鸣、谭荧：《关于建制村数量和规模的几个问题》，《当代世界社会主义问题》2016 年第 1 期。

陶厚永、李燕萍、骆振心：《山寨模式的形成机理及其对组织创新的启示》，《中国软科学》2010 年第 11 期。

仝志辉：《村委会和村集体经济组织应否分设——基于健全乡村治理体系的分析》，《华南师范大学学报》（社会科学版）2018 年第 6 期。

仝志辉：《村委会选举的村庄治理本位：从户内委托辩难走向选举权利祛魅》，《中国农村观察》2016 年第 1 期。

汪杰贵：《基于村庄治理系统困境突破的村庄治理现代化路径：一个分析框架》，《农业经济问题》2018 年第 9 期。

王德福：《南北方村落的生成与性质差异》，《西南石油大学学报》（社会科学版）2011 年第 6 期。

王国胜：《农民的公民意识问题及其增强》，《理论探索》2010 年第 1 期。

王曼：《乡村振兴战略背景下农村党组织书记胜任力模型构建研究》，《管理学刊》2019 年第 5 期。

王铭铭：《地方政治与传统的再创造——福建溪村祠堂议事活动的考察》，《民俗研究》1999 年第 4 期。

王树生：《迈向场域视角的反思性科学社会学——对布迪厄科学社会学思想的考察》，《自然辩证法研究》2013 年第 12 期。

王思林：《农村无职党员先进性作用发挥问题研究》，《中共太原市委党校学报》2012 年第 5 期。

王维博：《中国第一个村民委员会诞生记》，《村委主任》2010 年第 6 期。

王文彬：《自觉、规则与文化：构建"三治融合"的乡村治理体系》，《社会主义研究》2019 年第 1 期。

王文龙：《新乡贤与乡村治理：地区差异、治理模式选择与目标耦合》，《农业经济问题》2018 年第 10 期。

王向阳：《新双轨治理：中国乡村治理的旧制度与新常态——基于四地乡村治理实践的考察》，《甘肃行政学院学报》2017 年第 2 期。

王晓荣、李斌：《建国以来农村社会整合模式的历史变迁及经验启示》，《东南学术》2010 年第 1 期。

王兴运：《土地征收补偿制度研究》，《中国法学》2005 年第 3 期。

王燕：《新媒体如何有效"嵌入"农村社会治理》，《人民论坛》2017 年第 31 期。

魏霞：《乡村振兴战略视域下发挥农村无职党员作用研究》，《法治博览》2020 年第 21 期。

温铁军、董筱丹：《村社理性：破解"三农"与"三治"困境的一个新视角》，《中共中央党校学报》2010 年第 4 期。

吴开松：《当代中国动员机制转化形态研究》，《内蒙古社会科学》（汉文版）2007 年第 3 期。

吴开松：《危机动员在当代中国的时代特征》，《黑龙江社会科学》2008 年第 3 期。

吴思红：《乡村秩序的基本逻辑》，《中国农村观察》2005 年第 4 期。

吴思红、吴素红：《农村派系成长及其影响》，《中共浙江省委党校学报》2004 年第 2 期。

吴毅：《制度引入与精英主导：民主选举规则在村落场域的演绎——以一个村庄村委会换届选举为个案》，《华中师范大学学报》（人文社会科学版）1999 年第 2 期。

吴毅、贺雪峰、罗兴佐等：《村治研究的路径与主体——兼答应星先生的批评》，《开放时代》2005 年第 4 期。

吴莹、卢雨霞、陈家建等：《跟随行动者重组社会——读拉图尔的〈重组社会：行动者网络理论〉》，《社会学研究》2008 年第 2 期。

吴重庆：《从熟人社会到"无主体熟人社会"》，《党政干部参考》2011 年第 2 期。

吴重庆：《从熟人社会到"无主体熟人社会"》，《读书》2011 年第 1 期。

项继权：《乡村关系的调适与嬗变——河南南街、山东向高和甘肃方家泉村的考察分析》，《华中师范大学学报》（人文社会科学版）1998 年第 2 期。

肖滨、方木欢：《寻求村民自治中的"三元统一"——基于广东省村民自治新形式的分析》，《政治学研究》2016 年第 3 期。

肖滨、方木欢：《以扩充民主实现乡村"善治"——基于广东省下围村实施村民代表议事制度的研究》，《中共浙江省委党校学报》2016 年第 5 期。

肖冬平、梁臣：《社会网络研究的理论模式综述》，《广西社会科学》2003 年第 12 期。

谢小芹:《"脱域性治理":迈向经验解释的乡村治理新范式》,《南京农业大学学报》(社会科学版) 2019 年第 3 期。

徐晓军:《社会边缘化及其应对——"社会互构论"的视角》,《西北师大学报》(社会科学版) 2018 年第 6 期。

徐勇:《从村治到乡政:乡村管理的第二次制度创新》,《山东科技大学学报》(社会科学版) 2002 年第 3 期。

徐勇:《县政、乡派、村治:乡村治理的结构性转换》,《江苏社会科学》2002 年第 2 期。

徐勇:《找回自治:探索村民自治的 3.0 版》,《社会科学报》2014 年 6 月 5 日。

徐勇、赵德健:《找回自治:对村民自治有效实现形式的探索》,《华中师范大学学报》(人文社会科学版) 2014 年第 4 期。

许乾坤:《关于社区无职党员作用发挥的思考》,《散文百家》2018 年第 7 期。

薛澜、张帆、武沐瑶:《国家治理体系与治理能力研究:回顾与前瞻》,《公共管理学报》2015 年第 3 期。

颜文皎:《和谐社会视野下多元价值观的整合机制研究》,《学术论坛》2009 年第 11 期。

杨冬雪:《社会资本:对一种新解释范式与探索》,《马克思主义与现实》1999 年第 3 期。

杨建华,赵佳维:《村规民约:农村社会整合的一种重要机制》,《宁夏社会科学》2005 年第 5 期。

杨建华:《当代中国发展:国家权威与社会权威的融合》,《中共浙江省委党校学报》2016 年第 1 期。

杨忍、徐茜、周敬东、陈燕纯:《基于行动者网络理论的逢简村传统村落空间转型机制解析》,《地理科学》2018 年第 11 期。

杨善华:《"项目制"运作方式下中西部农村社会治理的马太效应》,《学术论坛》2017 年第 1 期。

杨小柳:《村落视野中的乡村社会整合——广东梅县书坑村的个案研究》,《中南民族大学学报》(人文社会科学版) 2010 年第 4 期。

杨志军:《多中心协同治理模式的内涵阐析》,《四川行政学院学报》2010 年第 4 期。

姚瑞:《微探帕累托精英循环理论》,《江西电力职业技术学院学报》2020年第7期。

叶兴庆:《新时代中国乡村振兴战略论纲》,《改革》2018年第1期。

尹旦萍:《新农村建设公共政策的社会性别分析——兼论社会性别主流化的实现途径》,《妇女研究论丛》2008年第3期。

尹广文:《新时代乡村振兴战略背景下乡村社会治理体系建构研究》,《兰州学刊》2019年第5期。

应星:《评村民自治研究的新取向——以〈选举事件与村庄政治〉为例》,《社会学研究》2005年第1期。

俞可平:《治理和善治:一种新的政治分析框架》,《南京社会科学》2001年第9期。

俞可平:《中国农村治理的历史与现状——以定县、邹平和江宁为例的比较分析》,《经济社会体制比较》2004年第3期。

俞可平:《中国治理变迁30年(1978—2008)》,《吉林大学社会科学学报》2008年第3期。

俞可平、徐秀丽:《中国农村治理的历史与现状——以定县、邹平和江宁为例的比较分析》,《经济社会体制比较》2004年第2期。

袁祖社:《社会生活契约化与中国特色公民社会整合机制创新》,《天津社会科学》2002年第6期。

原超:《新"经纪机制":中国乡村治理结构的新变化——基于泉州市A村乡贤理事会的运作实践》,《公共管理学报》2019年第2期。

张锋、王娇:《对伯特结构洞理论的应用评析》,《江苏教育学院学报》(社会科学版)2011年第5期。

张厚安:《乡政村治——中国特色的农村政治模式》,《政策》1996年第8期。

张静:《私人与公共:两种关系的混合变形》,《华中师范大学学报》(人文社会科学版)2005年第3期。

张静:《乡规民约体现的村庄治权》,《北大法律评论》1999年第1期。

张克中:《公共治理之道:埃莉诺·奥斯特罗姆理论述评》,《政治学研究》2009年第6期。

张其仔:《社会资本论》,社会科学文献出版社2002年版。

张树旺、郭璨、李伟等:《论社会治理视野下农村社区网格化管理的完善——基于云南省孟连案例的考察》,《华南理工大学学报》(社会科学版) 2016 年第 4 期。

张树旺、李伟、王郅强:《论中国情境下基层社会多元协同治理的实现路径——基于广东佛山市三水区白坭案例的研究》,《公共管理学报》2016 年第 2 期。

张树旺、卢倩婷:《论治理有效的新时代乡村治理体系的塑造——基于广州南村治理创新模式的考察》,《华南理工大学学报》(社会科学版) 2018 年第 4 期。

张卫海:《社会管理创新视域中农村基层党组织社会整合功能研究》,《甘肃理论学刊》2012 年第 5 期。

张扬金:《村治实现方式视域下的能人治村类型与现实选择》,《学海》2017 年第 4 期。

张彧然、张卫东:《村党支部书记的生存状态研究——以湖北省宜城市 X 镇为例》,《湖北农业科学》2017 年第 8 期。

张振洋:《当代中国项目制的核心机制和逻辑困境——兼论整体性公共政策困境的消解》,《上海交通大学学报》(哲学社会科学版) 2017 年第 1 期。

赵树凯:《农村基层组织:运行机制和内部冲突》,《乡土民主的成长》,华中师范大学出版社 2007 年版。

郑伯埙:《华人文化与组织研究:何去何从?》,《中国社会心理学会.中国社会心理学会 2008 年全国学术大会论文摘要集》,中国社会心理学会,2008 年。

郑传贵、卢晓慧:《社会资本与社区治理——兼论以自然村为新农村建设基本单位的合理性》,《求实》2007 年第 10 期。

郑永廷:《论现代社会的社会动员》,《中山大学学报》(社会科学版) 2000 年第 2 期。

钟杨、韩舒立:《行政吸纳与治理资源的生成:基于人民调解专业化的研究》,《行政论坛》2020 年第 1 期。

周博、何涛见:《宗祠文化的当代价值分析》,《艺苑》2018 年第 6 期。

周冬霞:《论布迪厄理论的三个概念工具——对实践、惯习、场域概念的解析》,《改革与开放》2010 年第 2 期。

周湘莲、林琛:《政府治理中的制度权威探讨》,《中国行政管理》2007

年第 11 期。

周雪光：《西方社会学关于中国组织与制度变迁研究状况述评》，《社会学研究》1999 年第 4 期。

周雪光：《组织社会学十讲》，社会科学文献出版社 2003 年版。

周雪光、练宏：《中国政府的治理模式：一个"控制权"理论》，《社会学研究》2012 年第 5 期。

周亚平、付建：《"富饶的贫困"与"东部主义"——甘肃省资源型村庄与居民收入研究》，《晋阳学刊》2014 年第 1 期。

周怡：《社会结构：由"形构"到"解构"——结构功能主义、结构主义和后结构主义理论之走向》，《社会学研究》2000 年第 3 期。

周佑勇、余睿：《国家公务员任职回避制度初探》，《法学评论》2004 年第 6 期。

朱伟珏：《超越社会决定论——布迪厄"文化资本"概念再考》，《南京社会科学》2006 年第 3 期。

邹建平、卢福营：《制度型支配：乡村治理创新中的乡村关系》，《浙江社会科学》2016 年第 2 期。

邹明妍、周铁军、潘崟：《基于行动者网络理论的乡村建设动力机制》，《规划师》2019 年第 16 期。

[德] 马克斯·韦伯：《儒教与道教》，江苏人民出版社 2008 年版。

[德] 滕尼斯：《共同体与社会》，林荣远译，商务印书馆 1999 年版。

[法] 布尔迪厄：《文化资本与社会炼金术》，包亚明译，上海人民出版社 1997 年版。

[美] W. 理查德·斯科特、杰拉尔德·F. 戴维斯：《组织理论：理性、自然与开放系统的视角》，中国人民大学出版社 2011 年版。

[美] 杜赞奇：《文化、权力与国家：1900—1942 年的华北农村》，江苏人民出版社 2008 年版。

[美] 科尔曼：《社会理论的基础》，邓方译，社会科学文献出版社 1990 年版。

[美] 斯科特：《制度与组织——思想观念与物质利益》，姚伟等译，中国人民大学出版社 2010 年版。

[美] 塔尔科特·帕森斯、尼尔·斯梅尔瑟：《经济与社会》，华夏出版社 1989 年版。

［日］田原史起：《日本视野中的中国农村精英：关系、团结、三农政治》，山东人民出版社 2012 年版。

［英］安东尼·吉登斯：《社会的构成——结构化理论大纲》，李康、李猛译，生活·读书·新知三联书店 1998 年版。

［英］安东尼·吉登斯：《现代性的后果》，译林出版社 2011 年版。

二 外文文献

A Comte, *System of Positive Polity*, London: Longmans Green, 1875: 241 - 242.

A Giddens, *The Constitution of Society: Outline of the Theory of Structuration*, Oxford: Policy Press, 1984.

Anna-LAhlers, Schubert Gunter, "Effective Policy Implementation in China's Local State", *Modern China*, 2015, 41 (4): 372 - 405.

D Lockwood, "Social Integration and System Integration", in G. K. Zollschan and W. Hirsh (eds), *Explorations in Social Change*, London: Routledge, 1964.

Daniel Kelliher, "The Chinese Debate Over Village Self-Government", *The China Journal*, 1997, (37): 63 - 86.

DiMaggio, Paul J. and Walter W. 1983, "The Iron Cage Revisited: Institutional Isomorphism and Collective Rationality in Fields", *American Sociological Review*, 48: 147 - 160.

Dryzek J, Niemeyer S., "Discursive Representation", *American Political Science Review*. 2008, 102 (04): 481.

E Durkheim, *The Division of Labor in Society*, New York: Free Press, 1964.

Fukuyama. F., *Trust: The Social Virtues and the Creation of Prosperity*, New York: Free Press of Glencoe, 7, 1995.

H Spencer, *The Principles of Sociology*, New York: Appleton and Company, 1925: 505.

Hou L, Liu M, Yang D L, et al., "Of Time, Leadership, and Governance: Elite Incentives and Stability Maintenance in China", *Governance*, 2018, 31 (2): 239 - 257.

Kevin O'Brien, Li Lianjiang, "Selective Policy Implementation in Rural China", Comparative Politics, 1999, 31 (2): 167 - 186.

Long H, Zhang Y, Tu S., "Rural vitalization in China: A perspective of land consolidation", *Journal of Geographical Sciences*. 2019, 29 (4): 517-530.

Mansbridge J., "Rethinking Representation", *American Political Science Review*., 2003, 97 (04): 515-528.

Mccarthy J Z M., "Resource Mobilization and Social Movements: A Partial Theory", *American Journal of Sociology*, 1977, 82 (6): 1212-1241.

Melanie Manion, "Democracy, Community, Trust", *Comparative Political Studies*, 2006, 39 (3): 301-324.

Meyer, John W. and Rowan, Brian. 1997, "Institutionalized Organizations: Formal Structure as Myth and Ceremony", *American Journal of Sociology*, 83 (2): 340-363.

Montanaro L., *Self-authorized Representatives: Democratic Representation and Contemporary Politics*, Vancouver BC: 2008.

Mu R, Zhang X., "Do Elected Leaders in a Limited Democracy have Real Power? Evidence from Rural China", *Journal of Development Economics*, 2014, 107: 17-27.

Oi Jean C. Babiarz Kim Singer, Zhang Linxiu et al, "Shifting Fiscal Control to Limit Cadre Power in China's Townships and Villages", *China Quarterly*, Vol. 211, No. 211, 2012.

O'Brien K J, Han R., "Path to Democracy? Assessing village elections in China", *Journal of Contemporary China*, 2009, 18 (60): 359-378.

Prasenjit Duara, " The Multi-national State in Modern World History: The Chinese Experiment", *Frontiers of History in China*, 2011, 6 (2).

Putnam R. D., *Making Democracy Work: Civic Traditions in Modern Italy*, Princeton: Princeton University Press, 1992.

Putnam R. D., "The Prosperous Community: Social Capital and Public Life", *American Prospect*, 1993 (13): 35-42.

R Merton, *Social Theory and Social Structure*, New York: Free Press, 1968.

Rehfeld A., "Towards a General Theory of Political Representation", *The Journal of Politics*. 2006, 68 (01): 21.

Robert W., "Collective vs. Dyadic Representation in Congress", *American Political Science Review*. 1978, 72 (02).

Royston Greenwood, C. R. Hinings., "Understanding Strategic Change: The

Contribution of Archetypes", *The Academy of Management Journal*, 1993, 36 (5).

Saward M., "Authorisation and Authenticity: Representation and the Unelected", *Journal of Political Philosophy*. 2010, 17 (01): 1 – 22.

Scott-Rozelle Jean C. Oi., "Elections and Power: The Locus of Decision-Making in Chinese", *The China Quarterly*, 2000, (162): 513 – 539.

Snow D., "Frame Alignment Processes, Micromobilization, and Movement Participation", *American Sociological Review*, 1986, 51 (51): 254 – 258.

T Parsons, Smelser N – J., *Economy and Society*, London: Routledge, 1956.

T Parsons, *Social System*, New York: Free Press, 1951.

Xiaojun Y., " 'To Get Rich Is Not Only Glorious': Economic Reform and the New Entrepreneurial Party Secretaries", *The China Quarterly*, 2012, 210: 335 – 354.

Xin Sun T J W D., "Patterns of Authority and Governance in Rural China: Who's Incharge? Why?", *Journal of Contemporary China*, 2013.

后　记

"乡村振兴，治理有效是基础"。新时代乡村治理体系塑造是乡村振兴战略实施的主体建构问题，是战略顺利实施的基本前提。本书力图通过对广东省乡村治理体系塑造的先行案例经验进行总结，来为国家乡村振兴战略的实施提供地方经验和理论启发。

本书是华南理工大学乡村治理研究团队集体合作的成果。张树旺提出全书的总体研究框架并进行了研究设计、调研实施，及后期调研资料的整理与研究，完成了下围村、富景社区乡村治理体系总体构建研究。华中师范大学李伟、张树旺共同实施了富景社区社会资本对乡村治理体系塑造研究；郭璨、张树旺共同实施了下围村、富景社区乡村治理体系塑造中村民动员机制的研究；卢倩婷、张树旺共同实施了下围村村民代表在乡村治理体系塑造中角色与作用的研究；黄海彪、张树旺共同实施了乡村治理体系塑造中村党组织书记网络位置和转译机制的研究；欧理芹、张树旺共同实施了无职党员在乡村治理体系中塑造角色的研究；李晓明、张树旺共同实施了村党组织与村民委员会融合在乡村治理体系塑造中基础作用的研究；杨秋婷、张树旺共同实施了乡村治理体系社会整合的研究。最后张树旺对全书进行了统稿，并征得团队集体同意，舍弃了紫南村、兴隆村相关主题的内容。谢小兰在统稿中承担了大量辅助工作。

由于团队的学识和能力所限，加之后补的两章内容时间上较仓促，本书在内容上的错误、不足之处在所难免，敬请各位读者和方家包涵与斧正。笔者团队也希望通过本书的出版促进乡村治理研究同行的合作、交流与讨论。